BEST INTRODUCTION TO ECONOMY

［入門］ 見る 読む 深く わかる

外国為替のしくみ

小口 幸伸

OGUCHI YUKINOBU

日本実業出版社

まえがき

私たちは外国との交流が一層進展する時代にいます。人、モノ、知識、文化などは国境を越えて行き来します。その際に伴走者のように常について回るのがおカネの流れであり、外国為替です。外国為替の世界はますます広がり、私たちの日常の生活にも密接な関わりを持つようになっています。経済や政治に直接影響を与えるのはもちろん、レートの動きは日々の買い物や個人の資産運用にも影響します。

それだけ身近なものにもかかわらず、外国為替の世界は一部の専門家の人たちが独占しているもののように思っている人が多いようです。そんな外国為替の世界を専門家の手から解放し、はじめて接する人でもやさしく理解できるように本書を著しました。為替レートの決まり方、外国為替市場のしくみ、代表的な通貨の特徴、外国為替取引のしくみ、為替相場を予測する方法など、知りたいこと・知っておきたいことを図解とともにやさしく解説しているのが特徴です。

本書は1992年に初版を発行した後、97年に改訂し、この種の入門書としては異例の10万部を超えるベストセラーとして読み継がれてきたものの最新版です。今回、全体の構成から内容までを全面的に見直し、刷新しました。

一つひとつは独立したテーマになっていますが、それぞれの項目は外国為替という一本の糸で繋がれています。項目を読み進めていくうちに、それまでの項目に対する理解も一層深まるでしょう。同じことを別の角度から説明した部分もあります。縦糸と横糸を絡めながら、外国為替というものの全体像が関連性を持ってつかめるように工夫したつもりです。

本書を、外国為替に興味のある人、仕事で外国為替に携わる金融・貿易関係者、外貨預金を考えている人、ＦＸトレードをもう一歩上達させたい投資家など、多くの人に手にとってもらい、少しでも役立てば、これほどの喜びはありません。

２０１５年１月

小口　幸伸

[入門] 外国為替のしくみ／もくじ

まえがき

1章 外国為替とはどういうものか

INTRODUCTION
外国為替の全体像を理解する …… 010

1-1 外国為替レートはなぜ動くのか …… 013
通貨の買い手と売り手の関係＝需要と供給の関係が相場を動かす

1-2 「実需」「投機」と外国為替レート …… 016
全体の9割以上を占める投機取引。実需だけでは外国為替市場は成り立たない

1-3 直物レート、先物レートとはなにか …… 019
私たちが通常、目や耳にするレートは、直物レート（スポット）のこと

1-4 マーケットメーカーとマーケットユーザー …… 022
レートの値付けを行なうマーケットメーカーには、リスクとコストが伴う

1-5 外国為替レートの表わし方 …… 025
外国為替市場では、一般にドルを中心に為替レートが表示される

1-6 リスクヘッジとリスクテイク …… 028
リスクヘッジとリスクテイクでは、相場への取り組み方や戦略が異なる

1-7 固定相場制、変動相場制とは …… 031
世界では、完全な変動相場制を採用している国は意外に少ない

2章 外国為替市場のしくみ

INTRODUCTION
外為取引はどこで、どのように行なわれるのか …… 036

2-1 拡大を続ける外国為替市場 …… 039
誰でも、どこでも、いつでも取引ができるグローバル・マーケット

2-2 東京外国為替市場の特徴 …… 042
三大市場のひとつも近年は低迷。3割弱を占める顧客取引割合の多さが特徴

2-3 ロンドン外国為替市場の特徴 …… 045
取引高は東京の7倍以上。世界一の取引高を誇る伝統のマーケット

2-4 ニューヨーク外国為替市場の特徴……048
世界第二位の地位を維持し、最終的なポジション調整の場でもある
2-5 外国為替市場での主役たち……051
銀行、顧客、中央銀行、ブローカーが市場に参加し、取引を行なっている

3章 外国為替相場はこうして決まる

INTRODUCTION
需要（買い）と供給（売り）でレートが決まる……056
3-1 ビッドとオファーで相場が動く……059
外国為替市場では、買値（ビッド）と売値（オファー）の二つの値が表示される
3-2 直物相場はこうして決まる……062
売値で買い、買値で売るたびに、レートは変わっていく
3-3 外国為替市場と金融市場の関係①……065
金融市場と外国為替市場の間には、金利を通した関係が成り立っている
3-4 外国為替市場と金融市場の関係②……068
金利と為替レートの関係を反映しないレートは裁定取引で修正される
3-5 スワップ取引のしくみとレート……071
金利が動くと予想されれば、スワップレートも変動する
3-6 先物相場の決まり方……074
現在の直物相場にスワップレートを加減することで、先物相場が決められる
3-7 顧客相場はこうして決まる……077
銀行間レートにマージンを加味して、顧客に対する相場が決められる

4章 リスクとリスクヘッジのしくみ

INTRODUCTION
リスクを把握し適切なヘッジで損失を防ぐ……082
4-1 外国為替取引のリスクとは……085
レートリスク、信用リスクのほか、外国為替取引にはいろいろなリスクがある
4-2 先物市場を使うヘッジ法——レートリスクのヘッジ①……088
先物市場を利用して、売買レートをあらかじめ確定しておく
4-3 金融市場を使うヘッジ法——レートリスクのヘッジ②……091
貸借した資金を直物で売買。銀行への手数料等が割高につく場合も
4-4 通貨オプションを使うヘッジ法——レートリスクのヘッジ③……094
特定のレートで通貨を売買する権利（オプション）を使って、リスクを抑える
4-5 リスク管理の方法……097
リスクの把握は効率的になったが、完全になったわけではない

4-6 ミスマッチポジションとリスク……100
ポジションのミスマッチを意図的に作って、利益を狙う場合もある

5章 ディーリングの手法

INTRODUCTION
「安く買って、高く売る」ことの実践法とは……104

5-1 ストップロスとは……107
損失額の上限を定めたストップロス（損切り）は、ディーリングの基本の基本

5-2 フローとディレクション……110
一般に〝流れ（フロー）〟を重視するディーリングのほうがリスクは小さい

5-3 「期間」とディーリングのスタイル……113
相場を見る期間の長さによって、ディーリングのやり方は異なる

5-4 金利差に着目するキャリートレード……116
金利の低い通貨を借り入れ、金利の高い通貨の金融商品で運用する

5-5 通貨ペアの相互関係を利用した取引……119
為替レートは、異なる組み合わせの通貨の動きからも影響を受ける

5-6 リスクオン－リスクオフ取引……122
収益資産と安全資産のどちらに投資するか？

6章 市場介入とはどういうものか

INTRODUCTION
中央銀行が市場で行なう為替取引……126

6-1 市場介入の方法とメカニズム……129
介入には、銀行と直取引する場合とブローカーを介する場合の二つの方法がある

6-2 市場介入のパターンとは……132
ひと口に〝介入〟といっても、単独介入、委託介入、協調介入の三つの種類がある

6-3 市場介入と外貨準備……135
介入により増減する〝外貨準備〟。日本ではそのほとんどが米国債で運用されている

6-4 市場介入のファイナンス……138
ドル買い介入に必要な円は、政府の借金（短期証券）で調達される

6-5 介入資金の運用調達に関するリスク……141
介入が生み出す資産と負債には、為替レートリスクや金利リスクなどがある

6-6 市場介入に効果はあるか……144
行き過ぎた相場に歯止めをかけたり、現行の流れを加速させるときに効果が期待できる

7章 代表的な通貨の特徴

INTRODUCTION
通貨の動きにはそれぞれ特徴がある …… 148

7-1 通貨の中心、ドル …… 151
世界の通貨の中心ともいえる米ドル。世界の全取引の9割近くに絡んでいる

7-2 ドルの問題は世界の問題 …… 154
基軸通貨であるドルが強すぎても、弱すぎても、世界経済への影響は大きい

7-3 欧州統一通貨、ユーロの歩み …… 157
欧州統合の象徴として99年に誕生。ドルに次ぐ取引量を誇る

7-4 ユーロの将来と課題 …… 160
債務危機、構造問題を抱えるユーロだが、ドルの代替通貨としての期待は消えない

7-5 円の特徴とは …… 163
世界経済と関連が強い通貨だが、金融危機の際は安全な通貨として需要が増えた

7-6 ポンドの変遷と特徴 …… 166
大英帝国に裏打ちされたかつての基軸通貨。値動きが大きいのが特徴

7-7 高金利通貨とは …… 169
金利の高い通貨は買われる傾向があるが、異常に高い金利には注意が必要

8章 通貨オプション取引のしくみ

INTRODUCTION
買う権利、売る権利も売買される …… 174

8-1 通貨オプション取引のしくみ …… 177
通貨を買う権利（コール）、売る権利（プット）を売買する取引

8-2 オプション価格はこうして決まる …… 180
①本質的価値、②時間的価値の二つの要素で、オプションの価格が決まる

8-3 プレミアムの特性 …… 183
将来のリスクが小さく、儲けの可能性が大きいほど、プレミアムは高くなる

8-4 ヘッジ手段とトレーディング手段 …… 186
リスクヘッジのほか、利鞘を狙ってプレミアムを売買することもある

8-5 ゼロコスト・オプション …… 189
買いと売りのオプション売買を同時に行なうことで、オプション料をゼロにする

8-6 ノックアウト・オプション、ノックイン・オプション …… 192
ともに割安のオプション料で利用できるが、その分、リスクも大きくなる

9章 レートの動きの読み方と情報の利用法

INTRODUCTION
レートが動く基本的なしくみを理解する …… 196

9-1 ファンダメンタルズ分析とテクニカル分析 …… 199
経済の諸条件から予測する方法と、過去の値動きから予測する方法がある

9-2 国際収支と為替レート …… 202
貿易収支や資本収支の黒字（赤字）→通貨高（安）が基本

9-3 金利差と為替レート …… 205
一般に、金利差が広がると高い金利の通貨が買われ、縮むと売られる

9-4 雇用統計と為替レート …… 208
今後の金融政策（引き締めか緩和か）を読むうえで、雇用統計は重要な指標となる

9-5 GDPと為替レート …… 211
経済の好不調を示すGDP成長率から、通貨の強さ・弱さを見る

9-6 株価・M&Aと為替レート …… 214
一般に、株価が上がれば、海外からの資金が入るとの見込みから通貨も上がる

9-7 ポジションの傾きと為替レート …… 217
とくに短期では、偏りすぎたポジションの逆に動く力を侮ってはいけない

9-8 チャートの見方・読み方① …… 220
過去の動きの軌跡をもとに、トレンドラインから為替レートを予測する方法

9-9 チャートの見方・読み方② …… 223
チャートの描く形や、移動平均線を使ってレートを予測する方法もある

9-10 各種経済統計の見方 …… 226
市場への影響度では、米国の経済統計が最も注目される

9-11 為替レートの決定理論――①購買力平価説 …… 229
通貨の売買を〝購買力〟の売買と捉える考え方。長期的には有効性がある

9-12 為替レートの決定理論――②アセット・アプローチ …… 232
金融資産の需給関係をもとに、短期の資本移動に注目した理論

10章 金融危機と為替相場の歴史

INTRODUCTION
金融危機を経て、新たな新たな制度や価値観が登場 …… 236

10-1 カーターショック …… 239
100円以上のドル安円高が進んだドル危機

10-2 プラザ合意 …… 242
ドル高是正のためなのにドル危機!?

装丁・DTP／村上顕一

BEST INTRODUCTION TO ECONOMY

1章 外国為替とはどういうものか

外国為替の全体像を理解する

「外国為替」とは、異なった国の通貨を交換すること

外国為替とは何でしょう。言葉の定義からすれば「外国の通貨、及び異なった国の通貨を交換すること」です。英語ではForeign Exchange、略してFXと表現することがあります。

しかし、これは外国為替の世界の一部を表わしたものにすぎません。よく考えてみると、私たちが外国為替という言葉を単独で使うことは、実際にはあまり多くありません。普通、外国為替相場(外国為替レート)、外国為替市場、外国為替取引、外国為替ディーラーというように、ほかの言葉と組み合わせることがほとんどです。そこで初めて外国為替という言葉が生きてくる。私たちの現実との関係が見えてくる。つまり外国為替とはそれらの概念を統合した構造になっているといえます。したがって、市場や取引の実際、取引を行なう人々などについて理解することで、外国為替というものの全体像が見えてくるのです。

外国為替が取引される理由とは

私たちが身近に外国為替の世界に触れる機会といえば、海外旅行をする際に円から外貨、

たとえばドルに換えるときでしょう。そのとき適用される為替レートはどのように決められるのでしょうか。

あなたが勤めている会社は、日本で作ったものを外国へ輸出する業務をしているかもしれません。その場合、収入は外貨です。その外貨を円に換える取引はどこでするのでしょう。また為替レートは変動しますから、企業の担当者は採算レートを考えて、損をしないような方策を講じなければなりません。その場合、どんな方法があるのでしょう。最近では、個人でも資産の一部を外貨で持つ人が増えています。先々、為替レートが円安に動くと見て、外貨預金をするのも一般的になっています。では、そうした読みはどのようにするのでしょうか。

こうした疑問に対する答えが、この本には書いてあります。ちなみに、今挙げた例は、外国為替が取引される代表的な理由です。この章では、〝立体的〟な構造からなる外国為替の骨組みの一部を取り出して説明します。これらを知ることは、外国為替の世界への水先案内人になってくれるでしょう。

なお、外国為替という用語は、実際には「**外為**（がいため）」といったり、単に「**為替**（かわせ）」と略したりします。外国為替レートも外国為替相場、為替相場、外為相場、外為レート、為替レートといわれることがあります。本書でもいろいろな呼び方を使いますが、その違いに意味はありません。

●取引における三つのポジション

外国為替取引をするということは、通貨を買ったり売ったりすることですが、それがどんな状態であるかを示しているのがポジション（持ち高）です。ポジションには三つの種類があります。**買い持ち**（ロング）か、**売り持ち**（ショート）か、**スクェアー**（買いの額と売りの額

●ポジションの考え方（直物取引の場合）

取引レート（$／¥）	取引高（単位：100万ドル）		ポジション
	買い	売り	
80.70	5		5（ロング＝買い持ち）
80.90	20		25（ロング＝買い持ち）
80.95		10	15（ロング＝買い持ち）
81.20		20	−5（ショート＝売り持ち）
81.40	5		0（スクェアー）
計	30	30	**買いと売りが均衡**

が均衡している）かです。

たとえば円を支払って、ドルの外貨預金をした場合、円を売ってドルを買うことになります。この場合、円に対するドルのポジションは買い持ちになります。ドルを買い持ちにした場合、ドル安になってドルのレートが下がれば損をします。反対に、ドル高になれば利益になります。

SECTION
1-1 外国為替レートはなぜ動くのか
通貨の買い手と売り手の関係＝需要と供給の関係が相場を動かす

外国為替の〝値段〟が動く理由

実は外国為替もひとつの商品です。商品には値段が付いています。米国のドルには1ドル＝85円20銭、ユーロには1ユーロ＝105円40銭、英国ポンドに対しては1ポンド＝136円45銭、といった具合です。

この値段は、原則としてその商品に対する需要と供給によって変動します。たとえば、ドルに対する需要のほうが多ければドルの値は上がり、ドルの供給のほうが多ければドルの値は下がります。

言い換えれば、ドルを買う人が多ければドルの為替レートは上がり、1ドル＝85円20銭から85円50銭へというようにドル高になります。逆に、ドルを売る人が多ければドルの値は下がります。1ドル＝85円20銭から84円80銭へといった具合（ドル安）です。

したがって、需要と供給を把握することが、外国為替の値段＝外国為替レートあるいは外国為替相場の変動のしくみを理解するための基本になります。

需要と供給が生まれる三要因

では外国為替の需要と供給は、どこから生まれるのでしょう。大別すると三つあります。

①経常取引（貿易取引など）
②資本取引
③スペキュレーション（投機取引）

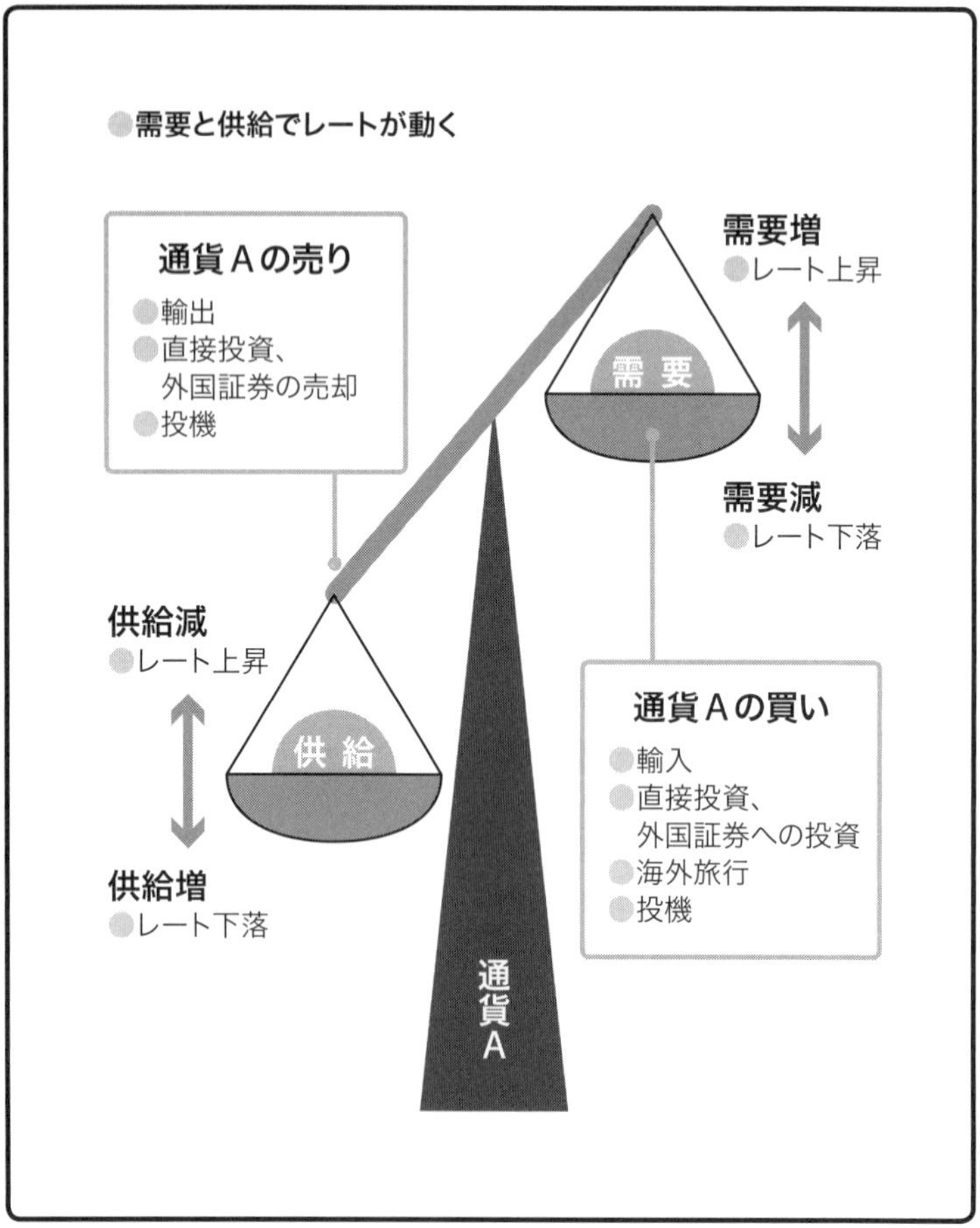

KEY WORD

通貨単位：外国為替市場でのドルの対円相場（ドル／円レート）は通常、銭単位で取引される。「毛（銭の100分の1）」の単位で建値されることもある。ユーロの対ドル相場は1ユーロ＝1.3435ドルなどと1ドルの1万分の1が基本単位となっている。

たとえば、**貿易取引**のなかの輸出取引では、外貨が手に入り、それを現地通貨（日本では円）に換えます。つまり外貨を市場に供給する＝市場で売ることになります。

一方、輸入取引では円を外貨に換えて支払いに充てます。つまり市場で外貨に対する需要が発生する→市場で外貨を買うことになります。

資本取引とは、外国の証券に投資することなどです。その際は、投資する相手国の外貨の需要が発生します。市場で外貨を買うわけです。投資した証券を売却するときは市場で外貨を売ることになります。外貨を市場に供給するわけです。

一方、外国の人が日本の証券を買う場合は、外貨を売って円を手に入れます。外貨を市場に供給するわけです。その証券を売却するときは、円を売って外貨に戻すと考えられます。つまり外貨の需要が発生します。

また、海外旅行のときは外貨の需要が発生します。これは経常取引に分類されます。

スペキュレーション（投機取引）とは、為替差益を狙って行なわれる取引です。ある通貨の為替レートが上昇するという見方が強まれば、その通貨に対する需要（買い）が多くなり、その通貨の為替レートが下落するという見方が強まれば、供給（売り）が多くなります。

そのようにして買われた通貨は後で売られ（供給され）ます。売られた通貨は後で買い戻され（需要が発生し）ます。買値より売値が高ければ差益に、低ければ差損になります。

このように需要と供給は、為替レートの決定やその方向性を理解するうえで基本的要素になります。

SECTION

1-2 「実需」「投機」と外国為替レート

全体の9割以上を占める投機取引。実需だけでは外国為替市場は成り立たない

1割にも満たない実需取引

すべての外国為替取引は、実需か投機のいずれかに分けられます。経済取引の裏づけがある外国為替取引が**実需**（実需取引）、経済取引の裏づけのない外国為替取引は**投機**（投機取引）です。

実需の中身は、前項で説明した貿易取引や資本取引などです。企業の行なう輸出入取引や投資活動が実需取引の中心ですが、投機取引をする企業も少なくありません。

投機取引の中心は銀行などの金融機関です。為替差益を狙って頻繁に取引をします。市場で取引を行なうことで、価格形成と流動性の供給という市場の機能を担っています。

投機というと、特殊な集団が行なう反道徳的なイメージがあるかもしれません。しかし、投機は外国為替市場にとって、なくてはならないものです。多様な考えを持つ人たちが市場に参加することで、市場の取引量が増えるからです。市場の厚みが増すともいえます。それにより、実需取引をする人の取引も円滑に進むことになるのです。

仮に実需だけならば、為替レートの見方が一方的になりやすく、それだけ為替レートの変動も一方向に傾きやすくなります。となると実需取引をする人にとって、取引するレートが不利になったり、取引したくても取引ができない事態になる可能性も出てきます。

●投機・実需と外国為替市場

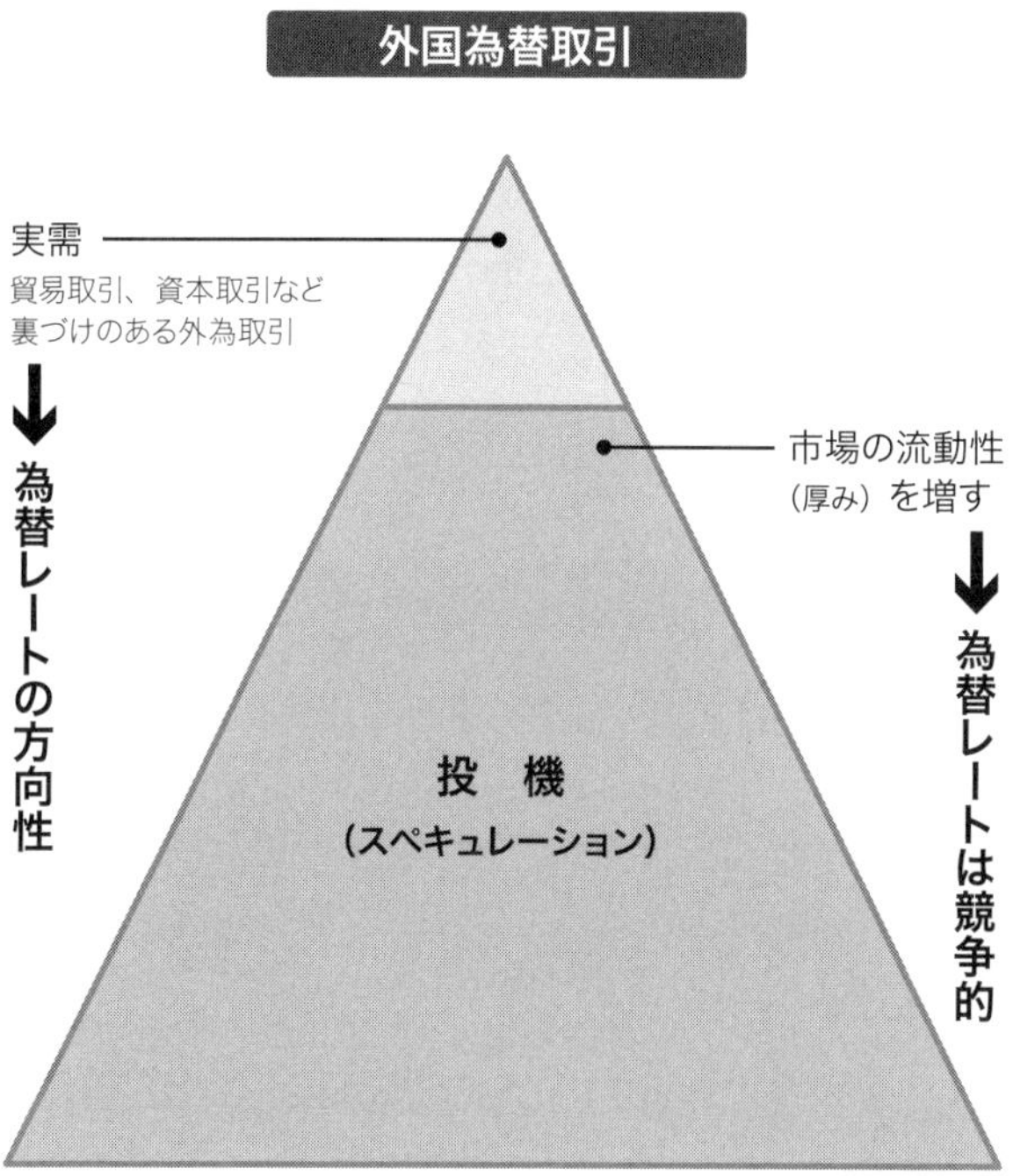

KEY WORD

実需原則：かつて日本では、為替取引をするには実需の裏づけが必要であり、銀行以外の投機取引は禁止されていた。これを「実需原則」という。1984年に実需原則は撤廃され、銀行以外の企業も自由に為替取引をすることが可能になり、市場規模も一段と拡大した。

現実の外国為替市場での取引のうち、実需取引の占める割合は1割にも及びません。ほとんどが投機取引です（カバー取引を含む）。

外国為替市場は世界最大、かつ最も洗練された市場です。世界のどこでも、同じ商品（ドルや円などの為替）を、いつでも売買できます。取引ルールも統一され、主要通貨の取引の場合は、規制もほとんどありません。

●実需と投機の相場への影響

実需と投機では、為替レートの変動に与える影響も違います。

投機では、通常、比較的短時間で反対取引が行なわれます。つまり、ある通貨を買えば、後ですぐに売りますし、通貨を売れば、後ですぐに買い戻します。銀行のディーラーの場合、1日のなかでそれを何度も繰り返します。銀行以外による投機も大半は1日からせいぜい2、3か月以内で反対取引が行なわれます。

一方、実需では反対取引は行なわれません。反対取引が行なわれても（資本取引の場合）、大半は数か月後から1年を超えたりします。

つまり投機で為替レートが動いた場合、その反対取引が出て逆方向に為替レートが動くと予想できます。実需で為替レートが動いた場合は、元に戻ると判断することはできません。このように実需取引は全体では1割にも満たないけれど、為替レートの傾向を判断するには重要な要素になります。

投機をする人にとって、実需取引の動向は参考にすべき要素のひとつとなります。実需取引をする人にとっても、投機の動向は為替レートの動きを加速したり、増幅させたりするので、売買のタイミングを図るうえで参考にする必要があります。

こうして実需と投機は、互いに為替レートに影響を与えています。

SECTION 1-3

直物レート、先物レートとはなにか

私たちが通常、目や耳にするレートは、直物（スポット）レートのこと

●直物は2営業日後に決済

外国為替レートとは、異なった通貨を交換するときの比率ですが、通貨をいつ交換するかで、レートは異なります（なぜ異なるかという説明は3章でします）。ここでは、その理由は二つの通貨の金利差にあるとだけ指摘するに留めます。

一般に私たちが為替レートという場合、そのほとんどは**直物レート**を指しています。テレビやラジオなどで「現在の為替レートは1ドル＝110円80銭です」という場合の為替レートも直物レートのことです。

直物とは、通貨を売買することを契約した日から2営業日後に通貨の受け渡しをする（資金決済をする）為替のことで、**スポット**（Spot）ともいわれます。その交換比率が直物レートです。直物は世界の外国為替市場で取引されています。実際の取引では、日本でもスポットということのほうが一般的です。

●先物は通常、1年物まで

直物に対して、通貨の受け渡しが直物を越える日（2営業日以降）に行なわれる為替を、**先物**（**フォワード**、Forward）といいます。たとえば、通貨の受け渡し（決済）が1か月後や6か月後に行なわれる為替取引です。それに適用されるレートが**先物レート**です。

どのくらい先までの為替レートが建つかは、

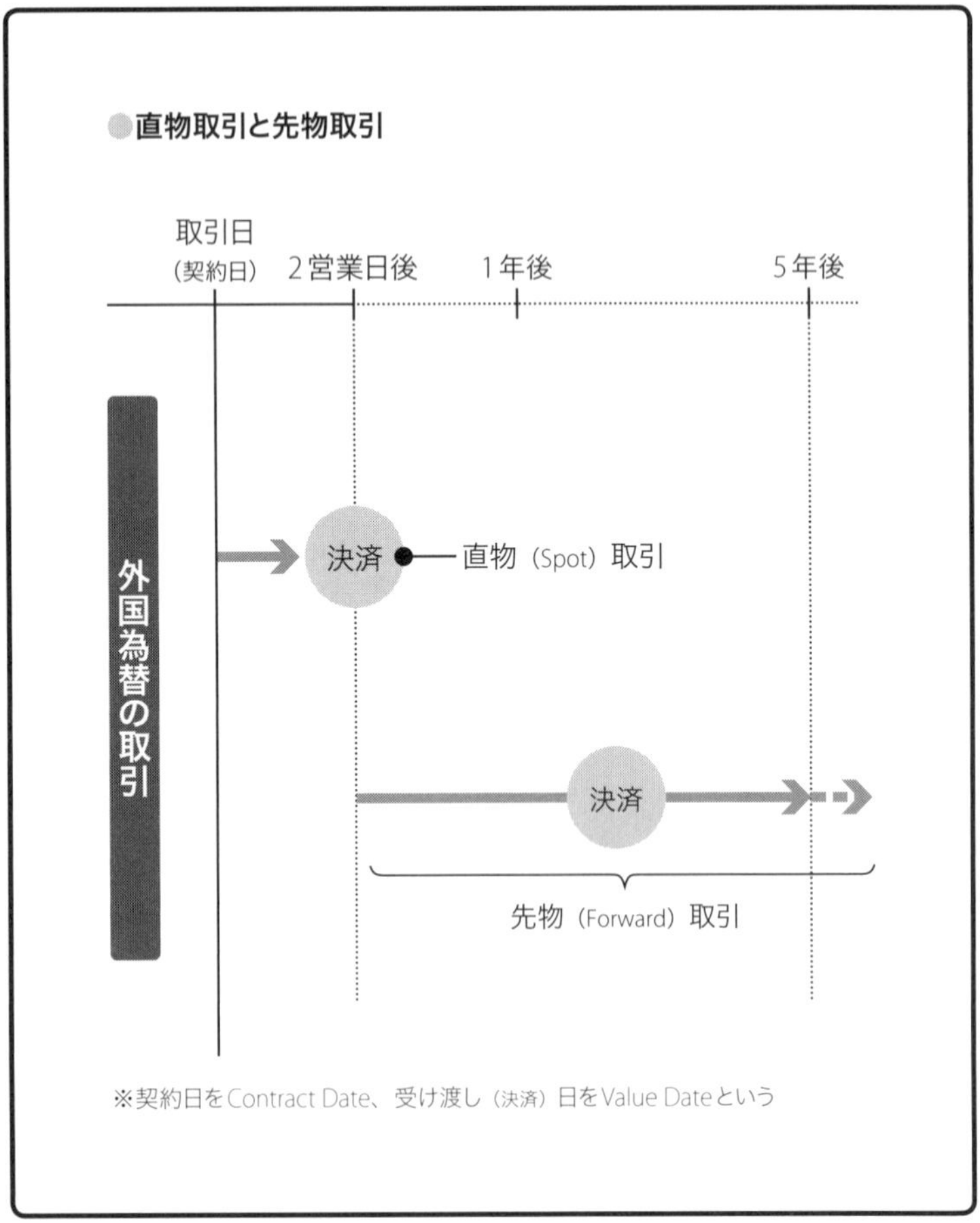

※契約日をContract Date、受け渡し（決済）日をValue Dateという

KEY WORD

TOMO円：東京市場でのドル／円の直物は80年代になるまで翌日渡しの取引だった。市場が終了した後の海外市場での直物の決済日は2日後であったため、1日分のレートを調整する必要があり、東京市場でのレートはTOMO円（tomorrow＝明日の意味）として区別されていた。

通貨によって異なります。ドル／円の場合、5年までの先物レートが市場で建っていますが、通常は1年までの取引が大半です。ただ、5年を超える先物レートも、銀行は顧客の求めがあれば値を付ける場合もあります。

ユーロ／ドル、ポンド／ドルなどの主だった通貨の先物レートもドル／円と同様に、5年までが普通ですが、そのほかの通貨の市場での取引は1年までがほとんどです。ただし、なかには国の規制や管理によって、直物レートでしか取引されない通貨もあります。

銀行同士が互いに取引する銀行間市場では、スポットの日から数えて1か月後、2か月後のような一定の日（応答日）が期日の先物が取引されます。それだけでなく、銀行は顧客の求めに応じて、不定期な期日（たとえば1か月と13日後）の先物レートの値も付けます。その場合、銀行は銀行間市場で取引される1か月先物と2か月先物のレートを参考にしながら、1か月と13日後の先物レートを導き出します。

なお、普通、直物は2営業日後に資金を決済する為替を指しますが、広義では当日、翌日に資金決済する為替も含まれます。1週間までを直物と定義する場合もありますが、実務では当日物、翌日物、1週間物などといって、誤解のないようにしています。

ドル／円取引の場合の資金決済は、ドルは米国で、円は日本で実行します。具体的には、取引相手の銀行がニューヨークの銀行に持つドル口座と、東京の銀行に持つ円口座との間での資金の振替によります。

SECTION 1-4

マーケットメーカーとマーケットユーザー

レートの値付けを行なうマーケットメーカーには、リスクとコストが伴う

値を付ける者と売買する者

外為市場には大きく分けて、為替レートの値付けをする（建値をする）者と、その値に基づいて為替の売買をする者がいます。前者を**マーケットメーカー**といい、主に銀行がその役割を担っています。後者は**マーケットユーザー**といい、一般企業や個人などが含まれます。

銀行は、マーケットメーカーであると同時にマーケットユーザーでもあります。銀行自身が為替取引を行ないたいときは、ほかの銀行に建値を求めます。

銀行のなかには、自らをマーケットユーザーだけに限定しているところもあります。マーケットメーカーは誰でもできるわけではありません。求めに応じて為替レートを提供するわけですから、専任の担当者を置いて、業務のシステムやリスク管理の体制を整えなければなりません。その分、リスクとコストが増えるため、それに見合う収益を上げられなければ、マーケットユーザーだけに留まっていたほうがいいわけです。マーケットメーカーの役割を担うかどうかの判断は、それぞれの銀行の業務方針によります。

銀行がマーケットメーカーの中心

求めに応じて建値をするマーケットメーカーは、それだけ多くの取引の流れを見ること

●マーケットメーカーとマーケットユーザーで市場が成り立つ

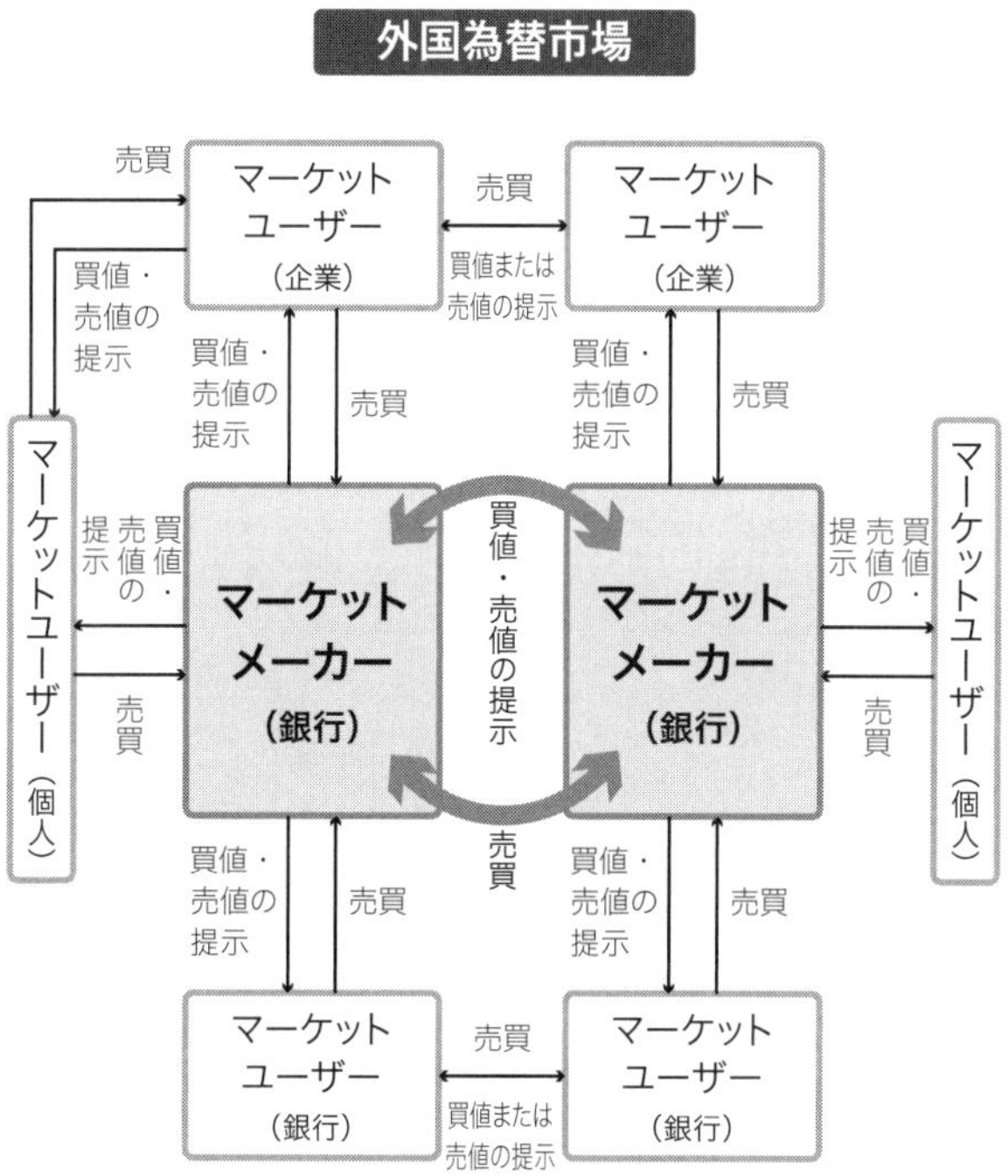

KEY WORD

外為法改正：かつての外国為替及び外国貿易管理法（外為法）では、外国との為替取引は原則禁止であり、貿易等に関する為替取引が例外的に認められていた。その後、80年の外為法改正で一部の資本取引が自由化され、98年の第二次改正で、資本取引も為替取引も完全に自由化された。

ができます。情報も集まるので、うまく取引を管理できれば収益を上げる機会も増えますし、主要な収益源になる場合もあります。したがって有力な銀行は、できるだけ多くの取引先を獲得しようと競っています。

たとえば、アジア通貨危機のときに、英国の有力銀行の本店では、ヘッジファンドのアジア通貨売りの取引と、アジアの中央銀行による通貨買い注文（市場介入）がほぼ同時に行なわれました。双方ともその銀行の取引先でした。投機筋と中央銀行のぶつかり合いを直接みることができるので、その銀行は為替レートの動向の判断をしやすくなります。

日本では1998年の外為法改正で、銀行以外でもマーケットメーカーになることができます。そこで生まれたのが主に個人を顧客にした為替取引（FX）を専門とする外貨保証金取引業者です。

また、世界の傾向としてインターネットを利用した取引が増加しています。専門業者のプラットフォームでの取引も生まれました。ここでは非銀行の市場参加者同士の取引も成立し、必ずしも銀行がマーケットメーカーではありません。こうした変化が現われる一方で、有力なマーケットメーカーの銀行に取引が集中する傾向もあります。世界の上位10行（一部投資銀行を含む）の世界の市場でのシェアは7割以上になります。日本では、上位10行（邦銀と在日外国銀行を合わせて）の東京市場のシェアは8割以上あります。

SECTION 1-5

外国為替レートの表わし方

外国為替市場では、一般にドルを中心に為替レートが表示される

自国通貨建てと他国通貨建て

為替レートの表わし方にはいくつかの種類があります。私たちが一般に見聞きするのは、1ドル＝80円20銭、1ユーロ＝105円45銭、1ポンド＝134円30銭、という表示の仕方でしょう。この関係は、1円＝0・01246 9ドル、1円＝0・009483ユーロ、1円＝0・007446ポンド、というようにも表わせます。

前者のように、外貨の1単位を自国の通貨で表示するやり方を**自国通貨建て**といいます。一方、後者のように、自国通貨の1単位を外貨で表示する仕方を**外貨建て**、または**他国通貨建て**といいます。米国に旅行したときなどは、100円＝0・9074ドルといった表示の仕方が多いことに気づくと思います。これは米国でドルを自国通貨建てで表わしているわけです。どちらで表示しても同じことですが、一般にほとんどの国が自国通貨建てを採用しています。

外為市場ではどうでしょう。厳密には銀行同士が取引する銀行間市場ではということですが、そこではドルを中心に為替レートが表示されます。1ドル＝80・20円、1ドル＝1・00・9530スイスフラン、1ドル＝1・0030カナダドルという具合です。実務的には、ドル／円80・20、ドル／スイス0・9530、ドル／カナダ1・0030のように

● レートの表わし方（日本で円レートを表わす場合）

自国通貨建て
（外国通貨1単位＝自国通貨）

1＄　＝$80.^{20}$円
1ユーロ＝$105.^{45}$円
1ポンド＝$134.^{30}$円

＝

他国通貨建て
（自国通貨1単位＝外国通貨）

1円＝$0.^{012469}$＄
1円＝$0.^{009483}$ユーロ
1円＝$0.^{007446}$ポンド

● クロスレートの計算方法

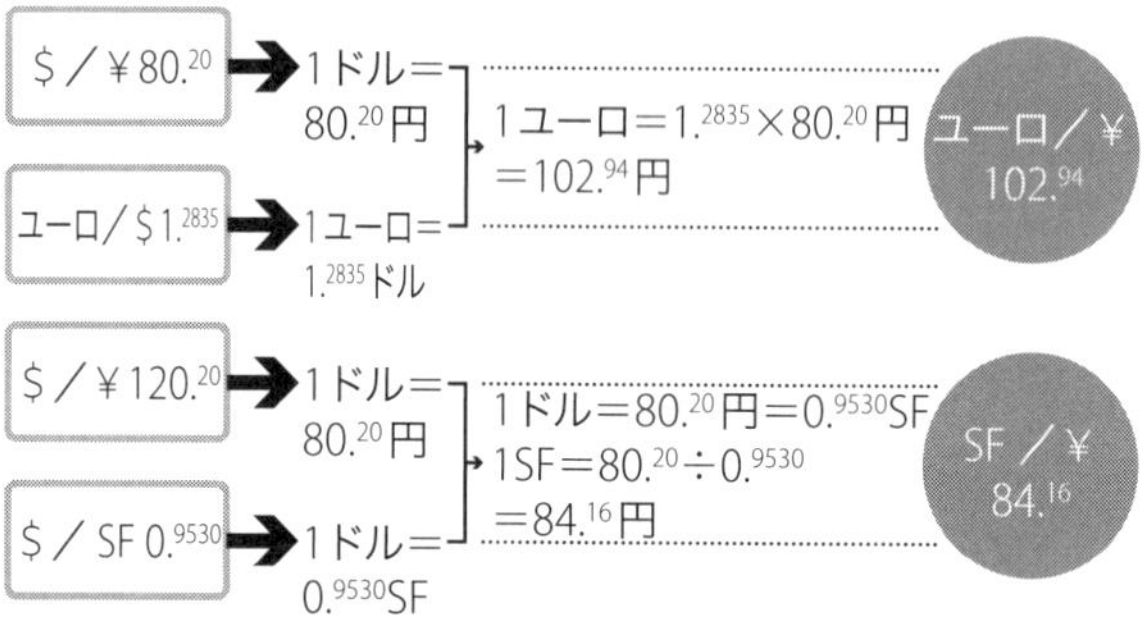

KEY WORD

英国連邦（**コモンウェルズ**）：英国とその植民地であった国との連合体として1931年に発足。緩やかな集合体で、政治的な拘束事項はなく、現在の加盟国は54か国。加盟国のひとつであるカナダの通貨（カナダドル）は現在、ドルを中心に1ドル＝1.0030カナダドルと市場では建値されている。

表記します。

例外もあります。ポンドやユーロなどです。1ポンド＝1・5820ドル、1ユーロ＝1・2835ドル（すなわちポンド／ドル1・5820、ユーロ／ドル1・2835）というように、1ドルがいくらではなく、1ポンドが何ドルと表わします。ほかにもオーストラリアドルやニュージーランドドルは、1オーストラリアドル＝1・0470米ドル、1ニュージーランドドル＝0・8140米ドルなどと表わします。

これは、かつて英国のポンドが世界の基軸通貨であった名残りであり、ポンドや英国連邦の通貨に見られます。統一通貨であるユーロ誕生前のドイツマルクやフランスフランなどはすべてドル中心の表記でしたが、ユーロになるとポンドと同様の表記になりました。これもユーロがドルと並ぶ、あるいはそれに代わる通貨になることを目指した欧州各国の意気込みの現われといえます。

クロスレートと計算の仕方

このように外為市場ではドルを介在した為替レートが取引されることが多いのですが、なかにはドルを介在しない為替レートもあります。これはユーロ対円、ユーロ対ポンドなどのことであり、**クロスレート**と呼ばれています。

クロスレートは二つの対ドルレートから計算されます。たとえば、ドル／円80・20、ユーロ／ドル1・2835とすれば、1ユーロ＝102・94円（80・20×1・2835）、つまりユーロ／円は102・94ということになります。

ユーロ／円やユーロ／ポンドは実際に銀行間の市場でも取引されていますが、そのほかのクロスレートの銀行間市場での取引量はわずかです。

SECTION

1-6 リスクヘッジとリスクテイク

リスクヘッジとリスクテイクでは、相場への取り組み方や戦略が異なる

為替取引を行なう三つの理由

外国為替取引が行なわれる理由は三つあります。

ひとつは**需要**で、必要性ともいえます。外国を旅行するにはその国の通貨が必要になります。

ちなみに、統一通貨ユーロが導入される前のことですが、ＥＵ（欧州連合）15か国を回ってそれぞれの国で通貨を交換して帰国すると、それだけで元の金額が半分になったということです。お金を使わないでも、交換して回るだけでもお金が減った、というわけです。

ユーロ導入支持派の宣伝くささもありますが、通貨の交換にかかる手数料や為替レートの変動もあるので、半分になることもありえます。それでも必要な場合は、外国為替取引をしなければなりません。

もうひとつは、外国との経済活動によって生じる外貨の債権（受取り）や債務（支払い）の価値の変動を防ぐためです。

たとえば輸出業者は、モノを輸出して3か月とか4か月先に代金を外貨で受け取ります。その間に為替レートが動くと、手取りの円の金額が違ってきます。これを為替レートリスクといいます。

これを防ぐためには、適当な時期にその外貨を先物で売って、円の金額を確定しなければなりません。このように為替レートリスク

●外国為替取引が行なわれる理由

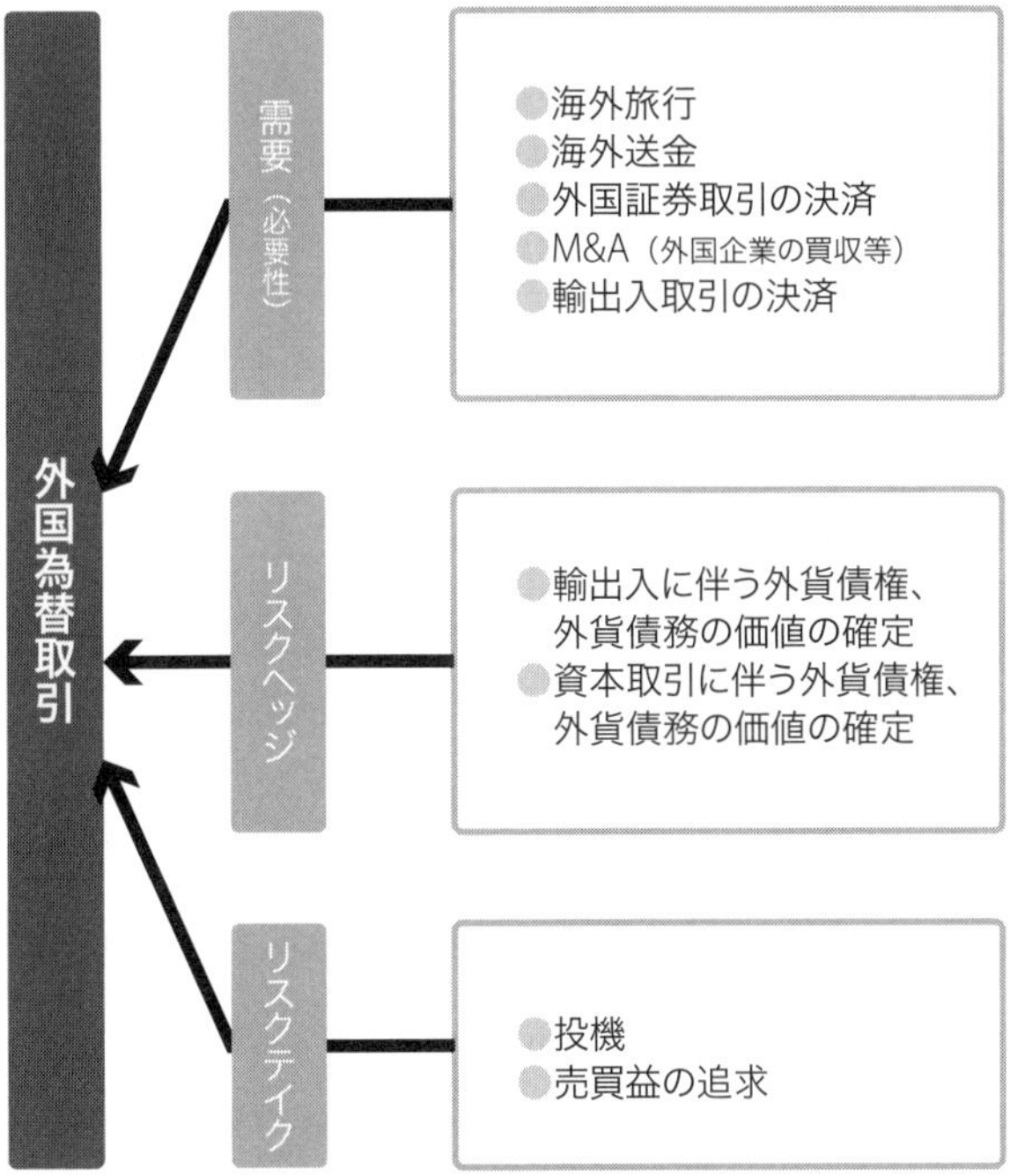

KEY WORD

ユーロ（EURO）：99年1月1日に誕生した欧州統一通貨。当時のEU（欧州連合）加盟国15か国のうち、イギリス、デンマーク、スウェーデン、ギリシャ（翌年採用）を除く11か国で採用。ユーロ導入前、多くのEU加盟国は各通貨が互いに一定の範囲内で変動するシステム（ERM）を採用していた。

を抑えるために行なう取引を**リスクヘッジ**といいます。

三つ目は**リスクテイク**のためです。これは損失の可能性を受け入れながらも、利益を求めて行なう取引です。

身近な例でいえば、外貨預金をする人は、損をする可能性を覚悟しながらも利益を上げるため、外国為替取引をしているわけです。

前にも述べたように、外国為替市場での取引の9割以上はこの種の取引です。

損失を防ぐか、利益を狙うか？

このように外国為替取引をするといっても理由は異なり、それによって取引に対する取り組みや戦略も違ってきます。

たとえば、海外旅行などで外貨が必要な人は、安く外貨を調達する方法を知っていたほうがいいわけです。そのためには外貨のレートが安い日はいつか、手数料の安い銀行はどこか、などの情報が必要になります。

リスクヘッジをする人には、為替のレートリスクを抑えるための工夫が必要になります。そのためには、どんなヘッジ方法があるのか、それぞれの方法はどんな特徴があるのか、などを知る必要があります。

一方、リスクテイクをする人は為替レートの変動の方向性や幅に関心を示し、それを的確に捉えることが必要になります。そのためには為替レートの変動要因や予測方法、さらには市場や通貨の特徴なども知る必要があります。

これらの具体的な方法や特徴については、後の章で説明します。

SECTION
1-7 固定相場制、変動相場制とは

世界では、完全な変動相場制を採用している国は意外に少ない

●管理変動相場制とは

為替レートを制度という面から見ると、固定相場制と変動相場制に大別できます。

大雑把にいえば、**固定相場制**は、1ドル＝360円というように為替レートが一定している制度です。一定となるように通貨当局が為替操作をします。一方、**変動相場制**は、為替レートが自由に動く制度です。市場での外貨の需要と供給により為替レートが決まります。

ただ、固定相場制といっても、かつての1ドル＝360円の時代に実際は360円を中心に上下1％の変動幅があったように、狭い範囲内での変動はあります。また、変動相場制といっても、一定の枠のなかで動くように中央銀行が操作している場合もあります。これを**管理変動相場制**と呼んだりします。

そうなると、変動相場制と固定相場制の違いは何かということになります。一応、当局でなく市場が為替レートを決めるものを変動相場制と呼んでいます。しかし、比較的狭い範囲で、当局が日常的に為替操作（介入）する場合、固定相場制との実質的な違いはありません。たとえば、05年7月までの中国の制度は欧米からは固定相場制と見られていましたが、中国自身は管理変動相場制と捉えていました。

●さまざまな相場制度と変動幅

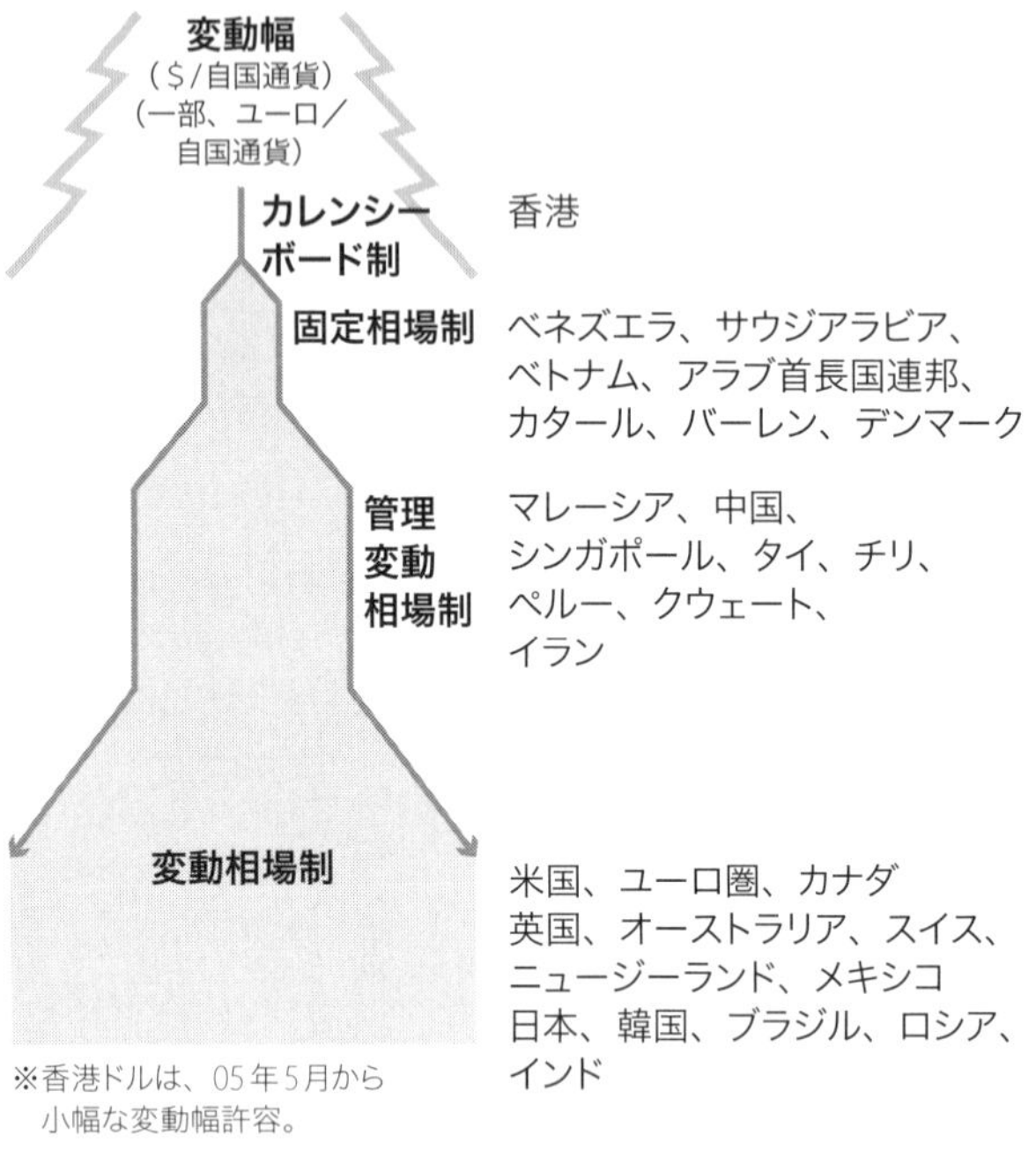

※香港ドルは、05年5月から
小幅な変動幅許容。

KEY WORD

国際金融のトリレンマ：独立した金融政策、為替レートの安定、自由な資本移動の三つの政策を同時に実現することはできないという説。たとえば、独立した金融政策と自由な資本移動を実現しようとすれば、為替レートは不安定になってしまい、為替レートの安定化は放棄しなければならない。

●固定相場制から変動相場制へ

第二次世界大戦後の為替レートの制度を振り返ると、ブレトンウッズ体制（ドル金本位制＝米国がドルと金の交換を保証することで、各国はドルを国際取引の決済通貨や準備通貨として利用した。各国通貨はドルに対して一定の為替レートを設定した）ができて、固定相場制の時代が続きました。しかし、１９７１年に米国がドルと金の交換を停止したことで（ニクソン・ショック）、それまでの体制が崩壊しました。

その後、いったん金のドル価格を上げ、かつドルと各国通貨の為替レートを調整して、再び固定相場に復帰しました（スミソニアン体制）。しかし、その体制も長く続かず、73年までに主要国は、変動相場制に移行しました。日本も73年に変動相場制に移行しました。

こうした経緯から、現在は変動相場制の時代といわれます。たしかに先進主要国を中心とした国々ではそうなのですが、実は世界には、固定相場制や管理変動相場制を採用している国も多くあります。

日本は変動相場制のグループに入りますが、２０００年あたりから04年の第１四半期までの介入額の大きさと頻度は、管理変動相場制のグループに入れたほうがいいのではないかと思うほどでした。

香港は、**カレンシーボード制**と呼ばれる通貨制度を採用しています。カレンシーボード制とは、自国通貨を外国の準備通貨にリンクさせて、いつでも準備通貨との交換に応じる制度です。自国通貨は１００％外国通貨により保証されるわけです。交換レートは法律により制定されるので、簡単に変更できません。固定相場制の一種ですが、一般的な固定相場制よりも固定的な制度です。香港では米ドルが準備通貨で、現在の中心レートは１米ドル＝７・８香港ドルです。

BEST INTRODUCTION TO ECONOMY

2章 外国為替市場のしくみ

外為取引はどこで、どのように行なわれるのか

●銀行間市場と顧客市場

外国為替市場（外為市場）とは、コンピュータ端末や電話で結ばれた「ネットワーク全体」のことを指しています。青果市場や魚市場のように、人々が集まって取引を行なう物理的な場所があるわけではありません。ネットワーク（通信手段）を通じて、銀行や企業、個人などが、外国為替の取引に参加しています。

外為市場は、**銀行間市場**（**インターバンク市場**）と**顧客市場**から成ります。銀行は互いに為替取引を行ないます。この銀行同士で取引を行なう市場を銀行間市場といい、ここで取引されるレートを銀行間レート（インターバンクレート）といいます。

銀行間市場での取引は、銀行同士が直接取引する場合（**直取引**）と、仲介業者（ブローカー）を介して取引する場合（**ブローカー取引**）があります。

銀行は、銀行同士だけでなく、自分の顧客とも為替取引を行ないます。顧客とは一般の企業や私たち個人のことで、この取引が行なわれる市場が顧客市場です。現在では、日本でも外為法の改正によって、銀行を介さなく

●外国為替市場の概要

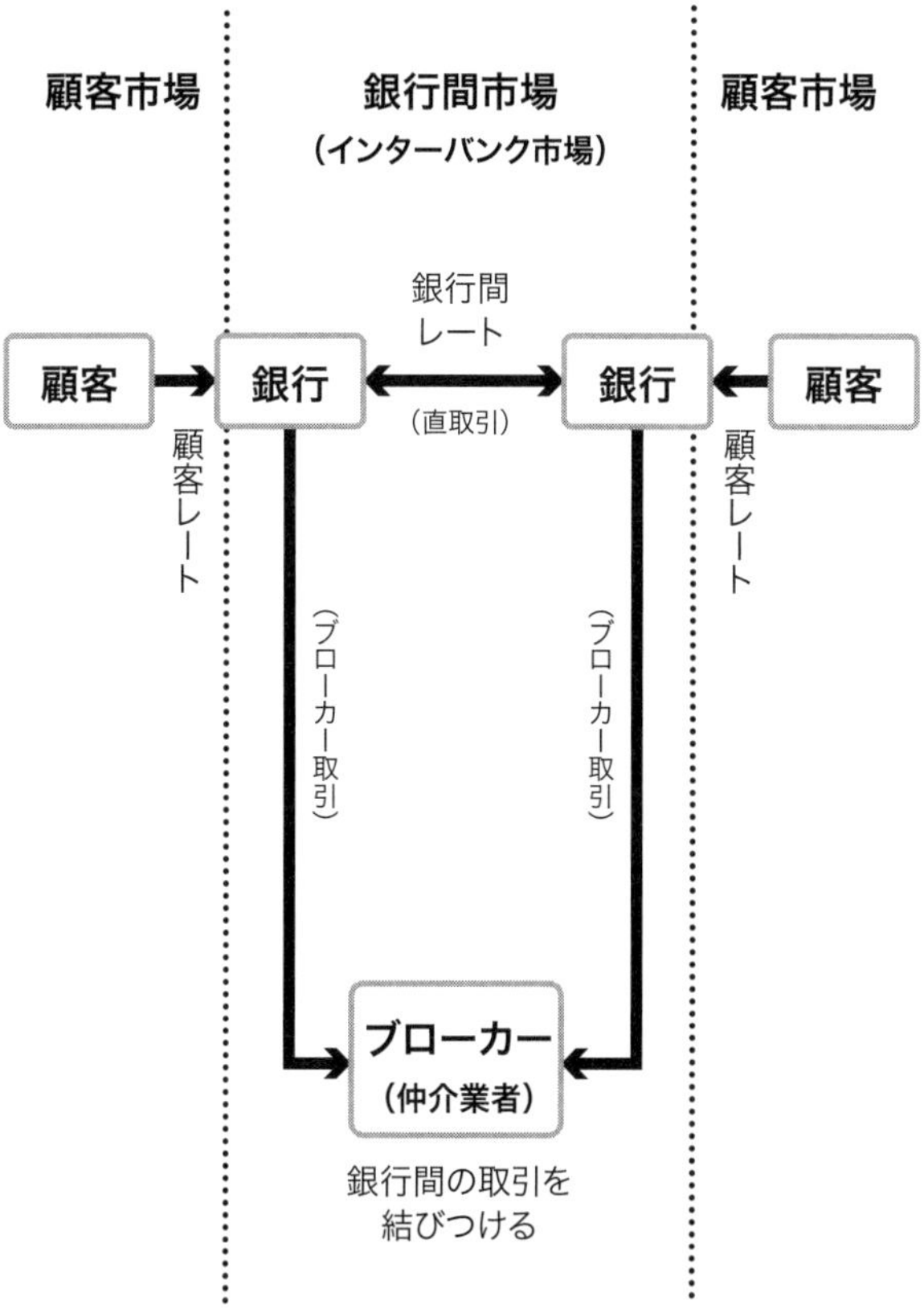
顧客市場
銀行間市場
（インターバンク市場）
顧客市場
銀行間
レート
顧客
銀行
銀行
顧客
（直取引）
顧客レート
顧客レート
（ブローカー取引）
（ブローカー取引）
ブローカー
（仲介業者）
銀行間の取引を
結びつける

ても顧客同士で取引ができるようになっています。

顧客市場で取引されるレートは、インターバンクレートに基づいて決められます。銀行はほかの銀行や顧客から為替取引を求められると、原則として建値（取引可能なレートの提示）をします。一方、顧客は一般に、為替取引を銀行に求めることはあっても求められることはありません。

マーケットメーカーの役割を担う銀行には、数人から数十人の銀行間取引専門のインターバンクディーラーがいます。彼らは通貨ごとに担当が分かれ、多くの銀行との間で常時、通貨を売ったり買ったりしています。

顧客との取引を担当する者は、カスタマーディーラー（顧客担当ディーラー）と呼ばれます。彼らは顧客に市場情報を伝えたり、助言をするのと同時に、顧客との取引を実行します。ほかにも為替差益を狙ってポジションを専門に操作するプロプライアトリーディーラー（ポジションテイカー）がいます。為替ディーラーとは、これら三者を総合した呼び名のことです。

眠らない24時間マーケット

外為市場は24時間市場といわれます。それは、いつでも取引可能だからです。深夜の12時にはニューヨークの銀行と、早朝の6時にはオーストラリアのシドニーの銀行と、ドル／円の取引ができます。市場はシドニー、東京、香港、シンガポール、フランクフルト、ロンドン、ニューヨーク……と切れ目なく続きます。ニューヨーク市場で、日本の銀行の本店が取引に参加することもあれば、東京市場で米国の銀行の本店が取引をする場合もあります。

こうしたことが可能なのも、外為市場での取引ルールや慣行が世界共通だからです。

SECTION 2-1

拡大を続ける外国為替市場

誰でも、どこでも、いつでも取引ができるグローバル・マーケット

1日の取引高は4兆ドルにも

外為市場は、1973年に変動相場制に移行してから拡大の一途をたどってきました。

その背景には、世界の貿易量が一貫して拡大してきたこと、80年代から資本取引が飛躍的に増加したこと、90年代からはデリバティブの発展が著しかったこと、規制緩和が進み新しい参加者が増加したこと、などがあります。

外為市場の取引量については、BIS（国際決済銀行）が各国の中央銀行の協力のもと、3年ごとに市場調査を実施しています。これにより世界の市場別の取引量、通貨別の取引量、顧客取扱高などが明らかになります。

2016年4月の調査によれば、世界の外為市場での1日あたりの平均取引高は5兆880億ドルです。世界の年間貿易量は約16兆ドル（16年）なので、外為市場では、1年分の貿易額に相当する取引が3日間あまりで行なわれていることになります。

そのなかで、直物の1日あたりの取引は1兆6540億ドルです。最も多いのは為替スワップ取引で、全体の47%を占めます。前回の調査で急増した傾向が続いています。

その要因として、保険会社などの機関投資家やヘッジファンドなど銀行以外の金融機関の取引が増えたこと、大手銀行によるプライムブローキングのサービスにより比較的小規

●外国為替市場はグローバル・マーケット

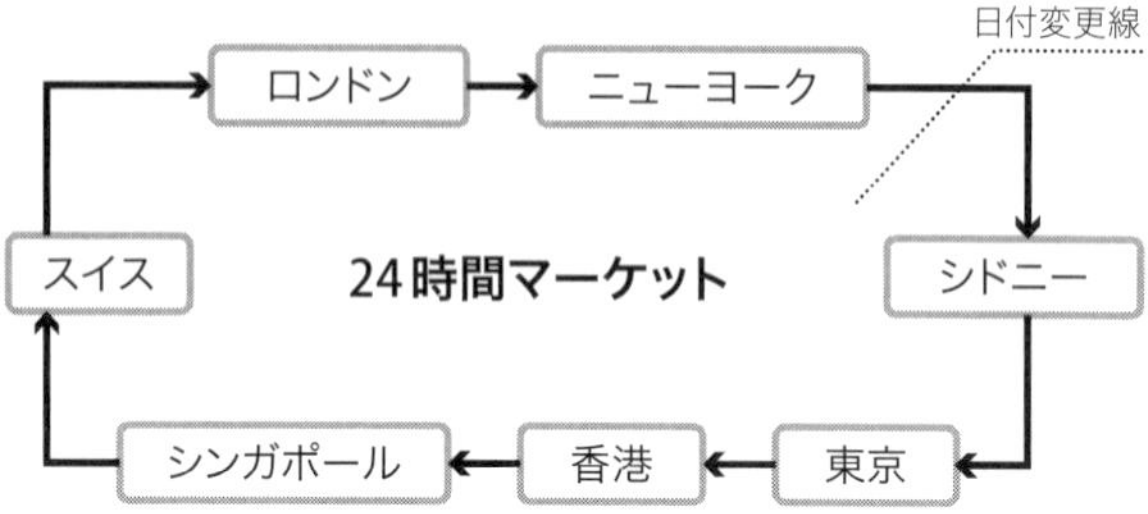

世界の外為取引高の推移（単位：10億ドル）

	2004年	2007	2010	2013	2016
直物	631	1,005	1,490	2,046	1,654
先物	209	362	475	680	700
為替スワップ	954	1,714	1,765	2,228	2,383
通貨スワップ	21	31	43	54	96
通貨オプション他	119	212	207	337	254
合　　計	1,934	3,324	3,981	5,345	5,088

※4月中の1営業日あたり平均取引高
※BIS2016年調査による

KEY WORD

終値：外為市場で「終値」という場合、各市場によって統一されているわけではないが、午後5時頃のレートをいうことが多い。ただ、終値を商取引に使う場合は、きちんと時間を明示して取り決めておかないと誤解を生む可能性もある。

模の金融機関も活発な取引が可能になったこと、などが挙げられます。

世界的な銀行再編の流れで銀行の数が減っていること、金融危機の反省から銀行のリスク管理が厳しくなり、銀行の投機的取引が比較的控えられる傾向にあることもあり、今回直物取引が減少しましたが、一時的の可能性があり、取引増加傾向は続くでしょう。

●市場別ではロンドンが最大

市場別の取引高では、ロンドン市場が最大で、1日あたり2兆4260億ドル。次いでニューヨーク市場が1兆2720億ドル、東京市場は前回の四位から五位に下がり3990億ドルです。三位はシンガポールで5170億ドル、四位は香港、六位パリ、七位スイス市場と続きます。

これらの市場には、とくに各市場の境界線というようなものがあるわけではなく、各市場の区分は営業時間帯によるものです。

そうはいっても、それぞれの市場の取引は何時から始まり何時に終わる、というものでもありません。その地域の多くの銀行が参加しはじめてその地域の市場が始まり、段々と取引が減っていって市場は終わりになります。

市場の1日はシドニー市場から始まります。オーストラリアの銀行の大半が取引をしているときがシドニー市場であり、やがて日本の多くの銀行が取引をしだして東京市場が始まります。東京市場が始まると、オーストラリアの銀行と日本の銀行が入り混じることになります。

かつて、東京市場は9時に始まり、3時半に終わるという時間的な決まりがありました。そのときでも実際は9時前から取引が始まり、3時半を過ぎても取引は継続していました。現在、この時間的な決まりは撤廃されています。

SECTION 2-2

東京外国為替市場の特徴

三大市場のひとつも近年は低迷。3割弱を占める顧客取引割合の多さが特徴

●顧客の動向が重要視される

外為市場はグローバルな市場で、各地域の市場は連続しています。それでも各地域の市場にはそれぞれの特徴があります。

世界の三大市場のひとつである**東京市場**は、伝統的に**顧客為替**の比重が多いことで知られています。ニューヨーク市場やロンドン市場では、顧客為替が全取引に占める割合は1割程度であるのに対し、東京市場では3割近くあります。それだけ東京市場では、顧客為替が為替レートの変動に与える影響が大きいわけです。

したがって、東京市場での為替レートの動きを理解するには、顧客の動向を知ることが欠かせません。

為替ディーラーは互いに情報交換をしたり、相場に対する見方を聞いたりして、自分のディーリング戦略の参考にします。複数の東京の銀行のディーラーに、東京市場での為替レートの読みを尋ねたロンドンのディーラーが、次のようにいいました。「東京のディーラーに相場のことを聞くと、顧客が買うか、売るかしかいわない」

東京市場では、銀行のディーラーが顧客の売買に合わせて自分のポジションを作る傾向が強いのです。そのため顧客の取引が低迷すると、市場全体の取引も不活発になります。

東京市場での取引を通貨別で見ると、ドル

東京外国為替市場の概要

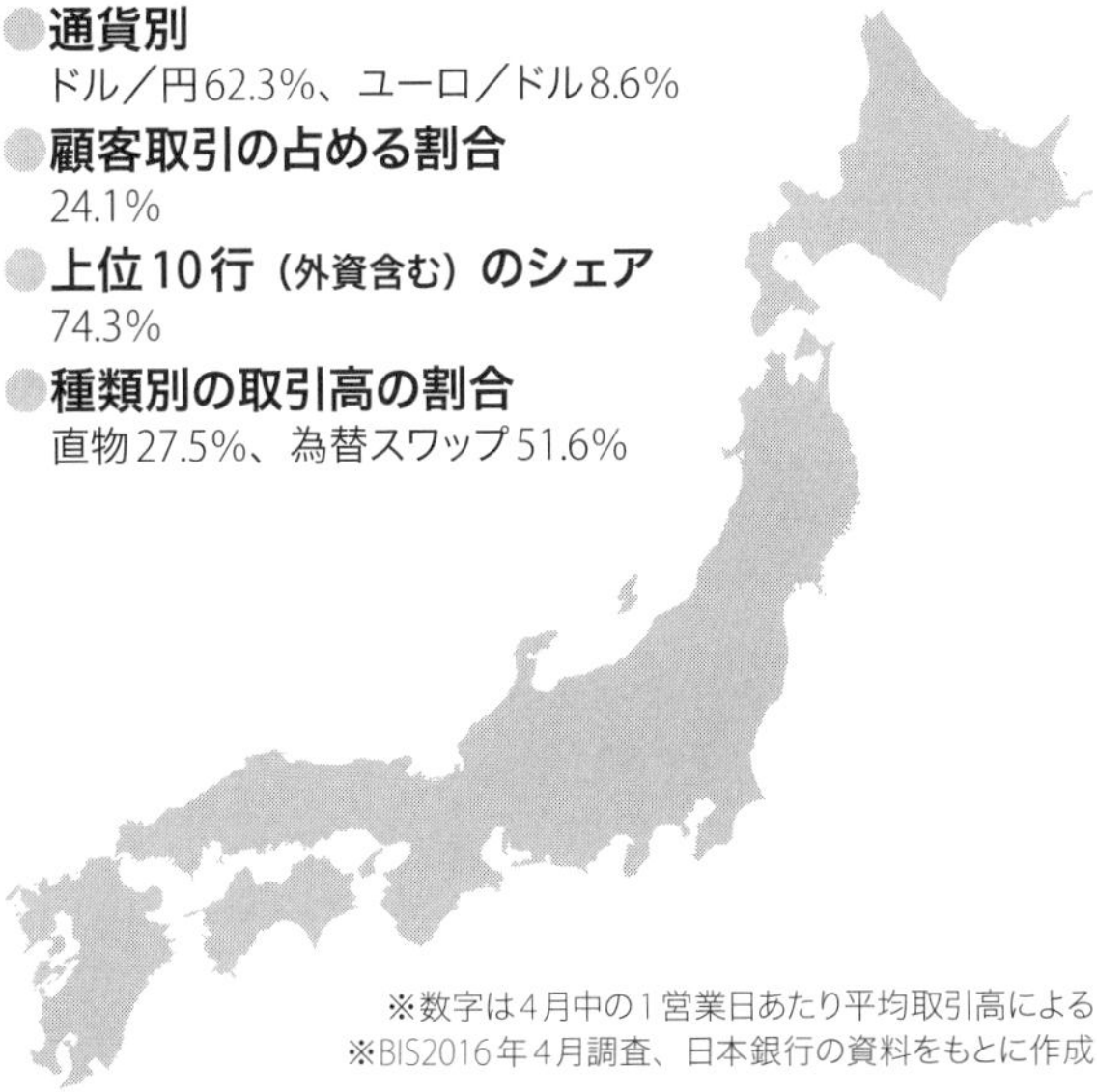

総取引高
世界第5位、3,990億ドル
※前回調査比6.6%増

通貨別
ドル／円62.3%、ユーロ／ドル8.6%

顧客取引の占める割合
24.1%

上位10行（外資含む）のシェア
74.3%

種類別の取引高の割合
直物27.5%、為替スワップ51.6%

※数字は4月中の1営業日あたり平均取引高による
※BIS2016年4月調査、日本銀行の資料をもとに作成

KEY WORD

東京市場での外資系金融機関：東京市場での外資系金融機関と本邦金融機関の取引高は、98年の調査ではほぼ50対50だった。しかし04年調査では外資系70に対して、本邦の割合は30と、外資系の割合が増え、この傾向はその後も保たれている。これは対顧客取引、インターバンク取引ともに見られる傾向。

／円取引が圧倒的に多く、全体の6割近くを占めます。次にユーロ／ドルとユーロ／円が1割弱で続きます。ドル／ポンドなどその他の通貨の取引規模は小さく、東京市場は国際市場のひとつとはいえ、円中心の巨大なローカル市場との見方もあります。

●東京市場の問題点とは

東京はロンドン、ニューヨークに次ぐ世界で三番目の規模の市場と位置づけられてきました。80年代の後半、二番目のニューヨーク市場に迫り、追い抜くと見られた時期もありました。80年代は外為法の改正や取引慣行の国際化を相次いで実施し、東京市場の発展は目覚しいものがありました。

しかし、90年代に入り景気の長期低迷が続いたことで、企業の為替取引量が減少すると、市場全体も発展のスピードを失うことになりました。この間、ロンドンとニューヨークの両市場からは水をあけられ、シンガポール市場などに迫られるようになりました。前回13年の調査でシンガポール市場に抜かれて四番目に下がり、16年の調査では香港市場にも抜かれ五番目に後退しました。

東京市場の為替ディーラーの質は、海外と比べて高いとはいえません。その背景には、顧客為替に依存しすぎたこと、邦銀の体力低下、東京の高コスト体質や税制上のデメリットから外国銀行がシンガポールなどに外為のアジア拠点を移す傾向が顕著になったこと、などがあります。

東京市場では、日本銀行による介入（6章参照）が金額、頻度とも多く、当局により管理された市場というイメージもあります。ほかにも、守秘義務が守れない、という海外からの批判もあります。そのため海外の取引が東京市場を避けて、ほかの市場で実行されるケースがあります。

SECTION 2-3

ロンドン外国為替市場の特徴

取引高は東京の6倍。世界一の取引高を誇る伝統のマーケット

揺るがない世界一の地位

変動相場制が始まってから今日まで、ロンドン市場はずっと世界一の外為取引高を記録しています。2016年の調査でも、世界の取引量の37%が**ロンドン市場**で行なわれました。東京市場の6倍です。

ロンドンは歴史的に国際金融業務の中心地として位置づけられ、世界の金融機関が進出してきました。英国経済が停滞し、英国の国際的地位が低下しても、ロンドン市場の地位は変わりませんでした。

これは、英国がロンドンを海外の金融機関の自由な活動の場として保障してきたこと、国内の金融機関が国際金融業務であえて勝者になるような政策を取らなかったことなど、英国の政策によるものです。

ほかにもロンドン市場に取引が集中する要因として、地理的にロンドンがアジアとアメリカの中間に位置することが挙げられます。

東京市場をはじめアジア市場での取引を終えたディーラーは、次のロンドン市場でポジション調整のための取引を行ないます。さらに、ニューヨーク市場の早起きのディーラーは、朝一番の取引をロンドン市場で行ないます。欧州大陸や中近東の銀行もロンドン市場で取引をします。

つまりロンドン市場は、世界中の金融機関が日常的に取引する場になっているわけです。

●ロンドン外国為替市場の概要

- 世界No.1の規模
- 世界の全取引の37.1%
- 1営業日あたりの平均取引高：2兆4,260億ドル
- 世界の金融機関が進出
- アジア通貨、アフリカ通貨、中近東通貨、東欧通貨も取引される

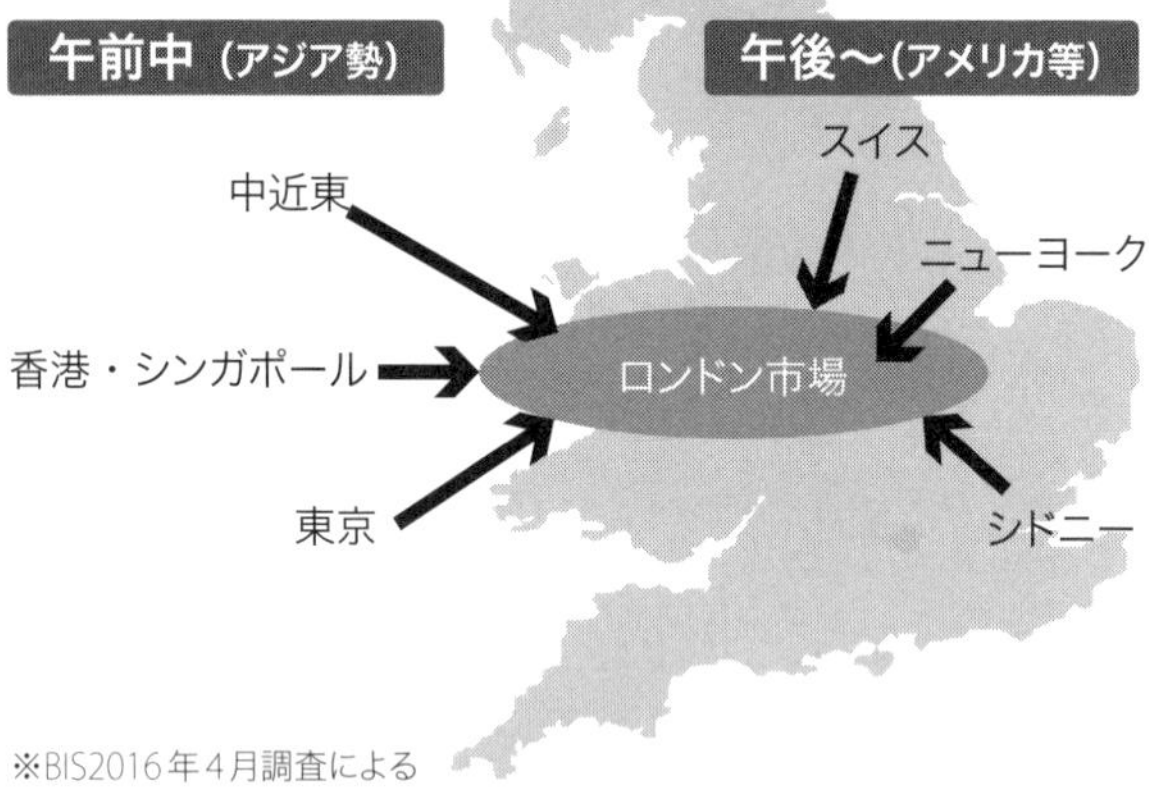

※BIS2016年4月調査による

KEY WORD

外国為替統計：BISの統計は世界的規模で3年ごとに行なわれる。ただ3年に一度だけでは市場の変化の実体がつかみにくいとの声が上がり、ロンドン市場、ニューヨーク市場を中心に6か月に一度（10月と4月）の調査を主だった銀行を中心に行なうことになった。05年から実施。

ユーロ誕生でも市場は拡大

これまで、ロンドン市場の地位が脅かされるのではないか、と思われた時期もありました。ユーロ導入時に欧州の金融の中心地がフランクフルトになるのではないかとの見方が出たときや、90年代にITの発達に伴う銀行のディーリンググルームの再編で、米国の銀行がニューヨークに集中するのではないかと思われた頃です。07年から続いた金融危機後も、金融機関には厳しいリスク管理、報酬制限、課税などが検討され、市場の縮小懸念がありましたが、杞憂に終わりそうです。

現実には、フランクフルトやニューヨークのディーリンググルームが縮小されたり閉鎖されることがあっても、ロンドンのディーリンググルームが縮小されることはありませんでした。むしろ、リストラでほかの地域のディーリンググルームがロンドンに統合され、ロンドン市場は拡大したほどです。

ロンドン市場では世界中の国の通貨が取引されています。アジア通貨もロンドン市場のほうが、当該国の市場よりも活発なくらいです。

90年代後半、タイバーツの急落に端を発したアジア通貨危機の際も、投機筋とアジアの中央銀行との攻防の多くは、ロンドン市場を舞台に行なわれました。

ロンドン市場では、為替だけでなく、資金や債券、商品などの取引も活発に行なわれ、とくにユーロダラー市場（米国外にあるドルの金融市場）の中心です。こうしたことも世界の金融機関が集中する要因です。

さらに英国の金融機関がアジア、オセアニア、アフリカ、南米など世界中の顧客と古くから取引関係があることも、ロンドン市場に取引が集中する背景になっています。

ＢＲＥＸＩＴ（英国のＥＵからの離脱）の影響についてはまだ不明です。

SECTION

2-4 ニューヨーク外国為替市場の特徴

世界第二位の地位を維持し、最終的なポジション調整の場でもある

米国の経済指標には世界が注目

ニューヨーク勢が市場に参加するのは、ロンドン市場の後場になります。それまで値動きが少なかったときでも、突然市場に活気が出て為替レートが動き出すことが珍しくありません。ちょうどその頃（ニューヨーク午前8時30分、ロンドン午後1時30分・夏時間）、**米国の経済指標**が発表されることが多く、市場はその数字によって動き出します。

外為市場ではドルの力が最も強く、ドルの方向性に影響を与える米国の経済指標には、世界中のディーラーが注目します。仮にドル安を示すような経済指標と、円安を示すような経済指標がほぼ同じような時期に出た場合、ドル／円はドル安円高に動くことがほとんどです。

活発なポジション調整の場

このように**ニューヨーク市場**の前場は取引も多く、ロンドンなどの欧州勢だけでなく、アジア勢も市場参加することが珍しくありません。しかしロンドン勢の取引が終わるニューヨーク市場の後場になると、市場の取引は極端に薄くなり、普通は値動きも少なくなります。一方で、薄い市場で大口の売買が実行されると、レートが大きく動くこともあります。

ニューヨーク市場は、シドニー市場から始

ニューヨーク外国為替市場の概要

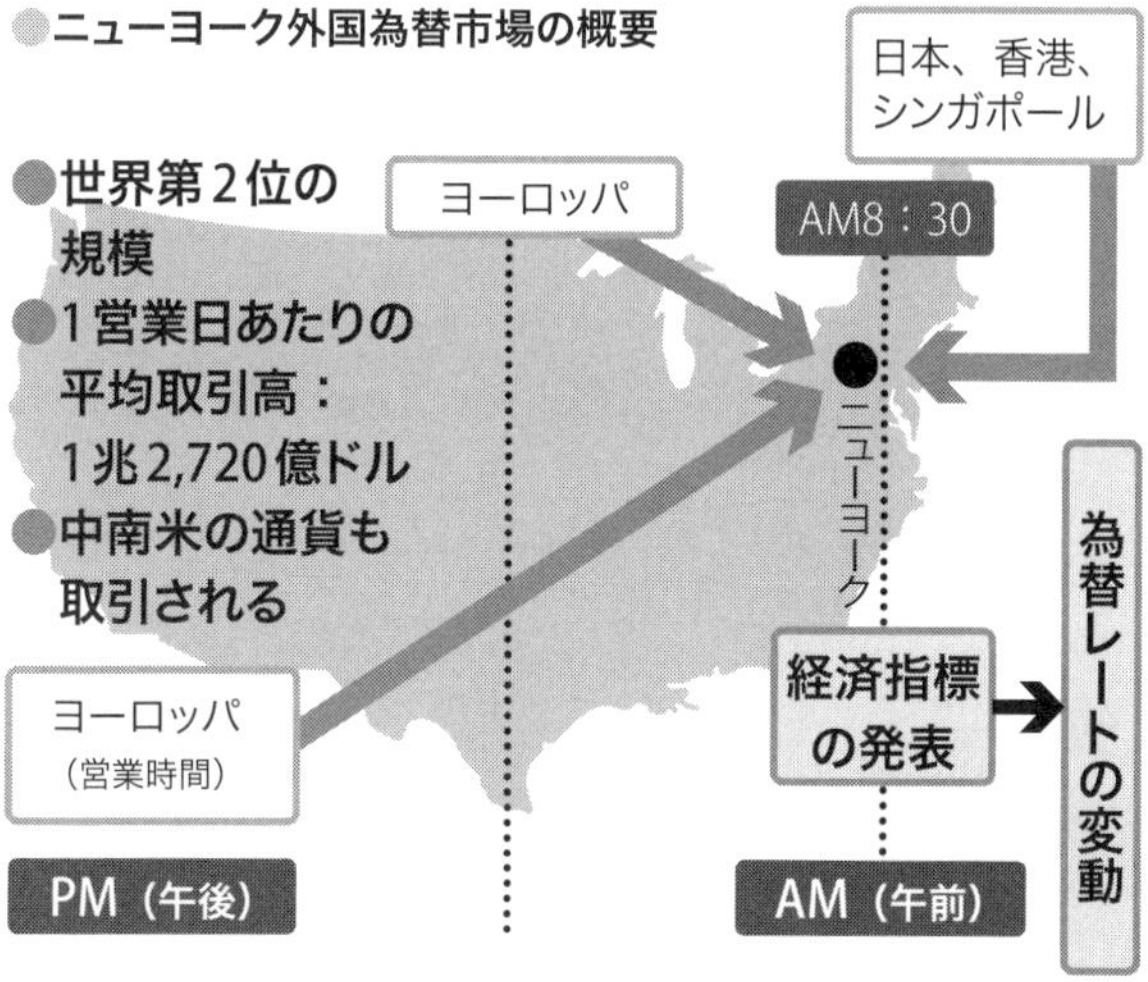

3大市場の1営業日あたり平均取引高（単位：10億ドル）

	07年4月	10年4月	13年4月	16年4月
ロンドン	1,483	1,854	2,726	2,426
ニューヨーク	745	904	1,263	1,272
東　京	238	301	374	399

※BIS／日銀2016年4月調査による

KEY WORD

ストップロス：1ドル＝80円で100万ドル買い持ちにした場合、1ドル＝79円になれば100万円の損失が出る。このポジションを持った人が100万円以上の損失を被りたくなければ、損失がそれ以上膨らまないよう、79円でポジションを切ることになる。これをストップロス（損切り）という。

まる1日の市場の終わりなので、世界中の市場参加者の最終的なポジション調整の場にもなります。さまざまなレートでの買い注文や売り注文、そしてストップロス（損失の限定）の注文が集中します。ニューヨークの後場に大きく為替レートが動くと、こうした注文が実行されます。そして、それがまた変動幅を一層大きくすることがあります。また、そうした特徴を利用して、ひと稼ぎしようとするスペキュレーターも現われます。

ニューヨーク市場の後場に市場が大変動した一例を挙げると、2011年3月17日、ドル円相場は95年4月に記録した史上最安値（円の史上最高値）79・75を突破して76・25まで下落したことがあります。円の史上最高値の更新でした。ニューヨーク市場の後場からシドニー市場へかけての、24時間市場のなかで市場が最も薄くなる時間帯での出来事でした。

市場参加者が少なく、取引量も比較的少ないときに大きく為替レートが変動すると、ストップロスの注文が指値どおりに実行されないことも珍しくありません。想定外の損失を出す可能性があるわけです。注文を出す側はそうした市場の特性を理解しておく必要があります。

ニューヨーク市場の終わり頃には、シドニーの銀行が参加します。そしてシドニー市場へと引き継がれて、翌日の取引が始まります。

ニューヨーク市場は世界で二番目に大きな市場です。80年代後半に一時東京に抜かれそうになりましたが譲らず、最近では世界第二の地位を不動のものにしています。

SECTION

2-5 外国為替市場での主役たち

銀行、顧客、中央銀行、ブローカーが市場に参加し、取引を行なっている

外為市場には、銀行、その顧客、中央銀行、ブローカー（仲介業者）が参加しています。

銀行と顧客（金融機関・事業法人・個人）

銀行は、ほかの銀行との間で為替レートを互いに建値し合います。また、顧客の求めに応じて、為替レートを建値します。顧客とは、銀行にとっての顧客という意味であり、具体的には金融機関・事業法人・個人です。こうした銀行の取引は市場の中核をなしています。

銀行間の取引は、差益狙いの取引と、顧客取引で発生したポジションのカバー取引に大別できます。差益狙いの取引のうちの大半は、極めて短期の売買です。買えば次の局面では売る、売れば次の局面では買い戻すという具合です。これを何度も繰り返します。これらの取引を担うインターバンクディーラーは、ニュースや経済指標そして顧客取引に反応して売買します。

顧客は、差益狙いの取引もしますが、商業取引に基づいた為替取引を行ないます。海外への送金や貿易取引、資本取引に伴う為替取引です。これらの取引の多くは、売ったら売りっぱなし、買ったら買いっぱなしです。つまり反対取引の必要がないか、あってもすぐには実行しないものが多く、為替の需給にダイレクトに影響するため、為替レートの方向性に影響を与えます。

●外国為替市場の主な参加者

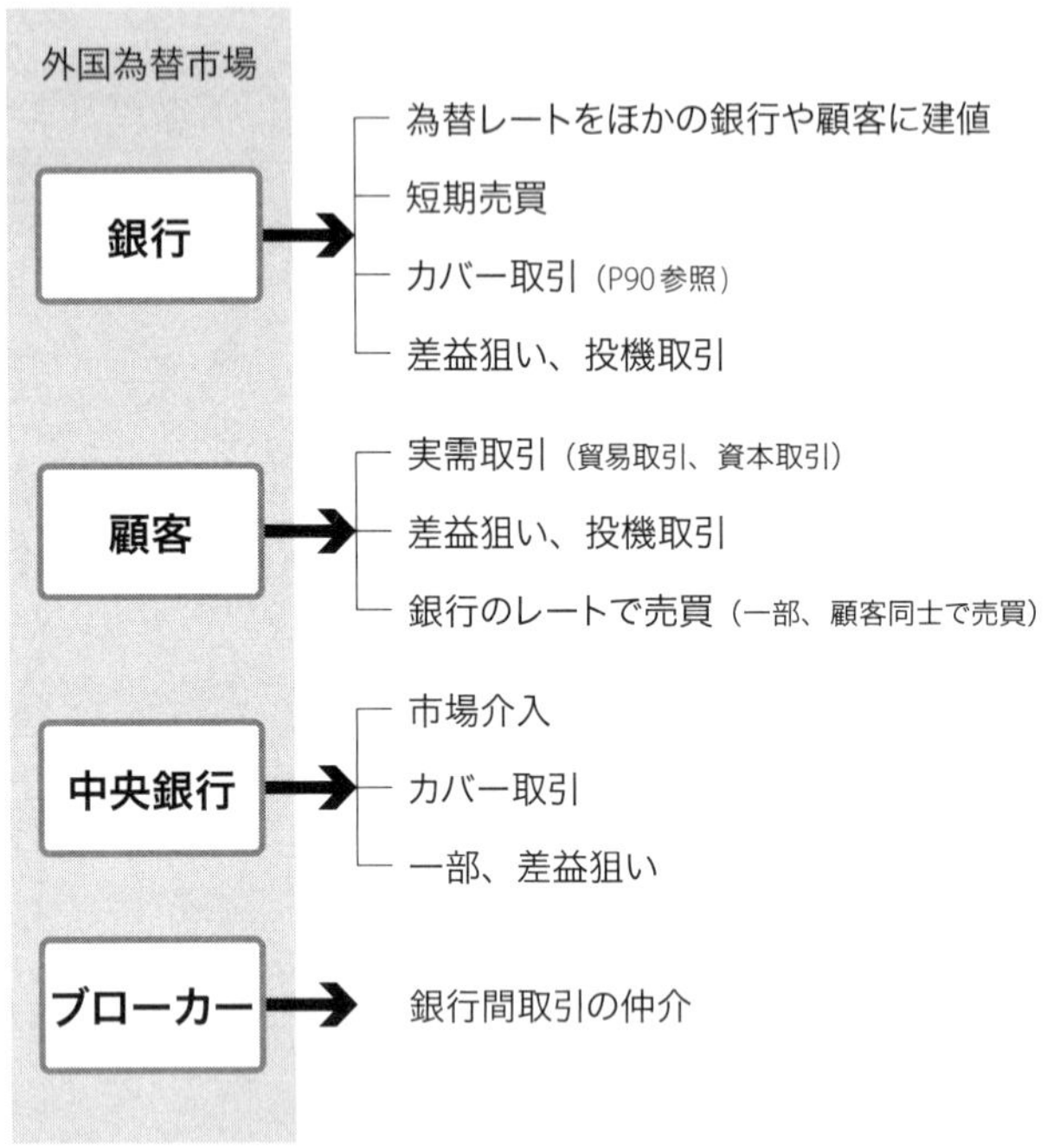

KEY WORD

ボルカールール：米国での銀行規制改革案。金融危機が銀行の巨額なリスク業務に起因するとして、顧客へのサービス業務と付随するリスクを取る銀行と、ヘッジファンドや未公開企業への投資や自己勘定でリスクを取る銀行とに分ける。前者は公的資金で救済するが、後者は破綻処理する。

一方、短期の投機取引の場合は、すぐに反対取引が出るので、一定時間内でみれば為替の需給には影響しません。したがって、極めて短期の相場変動に影響を与えます。

より詳しく見ると、顧客といっても実際は千差万別です。ヘッジファンドや証券会社など非銀行金融機関のなかには銀行以上の大きな額のポジションで投機取引をする者、自動車会社などの輸出業者で外貨売り・自国通貨買いの取引を主とする者、石油会社のように原油の輸入でドル買い・自国通貨売りの取引をする者、また生命保険会社のように、外国の債券や株の投資に伴う為替の売買を行なう機関投資家などがいます。

最近では、CTA（商品取引顧問業者）や年金基金、投資信託など、さまざまなファンドが為替での資金運用を積極的に始め、新しい顧客として、市場取引高の増加要因になっています。

●中央銀行

中央銀行も市場で為替取引を行ないますが、その目的は急激な為替レートの変動を抑制するためや、一定の変動幅を守るためです。つまりその国の為替政策を実現するためです。このような中央銀行の為替の売買を**介入**と呼びます（6章参照）。アジアの中央銀行のなかには、こうした目的ではなく、外貨準備の運用の一環として、為替差益を求めて投機的な売買をするところもありました。これらの売買は介入とは呼びません。

●ブローカー（仲介業者）

ブローカー（仲介業者）は、銀行間市場での取引を仲介します。ブローカーには銀行からの売買の注文が集まり、それを結びつけるのです。ブローカー自らはポジションを持ちません。

3章 外国為替相場はこうして決まる

需要（買い）と供給（売り）でレートが決まる

●需要と供給の基本原則がよく見える世界

外為市場では、基本的にある通貨を買えば、その通貨のレートは上がり、売れば下がります。これが原則です。需要と供給で価格が決まるという基本原則がよく見える世界です。

日常で、ある商品を買う場合、商品を1個買う場合の値段と100個買う場合の1個あたりの値段が違うことが、よくあります。たくさん買うと1個あたりの値段が安くなるわけです。

では、外為市場（銀行間市場）ではどうでしょう。銀行間市場での売買単位は100万ドルです。100万ドル買う場合の値段（為替レート）が1ドル＝80・20（80円20銭）としましょう。これを1億ドルに増やしたとしても、為替レートが安くなることはありません。それどころか、逆に高くなるのです。市場の状況によりますが、80・30とか80・40と、ドルは高くなります。たくさん買えば買うほどレートは上がり（高くなり）、たくさん売れば売るほどレートは下がる（安くなる）というわけです。ときには、たくさん買っても為替レートが上がらない場合がありますが、それはそれ以上に多額の売りがあるときです。

●買いが多いとレートは上昇、売りが多いとレートは下がる

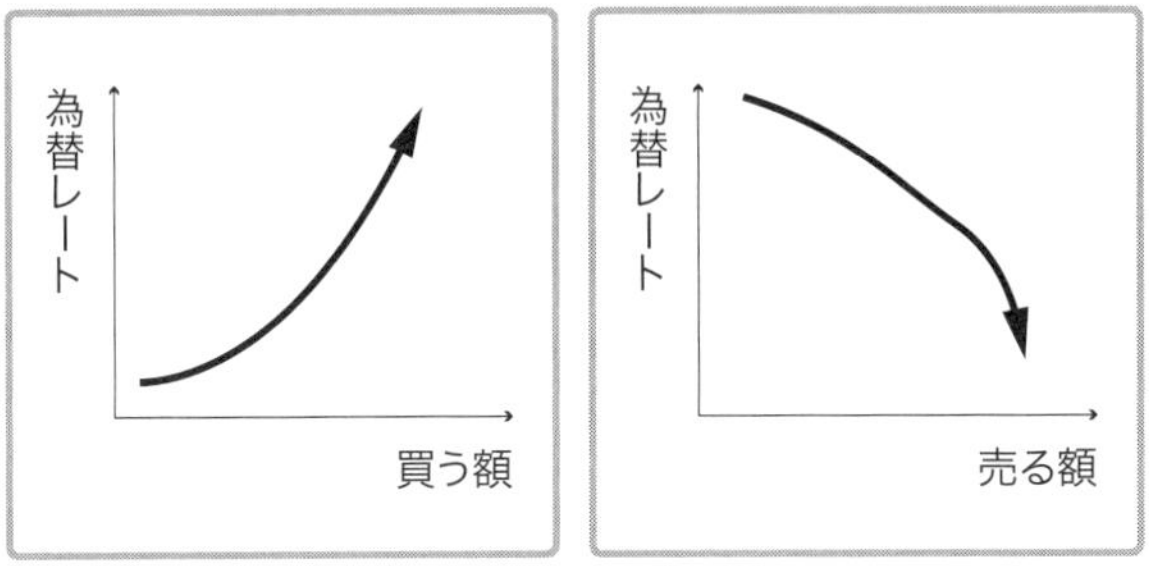

●市場でのレートは買値と売値が対になって動く

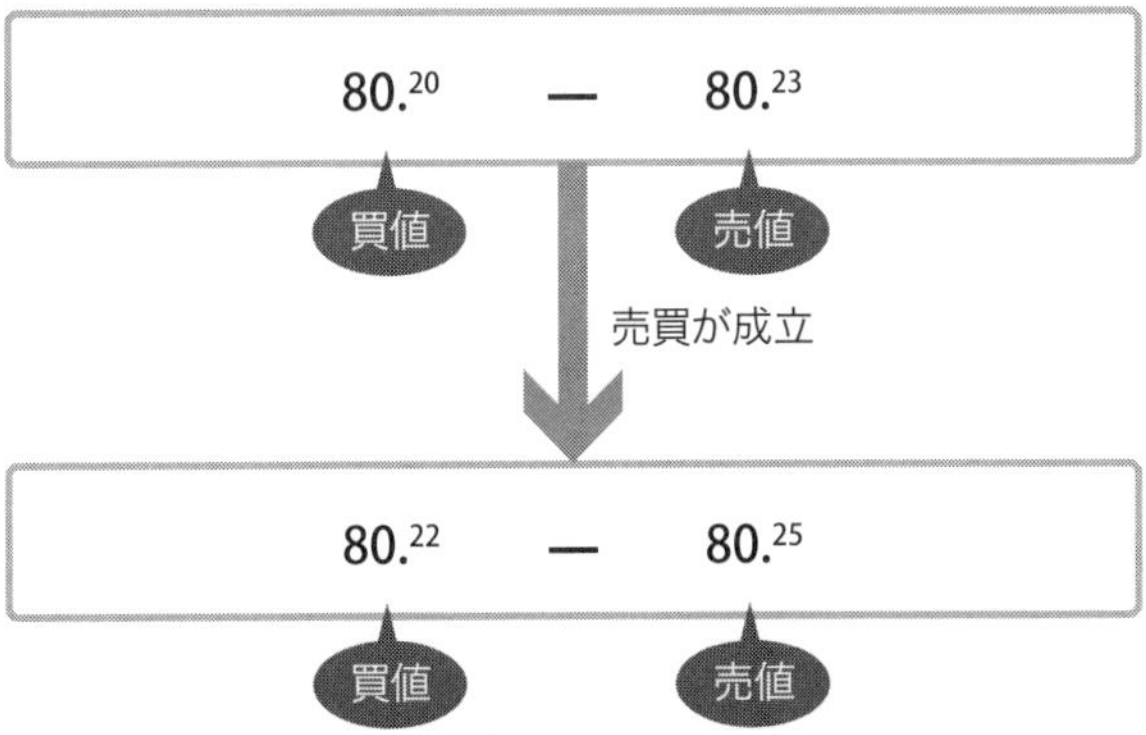

ある一時点を見れば、市場では多くの銀行が直取引をしていると同時に、ブローカー（仲介業者）経由でも取引が実行されています。それらのレートは、必ずしも同じではありません。直取引では買値が80・20、売値が80・23でも、ブローカー経由では買値が80・22、売値が80・25といった具合です。

ただこの場合でも、ブローカー経由のレートは、買値が80・24、売値が80・27となることはありません。そうなると、直取引で80・23で買って、ブローカーを通して80・24で売れることになり、何のリスクもなく利益を出せるからです。こうした状態になれば、利益を狙った取引が直ちに行なわれて、この状態はすぐに解消されます。そして直取引のレートが上昇するか、あるいはブローカー経由のレートが下落します。

このように、直取引のレートとブローカー経由のレートは同じでなくても、ほぼ同じ水準のレートになります。

市場でのレートは買値と売値が対になっている

実際の市場での為替レートは、**買値と売値**が対になっています。80・20（買値）―80・23（売値）という具合です。ある通貨を買いたいと思えば市場での売値で買い、売りたいと思えば市場での買値で売ることになります。

買値または売値で取引が成立すると、新たな買値と売値が現われます。東京市場でのドル／円取引のように市場参加者が多い場合、こうした変化が時間をおかず継続的に行なわれます。

なお、市場での買値と売値の表示は普通、80・20―23などと80（100円）は繰り返し表示しません。

SECTION
3-1 ビッドとオファーで相場が動く

外国為替市場では、買値（ビッド）と売値（オファー）の二つの値が表示される

「売り」と「買い」の二つのレート

外国為替レート（相場）は、市場では買いのレートと売りのレートが対となって動きます。ドル／円を例にとれば、85・20―21という具合です（85は繰り返されません）。これは85円20銭でドル買い（円売り）、85円21銭でドル売り（円買い）という意味です。専門用語では、前者を**ビッドレート（買値）**、後者を**オファーレート（売値）**と呼んでいます。

ビッドとオファーは直物相場だけに適用される用語ではありません。外為市場では、為替のスワップレート（直先スプレッド、直物レートと先物レートの差のこと）は46―44という具合にポイント数で表示します。この場合も、前者をビッドレート、後者をオファーレートといいます。

通常の市場では必ず、ビッドとオファーのレートがあります。現在の為替レート（直物）はいくらと聞かれたら、普通85・20―21とビッドとオファーで答えます。ロイターなどの画面上のレートもビッドとオファーで表示されます。銀行同士が取引する場合も、レートを聞かれた銀行は、ビッドとオファーで建値します。顧客に聞かれた場合も、普通はビッドとオファーで答えます。

買値と売値の差とは

では、ビッドとオファーの差（**スプレッド**）

●外国為替市場ではレートが対になっている

マーケット（ドル/円）

85.20-21

85.20（85円20銭）：ビッドレート（買値）
→売り手はこのレートでドルを売る

85.21（85円21銭）：オファーレート（売値）
→買い手はこのレートでドルを買う

この差＝スプレッド

拡大

・急激な変動、薄い市場（流動性、レートリスク大）
・信用力の低い相手（信用リスク大）
・高い手数料（大きな利益）

85.18-23

●スワップレート（直先スプレッド）の表示の仕方

マーケット（ドル/円）

46-44

46 → 0.46：ビッドレート
44 → 0.44：オファーレート

＊直物レートを $85.^{20\text{-}21}$ とすると

先物レート

$85.^{20}-0.^{46}=84.^{74}$ → 先物のビッドレート（買値）
$85.^{21}-0.^{44}=84.^{77}$ → 先物のオファーレート（売値）

※銀行間市場では、直物レートとスワップレートが建つ。
先物レートは、直物レートにスワップレートを足したり引いたりして決められる（3-6参照）。

KEY WORD

銀行間市場での売買単位：銀行間市場での取引は数百万ドル～数千万ドルが一般的。最小売買単位は100万ドルだが、例外的に100万ドル以下や端数のついた金額での取引が行なわれることもある。顧客取引では、端数のついた金額や数万ドル～数億ドルまでの金額が取引される。

はどのようにして決まるのでしょう。

銀行間市場でのドル円直物レートのビッドとオファーのスプレッドは、通常1銭（1ポイント）ほどです。市場の流動性が高くなれば、つまり多くの市場参加者が取引に参加すれば、ビッドとオファーのスプレッドは小さくなります。市場が現在ほどの規模でなかった頃、1970年代の銀行間市場でのスプレッドは通常10銭でした。それが市場規模が拡大するにつれて、7銭、5銭、3銭、2銭と縮小していきました。最近では1銭以下になることもめずらしくありません。

ただ現在でも、大きなニュースが流れて市場が急に動くときや、介入などで荒れた相場になったときなどは、スプレッドが10銭になることも、それ以上になることもあります。また、稀に105・00—00ということになることもあります。これは105・00ビッド、106・00オファーという意味で、つまり1円のスプレッドです。市場の動きの予測が難しく、市場参加者が極端に少なくなっている場合に見られます。

このように、スプレッドは市場の状況に応じて変わります。つまりそれは市場の流動性やレート変動のリスクを表わしています。

また、信用力の低い銀行や顧客に対しては、ビッドとオファーのスプレッドが広がることがあります。ここではスプレッドは信用リスクも表わします。

そのほか、銀行が顧客に対して建値するとき、スプレッドに利益（手数料）を含める場合があります。たとえば、銀行間市場で85・20—21であれば、顧客に対しては85・19—22と建値します。この場合、顧客が売っても買っても、銀行は1銭の利益が上がることになります。ここでのスプレッドは利益を表わします。

SECTION 3-2

直物相場はこうして決まる

売値で買い、買値で売るたびに、レートは変わっていく

●売買の成立（ヒット）とレート

銀行間市場での直物相場は、ドル／円の場合、85・20―21というように建値されます。このときドル買い（円売り）をしたい銀行は、市場のオファーレート（売値）の85・21でドルを買います。ドルを売る場合は、ビッドレート（買値）の85・20で売ります。

業界用語では市場のレートで売ったり買ったりする行為を「**ヒットする**」といいますが、売るときは相手のビッドを、買うときは相手のオファーをヒットします。

通常ヒットされるとレートは変わります。85・20―21で20がヒットされると（85・20でドル売り）、市場レートはたとえば85・19―20と変動します。つまりドルが売られると、ドルは下がります。一方、21がヒットされると（85・21でドル買い）、85・21―22などと変動します。ドルが買われると、ドルのレートが上がるわけです。

では、この上下の変動幅はどのように決まるのでしょうか。それは市場の状況によります。

通常は1―2ポイントくらいですが、この変動幅もビッドとオファーのスプレッドと同様に、市場が厚く安定しているときは小さく、市場が薄く荒れた相場のときは大きくなります。

●ドル／円レートが動くしくみ

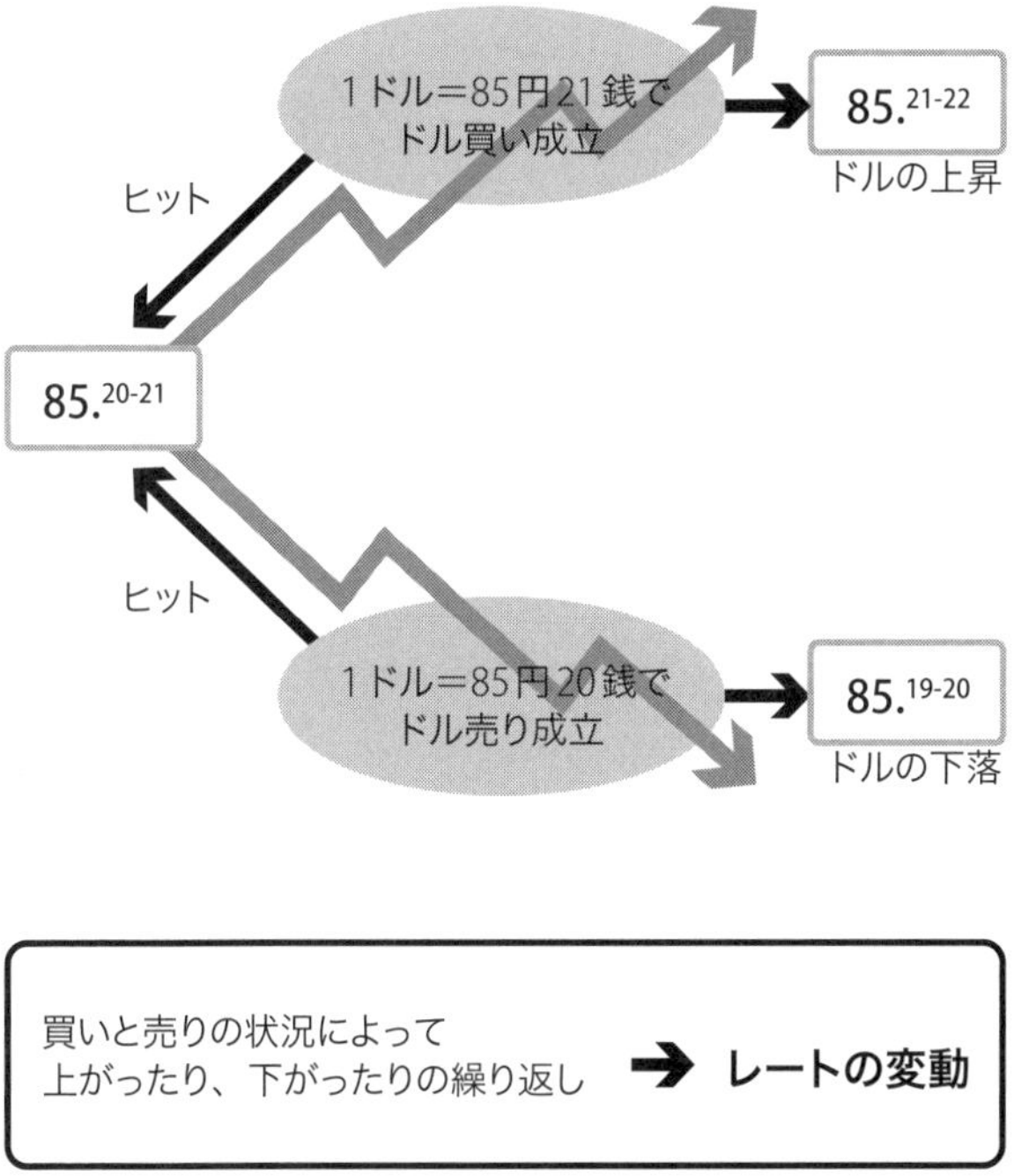

KEY WORD

流動性リスク：通常の市場ではビッドとオファーのレートが建つが、一方のレートしか建たないときや両方のレートとも建たないときがある。短時間で市場が復活することが多いが、前後でレートが大きく変化していることがある。発生するのは稀だが、市場には流動性リスクがある。

ブローカー取引の場合

ただ、**ブローカー取引**の場合は、建値されているビッドとオファーのレートで取引可能な金額があらかじめ決まっているので、その金額以内だと理屈のうえではレートは動きません。

85・20のビッドが1000万ドル、85・21のオファーで700万ドルのレートがブローカーにあったとき、ある銀行が500万ドルを売っても、ビッドレートにはまだ500万ドル残っていますから、レートはそのままです。

また、ある銀行が1000万ドル買いたい場合、オファーをヒットしても300万ドル足りません。足りない分はブローカーにある次のオファーレート（たとえば85・22）をヒットするか、85・21の買い注文（ビッド）300万ドルをこのブローカーに出すことも考えられます。この場合、ブローカーでの市場レートは85・21―22になります。85・22で売り注文を提示している銀行か別の銀行が85・21で300万ドル売ってくれれば、85・21の買い注文は成立します。ただし、ドルがそのまま上がってしまうと、85・21では300万ドルを買えないことになります。

銀行間市場ではこうした行為が絶えず繰返されます。その軌跡が為替レートの変動になるのです。

東京市場が終わると、こうした取引が連続して次の市場に受け継がれます。ニューヨーク市場の後、日付が変わっても、市場は連続してシドニー市場での取引になります。したがって、各市場のディーラーは最初、前の市場でのレートを参考にして取引相手に建値をすることになります。

SECTION

3-3 外国為替市場と金融市場の関係①

金融市場と外国為替市場の間には、金利を通した関係が成り立っている

●通貨の金利の差に着目

先物為替レート（先物レート）やスワップレートの決まり方を説明する前に、外為市場と金融市場を結ぶ重要な関係を説明します。それは金利平価理論です。先物レートやスワップレートの決まり方の基本原則です。

金利平価理論とは「先物レートのプレミアムまたはディスカウント率は、二通貨の金利差に等しい」というものです。そして相対的に高い金利の通貨は、相対的に低い金利の通貨に対して、先物で**ディスカウント**（D）になります。相対的に低い金利の通貨は、相対的に高い金利の通貨に対して、先物で**プレミアム**（P）になります。

例を挙げて説明しましょう。次のような相場が為替市場と金融市場で建っているとします（図参照）。

●円金利1・00％、ドル金利4・00％（それぞれ1か月から12か月まで同じ金利とします）

●ドル／円直物100・00、先物1か月99・75、2か月99・50、3か月99・25、6か月98・50、12か月97・00（説明を簡略化するため、ビッドとオファーレートは同じとします）

さて、プレミアムとディスカウントという用語ですが、この例では、ドル／円の先物レートは、直物レートに比べてドル安円高になっています。この場合、ドルが円に対して先

●金利差とスワップレート

金融市場（金利）

$ 4%（年率）
¥ 1 %（年率）
（1～12か月）

ディスカウントとプレミアム

金利の高いほうの通貨 → 先物でディスカウント（D）
金利の低いほうの通貨 → 先物でプレミアム（P）

スワップレート　※先物がディスカウントの場合

直物レート－先物レート＝スワップレート（ポイント）
$100.^{00}-99.^{25}=0.^{75}$（3か月）

外為市場

直物	100.00
先物1か月	99.75
2か月	99.50
3か月	99.25
6か月	98.50
12か月	97.00

スワップレートをディスカウント（プレミアム）率に換算

$$\text{ディスカウント（プレミアム）率}=\text{スワップレート}\times\frac{12}{\text{期間（月）}}\div\text{直物レート}$$
$$=0.75\times\frac{12}{3}\div100.00\ (\times100)=3.00\%$$

ディスカウント（プレミアム）率をスワップレートに換算

$$\text{スワップレート}=\text{直物レート}\times\frac{\text{ディスカウント（プレミアム）率}}{100}\times\frac{\text{期間（月）}}{12}$$
$$=100\times\frac{3}{100}\times\frac{3}{12}=0.^{75}$$

外為市場と金融市場の関係
2つの通貨の金利差＝先物レートのディスカウント（プレミアム）率

KEY WORD

ディスカウント（プレミアム）率：ディスカウント率は普通年率で表わすので、1か月に直すとスワップレートの変化は1年の12分の1になる（実際は日数計算だが、本書では便宜上、月ベースで計算している）。逆にいえば、短期間での為替レートの変化は、年率に直すと大きな数字になる。

物でディスカウントである（先物が直物より安い）といいます。あるいは、円がドルに対して先物でプレミアムである（先物が直物より高い）ともいいますが、これは同じことを表現しています。通常はドルを中心にいうことが多いので、前者のように表現するのが一般的です。

スワップレートとは

このケースをより詳しくいえば、ドル／円の3か月先物はドルが円に対して75銭（75ポイント）のディスカウントである（3か月先物は直物より75銭安い）、といえます。この75ポイントのポイントが、**スワップレート**と呼ばれるものです。先物のディスカウント（プレミアム）とは、このようにスワップレート（ポイント）で表わすこともあれば、年率で表わすこともあります。

スワップレートを年率に換算するには、スワップのポイントを1年に引き直して、直物レートで割って計算します。この例でのスワップレートは年率3％ということになり、ドル／円の3か月先物は、ドルが円に対して3％のディスカウントであるということもできます。

最初に述べたように、金利平価理論では、先物レートのディスカウント（またはプレミアム）率は二つの通貨の金利差に等しくなります。この例では、たしかにドル金利と円金利の差は4％－1％＝3％と、ドル／円の3か月先物のディスカウント率と等しくなっています。

要するに、二つの通貨の金利差がわかれば、スワップレートのディスカウント（プレミアム）率もわかります。

逆にスワップレートのディスカウント（プレミアム）率がわかれば、二つの通貨の金利差がわかることになります。

SECTION 3-4

外国為替市場と金融市場の関係②

金利と為替レートの関係を反映しないレートは裁定取引で修正される

●裁定取引のしくみ

前項で述べたような関係が市場で成立していない場合はどうなるでしょうか。前項の例では、ドル／円の3か月の先物レートは99・25でしたが、それが99・20だったとしましょう。

こうした場合、市場参加者は次のような取引を実行するはずです。

①ドルを3か月借り入れる（100万ドルとします。借入金利年4％）
②直物ドル売り円買い（直物レート100・00）
③円を3か月運用（運用金利年1％）
④3か月先物ドル買い円売り（3か月の先物レート99・20）
⑤ドルの利息分のドル買い円売り（直物レート100・00）

借り入れた100万ドルは④で買ったドルで返済します

実際は②と④は同時に行ないます。これを、3か月のスワップ取引をするといいます。スワップレートは80銭（100−99・20＝80ポイント）です。

この取引のキャッシュフローを示した図を見てください。

円の3か月後のキャッシュフローは差し引き5万円のプラス、すなわち5万円の利益になります。⑤の3か月後のドル買いの直物レートは100・00と仮定したものですが、

●ドルと円のキャッシュフロー（M＝100万）

金融市場（金利）	
$4%	（3か月）
¥1%	（3か月）

直　物

$ (＋)	$ (－)
1M（①借入れ）	1M（②ドル売り）

¥ (＋)	¥ (－)
100M（②円買い）	100M（③運用）

外為市場（$／¥）	
直　物	100.00
3か月	99.20

3か月後

$ (＋)	$ (－)
1M（④ドル買い）	1M（①' 元本返済）
10,000（⑤ドル買い）	10,000（①' 利息）

¥ (＋)	¥ (－)
100M（③' 運用元本）	99.2M（④円売り）
250,000（③' 利息）	1M（⑤円売り）
100,250,000	100,200,000

50,000の利益

KEY WORD

オフショア市場：金融上、税法上の規制の少ない、主に非居住者のための金融市場のこと。ドルではロンドンを中心に発達したユーロダラー市場が代表的。ここでいうユーロとは、欧州統一通貨のことではなく「国外にある」という意味で、ユーロはオフショアの代名詞として使われる。

この利息分をあらかじめ3か月の先物レート99・20で買うとすれば、差し引き5万800円のプラスになります。

要するに、こうした取引をすることで、リスクを取らずに利益を上げることができるのです。

これは実においしい話なので、ほかの者も見過ごすはずがありません。次々に同様の取引をする者が市場に現われます。

そうなると、ドル直物売り3か月先物買いのスワップ取引（②と④）を実行したい者が増えます。すると、スワップレートは次第に80から79、78と縮小していきます。そして、このスワップ取引はリスクを取らずに利益が出なくなる点まで繰り返されていくことになります。

こうした一連の取引を**裁定取引**（**アービトレイジ**）と呼びます。

●金利差＝ディスカウント率へ

この例でいえば、裁定取引は理論的には、スワップレートが75になるまで縮小し、ここで市場は均衡します。スワップレートが75ということは、すなわち3か月の先物レートは99・25ということで、前項で述べたように、先物レートのディスカウント率が二つの通貨の金利差に等しくなる点まで続けられます。

前項から外為市場と金融市場を結ぶ基本原理についての話をしましたが、この理論通りにレートが建つのは、規制がなく資本移動が自由に行なわれる市場（たとえばオフショア市場）においてです。

また、実際の収支を考えるには、税金や手数料等を考慮しなければなりませんし、信用力によって借入れできる金額や金利も違ってきます。そのため実際の市場のレートと理論値にはズレが生じます。

SECTION 3-5

スワップ取引のしくみとレート

金利が動くと予想されれば、スワップレートも変動する

●スワップ取引が行なわれる理由

スワップ取引は、外為市場で最も多い取引です。

スワップレート（直先スプレッド）は、基本的に二つの通貨の金利差で決まるわけですから、いずれかの通貨の金利が変化すれば、スワップレートは変わります。3―3の例では、ドル金利4%、円金利1%、3か月スワップレート0・75（75ポイント）でした。ここでドル金利が5%になれば、スワップレートは1・00（100・00×（5―1）÷100÷12×3＝100ポイント）になります。したがって、あらかじめ直物ドル買い円売り、3か月先物ドル売り円買いのスワップ取引をして、スワップレートが100ポイントに広がったときに反対取引（直物ドル売り、3か月先物ドル買い）をすれば、1ドルにつき0・25円（25ポイント）の利益が出ます。75ポイント払って、100ポイント取るからです。

このように為替の**スワップディーラー**は、金利の予測に基づいてポイントを取ったり払ったりして、利益を上げようとするわけです。

そのほか、資金を作るためにスワップ取引が行なわれることがあります。たとえば、ドル資金を持っている外国銀行が3か月の円資金を作る場合、ドルを売って、買うという3か月のスワップをします（直物ドル売り円買い、3か月先物ドル買い円売り）。

●スワップ取引の例

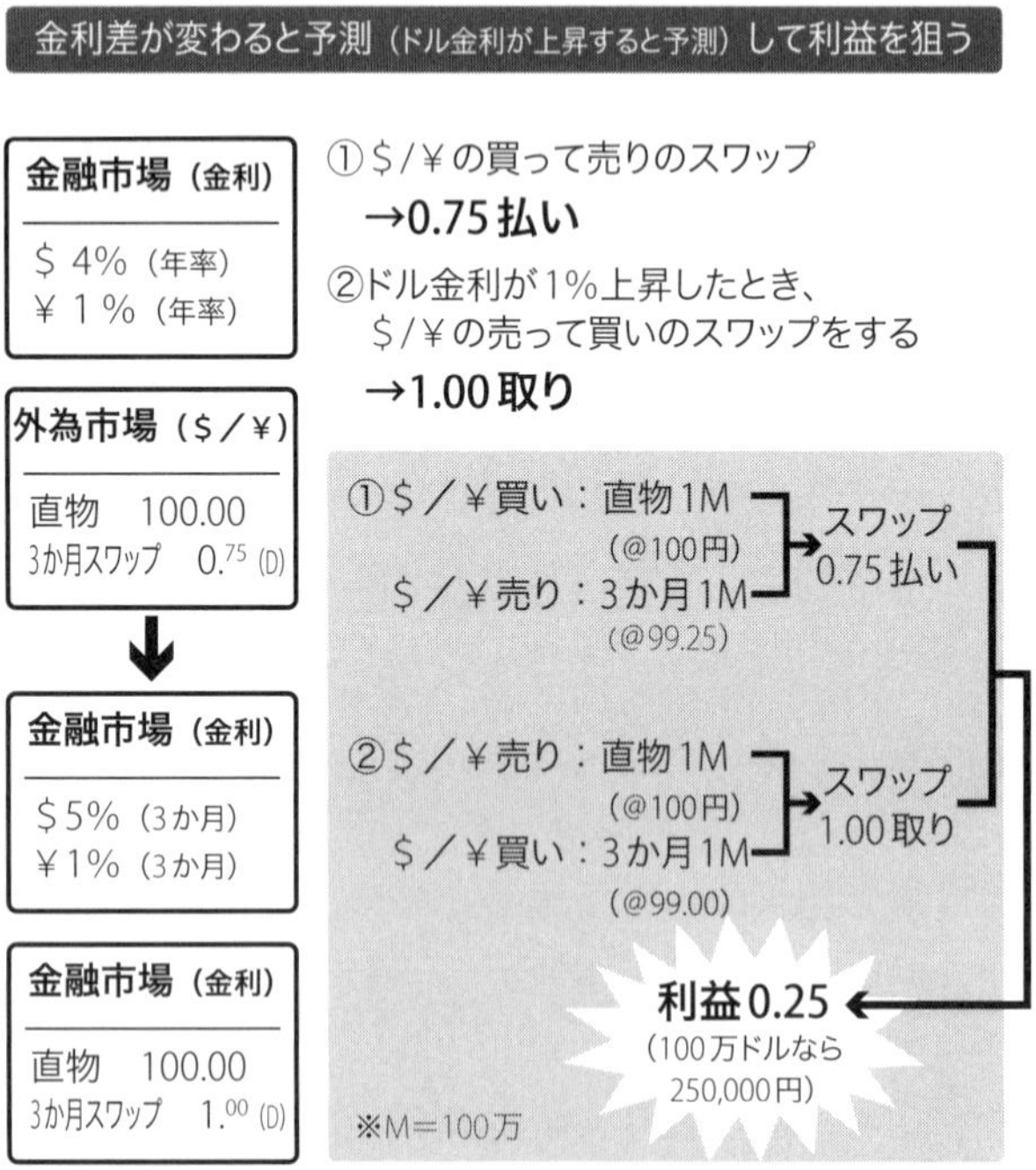

KEY WORD

スワップディーラー：為替のスワップディーラーは、直物と先物を組み合わせた売買を行なうが、為替レート（直物）の水準よりも金利変動を予測しながら取引を行なう。したがって為替ディーラーというよりも、金利ディーラーというほうが実態に即しているともいえる。

ドルを直物で売るだけでも円資金を作れますが、それだと為替レートの変動リスクを負うことになり、資金コストが定まりません。そのため、同時に先物で反対取引をするスワップによって資金を作ります。こうして作った資金のコストは、理論的には円を直接借りたときと同じになります。3―3で挙げた数字の例でいえば、この外銀は4％のドル資金コストを負担しますが、ドルの売って買いのスワップ（3か月）で3％得ます。差し引き1％の負担になりますが、これは円のコスト（金利）と同じです。

ではなぜスワップ取引をするかというと、市場よりも安くドルが手に入る銀行なら、円資金を1％以下で作れるからです。あるいはこの銀行がクレジットライン（与信限度額）の問題などで他行から円資金を市場のレートで調達できない場合なども、スワップを使います。

●金利差という枠組み

このほかにも、先物取引で発生したポジションをカバーする場合や、直物ポジションを持ち越す（ロールオーバーまたはキャリーといいます）場合、ほかの金融商品（債券、金利スワップなど）のヘッジをする場合などに、スワップ取引が利用されます。

スワップ取引をする理由はさまざまですが、スワップレートは基本的に二つの通貨の金利差により決定されます。それ以外の要因で動くこともありますが、変動が行き過ぎれば、金利差による裁定取引が行なわれます。その結果、スワップレートは金利差に収斂します。

相場の展開によっては、直物相場は、変動に歯止めが効かないことも起こりえます。ドルに対して円が1日に10円動いたこともありました。しかしスワップの場合、スワップレートは金利差という枠組みのなかでの変動になります。

SECTION

3-6 先物相場の決まり方

現在の直物相場にスワップレートを加減することで、先物相場が決められる

スワップレートと先物相場

先物相場（先物レート）は、直物相場（直物レート）が将来どうなるかという市場の予測ではありません。この点については、誤解している人が多いようです。

これまで述べてきたように、**先物相場**は、**直物相場**と**スワップレート**によって決定されます。つまり先物相場が変動するのは、直物相場が変動するときか、二つの通貨の金利差が変わるとき、といえます。

次ページの図を見てください。銀行間市場ではこういう形で相場が建っています。この例をもとに、通貨X、Yそれぞれのドルに対する6か月の先物相場がどのように決められるのかを説明してみましょう。

先物相場を計算するには、まず先物がディスカウントになっているか、プレミアムになっているかを判断します。それがわからないと直物相場にスワップレートを加えていいのか、減じていいのかがわかりません。6か月の各通貨の金利水準を知っていれば、先物レートがプレミアムかディスカウントかがわかります。金利の高いほうの通貨は金利の低いほうの通貨に対して先物でディスカウントになり、金利の低いほうの通貨は金利の高いほうの通貨に対して先物でプレミアムになる、という原則があるからです。

しかし各通貨の金利水準を知らなくても、

先物レートは直物レートとスワップレートで決まる

◎先物がディスカウントの場合：**先物レート＝直物レート－スワップレート**
◎先物がプレミアムの場合：**先物レート＝直物レート＋スワップレート**

※スワップレートのビッド＜オファー➡**プレミアム**
　スワップレートのビッド＞オファー➡**ディスカウント**

通貨Xと通貨Yの先物レート（6か月）は？

外為市場（＄／Xと＄／Yの直物とスワップレート）

	＄／X	＄／Y
直物レート	2.2405-10	1.1050-55
スワップレート（1か月）	20-25	15-10
〃（3か月）	55-60	40-35
〃（6か月）	105-110	75-70
〃（12か月）	195-200	135-130

※スワップレートは基本単位のポイントで表わす

◎**＄／Xの6か月先物レート**
2.2405＋0.0105＝2.2510（ビッド）
2.2410＋0.0110＝2.2520（オファー）

2.2510-20

◎**＄／Yの6か月先物レート**
1.1050－0.0075＝1.0975（ビッド）
1.1055－0.0070＝1.0985（オファー）

1.0975-85

KEY WORD

スワップリミット：外銀の在日支店にとって、外貨を調達して円に転換するスワップ取引は有力な資金調達手段。コストの安い外貨を調達できる外銀は、スワップで安い円資金を作ることができる。80年代の初め頃まで、外銀には厳しいスワップリミット（限度額）が日本の当局から課せられていた。

それぞれの先物レートがプレミアムかディスカウントであるかどうかがわかる方法があります。つまり先物相場を計算できるのです。というのも、スワップレートのビッドとオファーの表示にヒントがあるからです。プレミアムの場合は、ビッドの数字がオファーよりも低く、ディスカウントの場合は、ビッドの数字がオファーよりも高く表示されます。

ドルに対する通貨Xの6か月のスワップレートを見ると、ビッドのほうの数字がオファーよりも小さいので、ドルは通貨Xに対してプレミアムになります。したがって、直物レートにスワップレートを加えることで先物相場が出ます。

一方、ドルに対する通貨Yの6か月のスワップレートは、ビッドの数字がオファーよりも大きいので、ドルは通貨Yに対してディスカウントであると判断できます。つまり直物レートからスワップレートを引くことで、先物レートが算出されることになります。

ドルに対する通貨Xと通貨Yの6か月先物レートのビッドとオファーレートの計算は、それぞれ前ページの図のようになります。

ここで挙げた例では、12か月までドルは通貨Xに対してはプレミアム、通貨Yに対してはディスカウントですが、ときにはある期間まではディスカウント、以降はプレミアムという具合に、期間の途中でディスカウント、プレミアムが変わることもあります。これは金利差が途中で逆転するからです。

ところで、スワップという用語は金融の分野でもさまざまに使われます。金利スワップ、通貨スワップなどです。本書でのスワップとは為替スワップを指します。

SECTION 3-7

顧客相場はこうして決まる

銀行間レートにマージンを加味して、顧客に対する相場が決められる

顧客相場の決まり方

顧客相場の決まり方は大別すると二つあります。ひとつは銀行間レートに基づいて決める方法です。銀行は、顧客から為替取引を求められたときの銀行間レートに、適当なマージンを加えて建値します。大口の顧客の場合はほとんどこの方法がとられます。マージンは銀行によって異なります。年々、縮小して最近ではゼロの場合も増えました。この場合の顧客相場は、1日のなかでも銀行間レートに連動して動くことになります。

もうひとつは、1日中一定のレートで顧客に建値される方法です。これは一般に小口の顧客が対象となります。私たちが銀行の窓口で外貨を売買するときなどは、この方法が適用されます。この場合、銀行は、午前9時55分頃の銀行間レートを基準（**仲値**）にして、売買のレートを決定します。午前10時前の取引については、前日のニューヨーク市場の終値かその時の市場レートを基準にします。ただし、相場が大きく動いた場合は、仲値を変更します。一日数度、仲値を見直す銀行もあります。

これについて、ドル／円の顧客相場の決まり方を見てみましょう。

その日の午前9時55分頃の銀行間市場での取引が、1ドル＝85・20円で成立したとします。銀行はこれを仲値とします。売値として

●ドル／円の顧客相場の決まり方

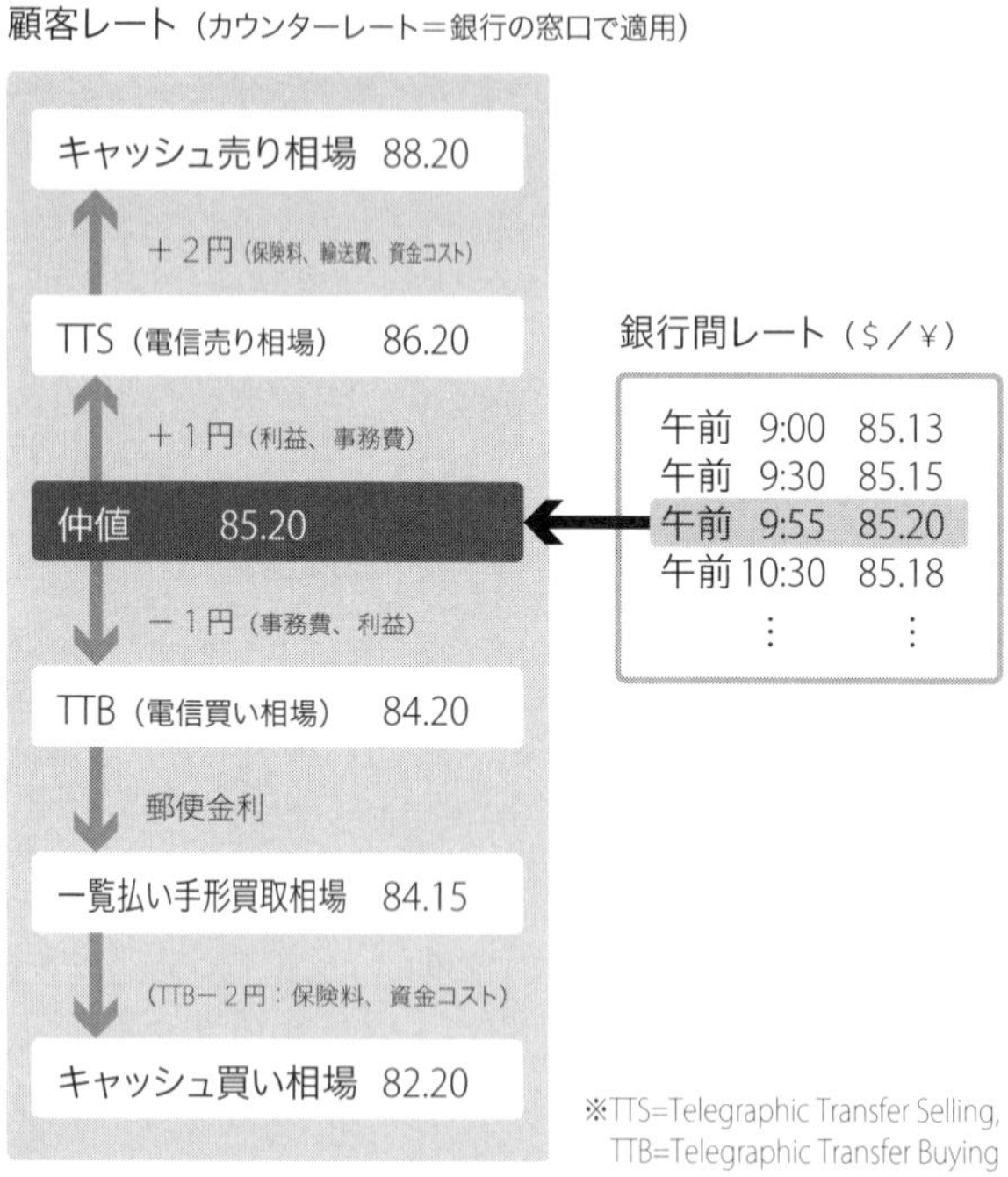

※TTS=Telegraphic Transfer Selling,
TTB=Telegraphic Transfer Buying

KEY WORD

仲値決済：顧客為替のなかには、大きな金額でも仲値で取引することがある（仲値決済）。こうした為替は午前10時前に銀行に持ち込まれるが、売り買い両方あるので、銀行はそれらを相殺してネットポジションを算出し、そのネットポジションのカバー取引を普通は10時前に行なう。

は、これに1円加えたレート86・20円が**電信売り相場**（TTS）、3円加えた88・20円が**キャッシュ（現金）の売り相場**となります。TTSは、顧客が外貨送金するときやトラベラーズ・チェック（TC）を購入する際に適用されます。キャッシュの売り相場は、私たちが外貨の現金を購入するときに適用されます。

一方、買値としては、仲値から1円減じた84・20円が**電信買い相場**（TTB）、3円減じた82・20円が**キャッシュの買い相場**として決められます。TTBは、私たちが外貨建てのTCを売る場合などに適用され、キャッシュの買い相場は、私たちが外貨の現金を売るときに適用されます。

さらに、TTBから郵便日数の金利分相当額を差し引いた**一覧払い手形買取相場**（AT SIGHT BUYING）という相場も建ちます。このレートは、TCでなく海外の銀行が発行した外貨建て小切手を現金に換える場合に適用されます。

たとえば、ドル金利年2％、郵便日数を10日と見れば、金利分相当額は5銭になり（84・20×0・02×10÷360）、一覧払い手形買取相場は84・15円になります（84・20－0・05＝84・15）。ただ、銀行は実際の金利よりも高く、郵便日数も実際に要する日数よりも多めに設定するのが普通です。これは、金利分相当額に銀行の手数料が上乗せされていると考えていいでしょう。

マージンは横並び？

こうしたマージンは銀行が勝手に決めるわけで、銀行によって異なってよいのですが、とくにドルについては同じマージンの銀行が多いのが実情です。現金の売買レートのマージンが大きいのは、現金の輸送コストや保険料が含まれるうえに、銀行にとって現金は、手元に持っていても利息を生まないからです。

ドル以外の通貨についても、同様に銀行間市場のレートを仲値として顧客相場が決められます。ただ、東京市場であまり取引されない通貨も多く、その場合はドル／円の仲値と前日のニューヨーク市場での当該通貨の対ドル相場の終値からクロスレート（1―5参照）を計算して、顧客相場を算出するのが一般的です。マージンは通貨によって異なります。

たとえば、前日のドル／デンマーククローネのニューヨーク市場の終値が５・６５２０、ドル円の仲値85・２０の場合、デンマーククローネ円の仲値は15・０７になります。（85・20÷5・6520）それに０・３０のマージンを加減して、ＴＴＳ―15・３７、ＴＴＢ―14・７７を算出します。

ドル円以外の通貨のレートについては銀行により異なることが多いので、できるだけマージンの小さい銀行を選ぶほうが有利になります。

ところでドル円の仲値の決め方ですが、以前は邦銀が持ち回りで仲値の幹事行になって仲値を決定し、それを各行が採用するシステムを採っていました。ＴＴＳやＴＴＢのマージンも一律です。つまりどの銀行でも同じ顧客相場を建てていたわけです。その後、各行は独自で顧客相場を決定するシステムに変わりましたが、実際には多くの銀行で横並びのレートを建てています。

こうした顧客相場のシステムは日本だけではなく、海外市場でも似たようなシステムがあります。ロンドン市場では「フィキシング(fixing)」と呼ばれ、顧客為替の基準値を決めています。主なフィキシングはロンドン時間16時に行ないます。

なお、２０１４年に欧米の有力銀行数行が、フィキシングレートの不正操作と判断され、巨額の罰金を当局から課せられました。

BEST INTRODUCTION TO ECONOMY

4章 リスクとリスクヘッジのしくみ

リスクを把握し適切なヘッジで損失を防ぐ

為替のリスクは避けて通れない

私たちが経済活動を行なうと、どうしても金融上のリスクを負わなければならないことがあります。為替に関するリスクもそのひとつです。

経済活動のグローバル化、すなわち国境を越えて企業や個人が活動する時代に、為替リスクは避けて通れません。

世界中央銀行というものができて、世界統一通貨が誕生すれば為替リスクを考えなくても済みますが、近い将来そうした時代が来ることはないでしょう。そうだとすれば、発生する**リスク**をどう回避（**ヘッジ**）するかが、大切になります。

この章では、為替取引に伴うリスクとそのヘッジの方法を説明します。

説明にあたっては、輸出業者を例にすることが多くなりますが、輸出業者についての話は外貨債権のリスクを持つ人全般に当てはまります。輸入業者や外貨債務を持つ人の場合のリスクヘッジは、逆の取引になるだけで考え方の基本は同じです。

ところで、リスクとは何でしょう。リスクは今や日常的に使われる言葉になりましたが、

●リスクとリスクヘッジ

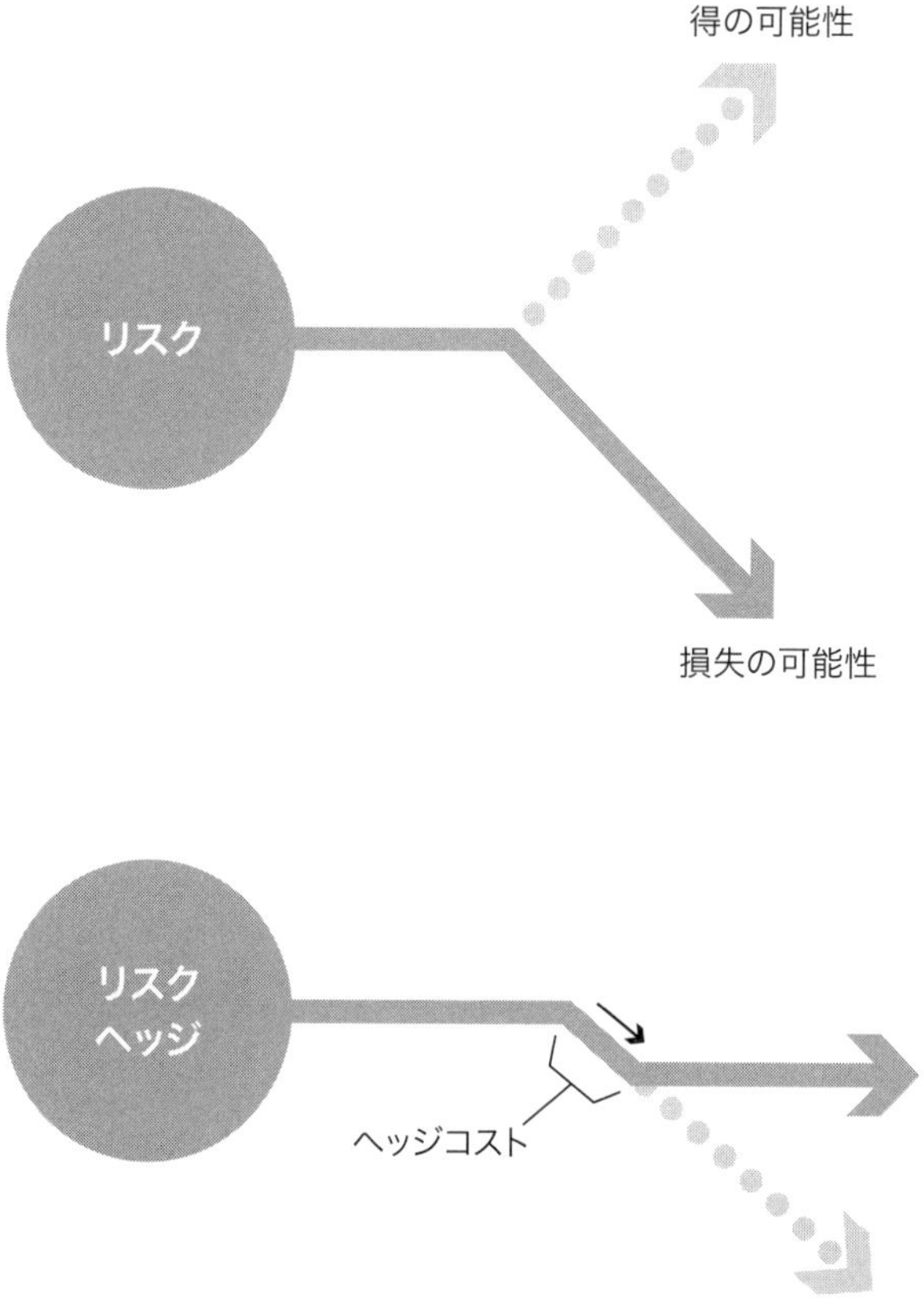
得の可能性
リスク
損失の可能性
リスク
ヘッジ
ヘッジコスト

危険とか不確定要素の意味で使われる場合が多いようです。為替の分野でもリスクという用語は頻繁に使われますが、別のいい方をすれば「損得の可能性」ということができます。ただ、実際にこの用語を使う人にとっては、「損失の可能性」の比重が大きいでしょう。ですからリスクをヘッジするとは、損失の可能性を消すまたは減らすという意味になります。

実際には、得をする可能性も消すまたは減らすことになる場合がほとんどです。

リスクの種類によってヘッジ方法は異なる

リスクをヘッジするためには、まず、それがどんなリスクなのかを把握しなければなりません。リスクを正確に把握しなければ、適切なヘッジ方法も生まれません。

そのためには、リスクの種類、金額、期間、ヘッジできる金融商品あるいは市場があるかどうか、を知る必要があります。

リスクは100％ヘッジするのが原則ですが、なかにはできない場合もあります。期間が長すぎて、ヘッジできる市場がない場合などです。そのようなときは、部分的にヘッジするか、大まかにヘッジするかになります。

30年の為替リスクをヘッジできる市場は現在ありません。その場合は、5年とか10年とかで部分的にヘッジすることになります。

またインフレのリスクをヘッジするために、外貨やインフレリンク債あるいはその他の金融商品を買っても、インフレで減価する円資産の価値を100％完全に補填できるわけではありません。円の購買力の減少率と金融商品の価格の上昇率は必ずしも一致しないからです。こうした場合、リスクは大まかにヘッジするしかないのです。

この章では、為替の分野で100％ヘッジする方法を中心に説明します。

SECTION 4-1

外国為替取引のリスクとは

レートリスク、信用リスクのほか、外国為替取引にはいろいろなリスクがある

●主なリスク

為替レートの変動により生じるのがレートリスクで、**マーケットリスク**ともいいます。円を支払ってドルを10万ドル買えば、ドル／円レートが1円下がることで10万円の損をします。為替ポジションを持つことは、こうしたレートリスクを負うことです。

取引の相手方が倒産などで為替取引を実行できなくなるのが信用リスクです。**クレジットリスク**とも呼ばれます。

A銀行がB社と3か月先物の為替予約を締結しました（①）。A銀行のドル買い、B社のドル売り、金額は10万ドル、為替レートは1ドル＝80・50です。A銀行はB社と為替予約をするとすぐに、市場でそのカバー取引をします。つまりドル売り円買いをします。これでA銀行のポジションはスクエアーです。

ところが、2か月後、B社が倒産して（②）、この為替予約を実行できなくなれば、1か月後のドル／円の売りポジションが浮いてしまいます。先物でドル／円の売り持ち（ショート）になります。持ち値は80・50です。そこで、市場から1か月先物のドルを買ってポジションをスクエアーにします（③）。そのときのレートが1ドル＝83・50とすると、3円の差損が出て、A銀行は30万円の損をします。

このリスクは取引を行なう双方が互いに負

●信用リスクとは

A銀行はB社と3か月先物のドルを10万ドル、1ドル＝80.50で買う予約をしたが、2か月後にB社が倒産してしまった

【A銀行の3か月後のキャッシュフロー】

①為替予約締結日

買	$	売
100,000（B社）		100,000（カバー取引）

買	¥	売
8,050,000（カバー取引）		8,050,000（B社）

（市場でカバー取引）

②2か月後（B社倒産）

買	$	売
		100,000（カバー取引）

買	¥	売
8,050,000（カバー取引）		

（B社が為替予約を実行できず）

③2か月後（カバー取引）

買	$	売
100,000（市場）		100,000（カバー取引）

買	¥	売
8,050,000（カバー取引）		8,350,000（市場）

（市場で1か月先物のドル／円を買う。1ドル＝83.50なら30万円の損）

KEY WORD

ヘルシュタットリスク：74年、内外の銀行と多くのドル／マルク取引を行なっていた旧西独のヘルシュタット銀行が突然、倒産。多くの銀行がマルクをヘルシュタット銀行に支払った後で、対価のドルを受け取れないという事態に陥った。以後、こうした決済リスクをヘルシュタットリスクとも呼ぶ。

うことになります。

デリバリーリスクというのも信用リスクの一種です。為替予約の決済日に取引の相手方が倒産した場合のリスクであり、**決済リスク**ともいいます。

先の例でいえば、3か月後の決済日に、A銀行はB社に805万円支払い、代わりに10万ドルをB社から受け取ることになります。ところが決済日当日、A銀行が円を支払った後、しかもドルを受け取る前にB社が倒産した場合、A銀行は10万ドルを受け取れません。このように、資金を受け渡しする日の信用リスクの損失は、100%になります。

その他のリスク

そのほかにも、為替取引には次のようなリスクがあります

●**流動性リスク**　市場での取引量が極端に少なくなり、取引が困難になるリスクです。市場での取引量が少ない通貨の為替ポジションを持った場合、反対取引の相手が見つからないか、見つかったとしてもレートが極端に悪い可能性があるので、損失額が予想以上に大きくなります。

●**ソブリンリスク**（**カントリーリスク**）　取引相手の国の事情で、締結してあった為替予約が実行できなくなるリスクです。政変が起きたり、資本流出入規制などが課せられて、為替予約の実行が困難になる場合に起こります。

●**リーガルリスク**　金融商品や取引の契約が法的に無効になるリスクです。デリバティブが発達して商品が多様化するにつれて、法的なリスクも大きくなりました。

●**オペレーションリスク**、**システムリスク**　取引を事務的に処理する過程でのミスやコンピュータの故障等で決済が滞ったりするリスクです。

SECTION
4-2 先物市場を使うヘッジ法——レートリスクのヘッジ①

先物市場を利用して、売買レートをあらかじめ確定しておく

●輸出代金（外貨債権）のヘッジ

これからの3項目では、為替の**レートリスク**のヘッジ方法について、外貨の債権を持つ場合を例に説明していきます。

日本のA社が製品を米国に輸出して、4か月後に100万ドルの代金を受け取る契約をしたとします。4か月後の為替レートがどうなるかはわかりません。ドルが下がれば（円高）、受け取る円価額は減ってしまいます。逆にドルが上がれば（円安）、受け取る円価額が増えることも考えられますが、やはりリスクヘッジをしておくのが本筋です。

受け取る円価額が変動するのを避けるためには、A社はレートリスクをヘッジする必要があります。この場合、第一に考えられる方法は、先物市場でのヘッジです。ドル／円の先物市場で、4か月のドル売り円買いの**先物予約**をするわけです。

具体的には、A社は取引銀行に4か月先物のレートを建値してもらいます。その際の市場のレートを、直物90・00、4か月スワップレートは0・30、4か月の先物レートは89・70としましょう。便宜上、ビッド（買値）もオファー（売値）も同じとし、銀行の手数料もゼロとしておきます。

A社は100万ドルの4か月先物ドル売り為替予約を、89・70で取引銀行と締結します。これで、これから4か月の間に為替レー

●先物市場を使ったヘッジの例

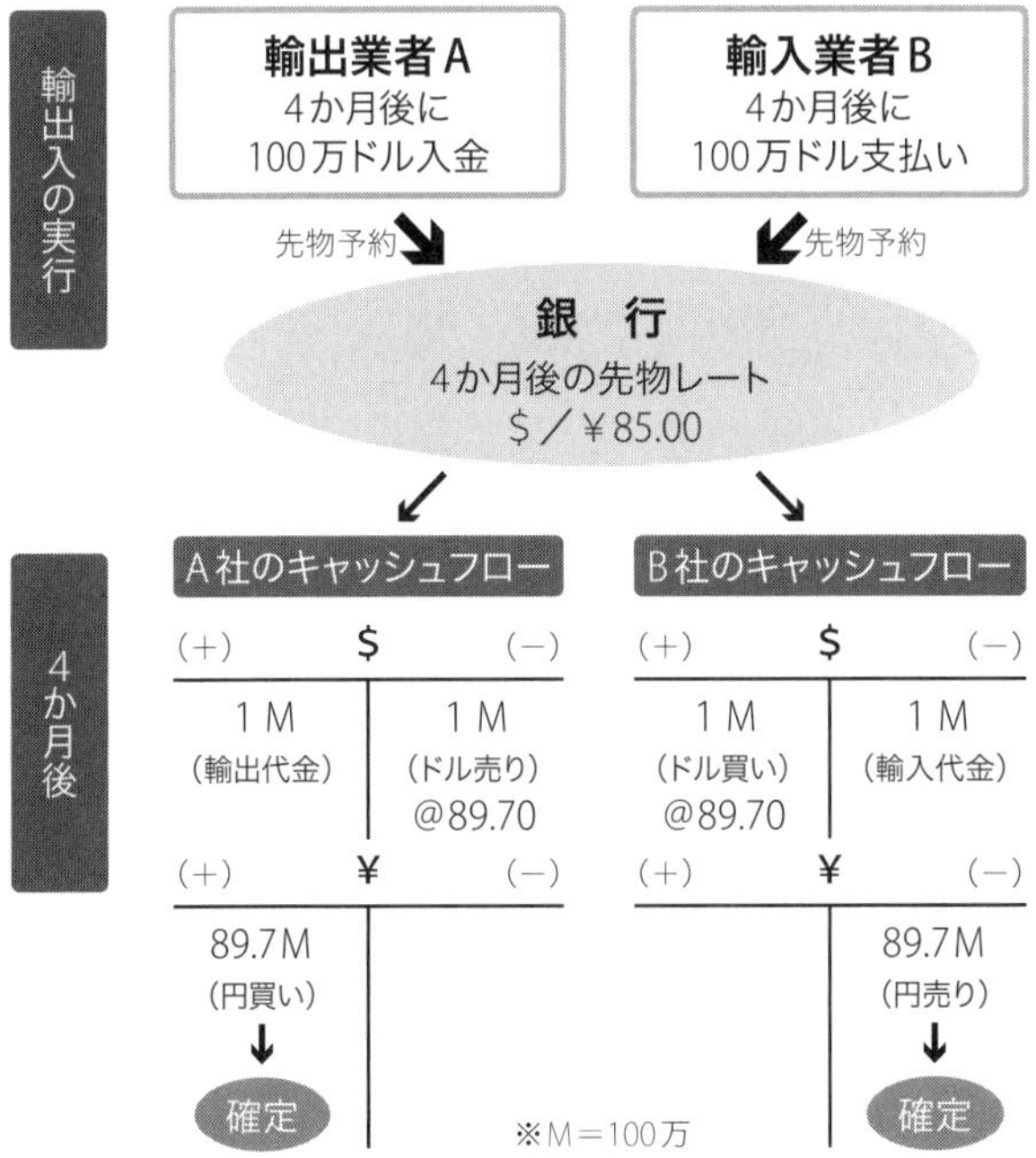

KEY WORD

先物為替予約：顧客が銀行と行なう先物の売買を先物為替予約という。主要通貨の場合、普通5年までの相場が建っている。主要通貨でない場合、1年超の先物市場がない場合もあるが、銀行によってはその通貨の資金ポジションを抱えていて、金利平価理論から先物レート出す場合もある。

トがどう動こうとも、A社は8970万円を受け取ることができるようになります。

輸入代金（外貨債務）のヘッジ

外貨の債務を持つ場合は、これと逆になります。B社が製品を米国から輸入して、4か月後に代金100万ドルを支払う契約をしたとします。市場レートは先と同じとします。この場合、B社は100万ドルの4か月先物ドル買い予約を取引銀行と結びます。これでB社の円の支払い額は8970万円に確定されます。

以上のように、利用したい期間に見合った通貨の先物市場がある場合、先物取引は簡単で確実なヘッジ手段になります。

銀行のカバー取引

顧客は先物為替予約を銀行と締結することでリスクヘッジができますが、銀行側からみれば、顧客のリスクが銀行に移ったことになります。したがって銀行も銀行間市場でリスクヘッジをします。これを**カバー取引**といいます。銀行に移った為替ポジションのリスクをカバーするという意味です。

たとえば銀行は、顧客の輸出業者と先物為替予約を結ぶことで、先物（たとえば3か月）でドル円を買います。すると銀行はただちに直物のドル円を売ります。そして3か月のドル円の直物買、先物売りのスワップ取引をします。こうすることで銀行のポジションはスクエアーになり、リスクから解放されます。

銀行はなぜドル円の先物売りをしないかというと、銀行間市場では先物市場は限られている一方、直物市場とスワップ市場の流動性が潤沢なこと、直物レートと先物レートは連動していることがあります。したがって、銀行は直物レートをただちに売ることで為替の変動リスクの大半をカバーできるのです。

金融市場を使うヘッジ法 ——レートリスクのヘッジ②

貸借した資金を直物で売買。銀行への手数料等が割高につく場合も

為替のレートリスクは、**金融市場**（資金の貸借）を使ってもヘッジできます。

その方法を、4か月後に輸出代金100万ドルを受け取ることになっている前項のA社の例で説明しましょう。ドル金利年2％、円金利年1％、期間は4か月とします。

この方法は、次のように行ないます。

①まずA社は取引銀行から100万ドルを2％で借ります。②そのドルを直物で売って円を買います（直物レートは90・00とします）。③100万ドルで買った9000万円を1％で運用します。④4か月後にドルの借入れ利息分6666・67ドルを直物で買います（ドル買い円売り）。そのときの直物レートも90・00としておきます。

次ページの図は、この一連の取引のキャッシュフローを示したものです。4か月後には輸出代金の100万ドルが入金されますが、その代金を借入金の返済に充てます。

4か月後の円のキャッシュフローは、円の運用元本と利息が入金されるのに対して、ドルの借入金の利息分を買った対価の円が出金です。したがって、差し引き8970万円の円が手元に残ります。

この一連の取引で、4か月後の円以外のキャッシュフローはすべてネットでゼロになります。為替リスクもありません。4か月間に

●金融市場を使ったヘッジの例

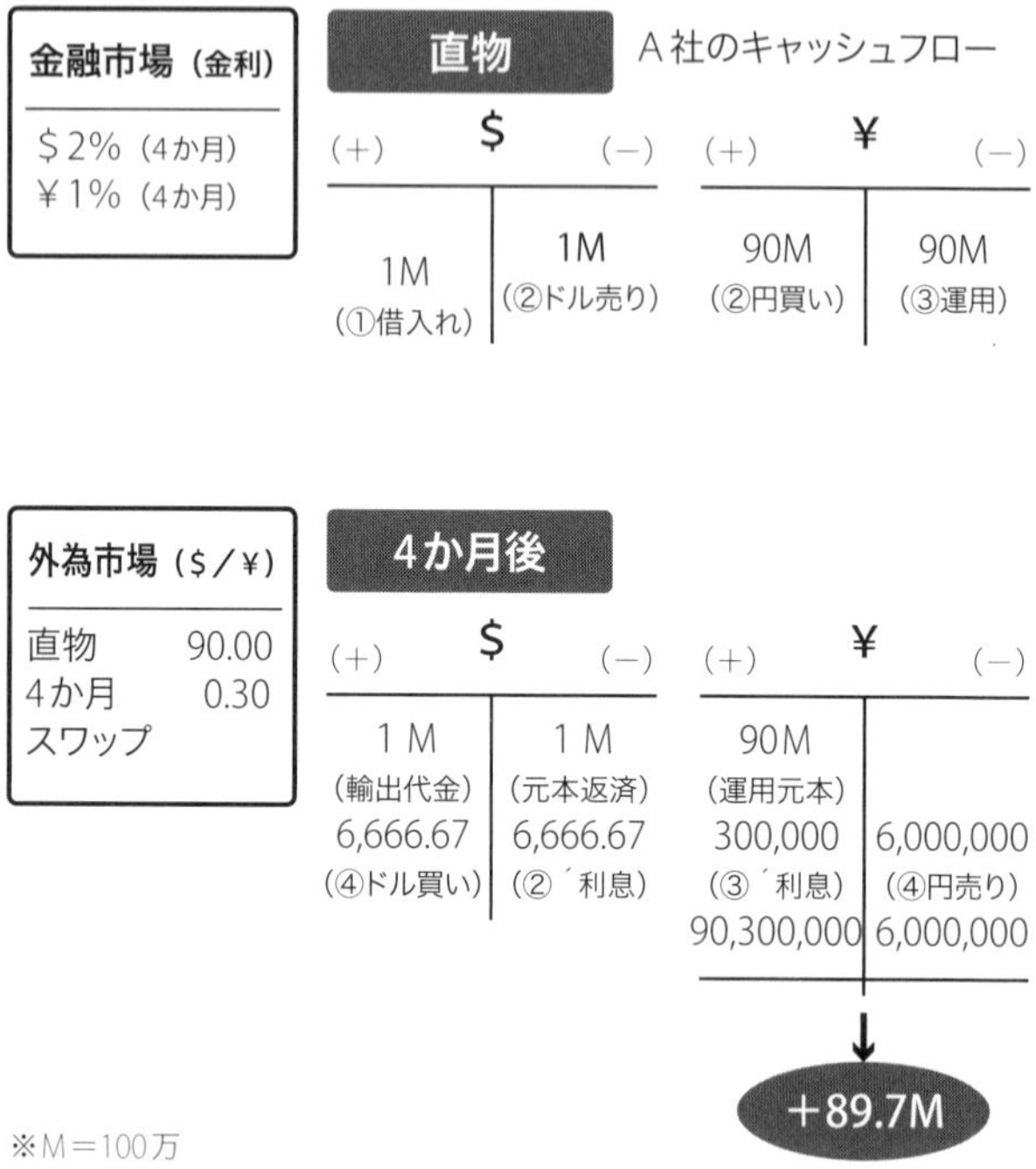

$2%（4か月）

¥1%（4か月）

直物　　90.00

4か月　　0.30

スワップ

直物　A社のキャッシュフロー

$ (+)	$ (−)	¥ (+)	¥ (−)
1M（①借入れ）	1M（②ドル売り）	90M（②円買い）	90M（③運用）

4か月後

$ (+)	$ (−)	¥ (+)	¥ (−)
1M（輸出代金）	1M（元本返済）	90M（運用元本）	
6,666.67（④ドル買い）	6,666.67（②´利息）	300,000（③´利息）	6,000,000（④円売り）
		90,300,000	6,000,000

＋89.7M

KEY WORD

自己資本比率：銀行は保有するリスク資産に対して一定の自己資本（国際業務を営む銀行は8%、国内業務だけの銀行は4%）を維持することが求められている。多くの民間企業への貸し出しは100%リスク資産とみなされ、この自己資本比率規制が借入れのマージンが高い理由のひとつとなっている。

為替レートがどのように変動しようとも、8970万円が確実に4か月後に手に入ること になります。

この結果を、前項の先物市場を使う方法と比べてみてください。8970万円が4か月後に手に入る点では同じです。

この例では、ドルの借入れ利息分を4か月後も同じ直物レート90・00で買うものとしましたが、4か月の先物レート89・70で先物予約をすると、円の手取額は2000円だけ多くなります。

先物市場でのヘッジとの比較

では、先物市場でのヘッジと金融市場を使ったヘッジとでは、どちらがいいのでしょう。金融市場を使ったヘッジ方法では（もちろん借入れができないことには話になりませんが）、最初に円資金が入るので、運転資金が必要な人や有利な円運用手段がある人は、この方法がよいかもしれません。

ただ、この方法は取引の数が多いので、銀行の手数料分もそれだけ多くなります。

とくに銀行借入れのマージンは高いので、実際には、先物市場を使うヘッジ方法よりも割高になる可能性があります。

輸入の場合（4か月後に100万ドルの輸入代金を支払う）は、①円を借り入れ（1%）、②直物（90・00）で円売りドル買い、③ドルを運用（2%）、④ドルの運用利息の売り、という流れになります。

この場合も計算は省きますが、4か月後の円のキャッシュフローはネットで8970万円の出金になります。これも先物市場でのヘッジと同じ結果になります。

SECTION
4-4 通貨オプションを使うヘッジ法――レートリスクのヘッジ③

特定のレートで通貨を売買する権利（オプション）を使って、リスクを抑える

●通貨を売買する権利を買う

通貨オプションについては8章で詳しく説明しますが、通貨を売買する権利が、**通貨オプション**です。通貨オプション取引では、その権利を売買します。通貨を買う権利をコール・オプション、通貨を売る権利をプット・オプション、権利を行使するレートを行使価格（ストライク・プライス）、オプションの価格（オプション料）をプレミアムといいます。

先ほどまでと同じ例を使って、通貨オプションを使った最も基本的なヘッジ方法を説明しましょう。輸出代金を受け取ることになっているA社は、ドル／円レートが下がって、4か月後に受け取る100万ドルの対価の円が少なくなることを避けたいわけです。

そこでA社は取引銀行から、4か月後に特定のレートで、ドルを円に対して売る権利を買います。オプションの用語で言い換えるとこうなります。

「ドルプット円コールのオプションを、満期日4か月後の日、行使価格89・70、プレミアム2・50（1ドルにつき2円50銭）で買う」

ここでは行使価格を先物レートと同じにしましたが、これは95・00にしてもよいし、85・00にしてもかまいません。

ただしこの場合、行使価格を高くすればプレミアムは高くなり、行使価格を低くすればプレミアムは安くなります。

通貨オプションを使ったヘッジの例（輸出の場合）

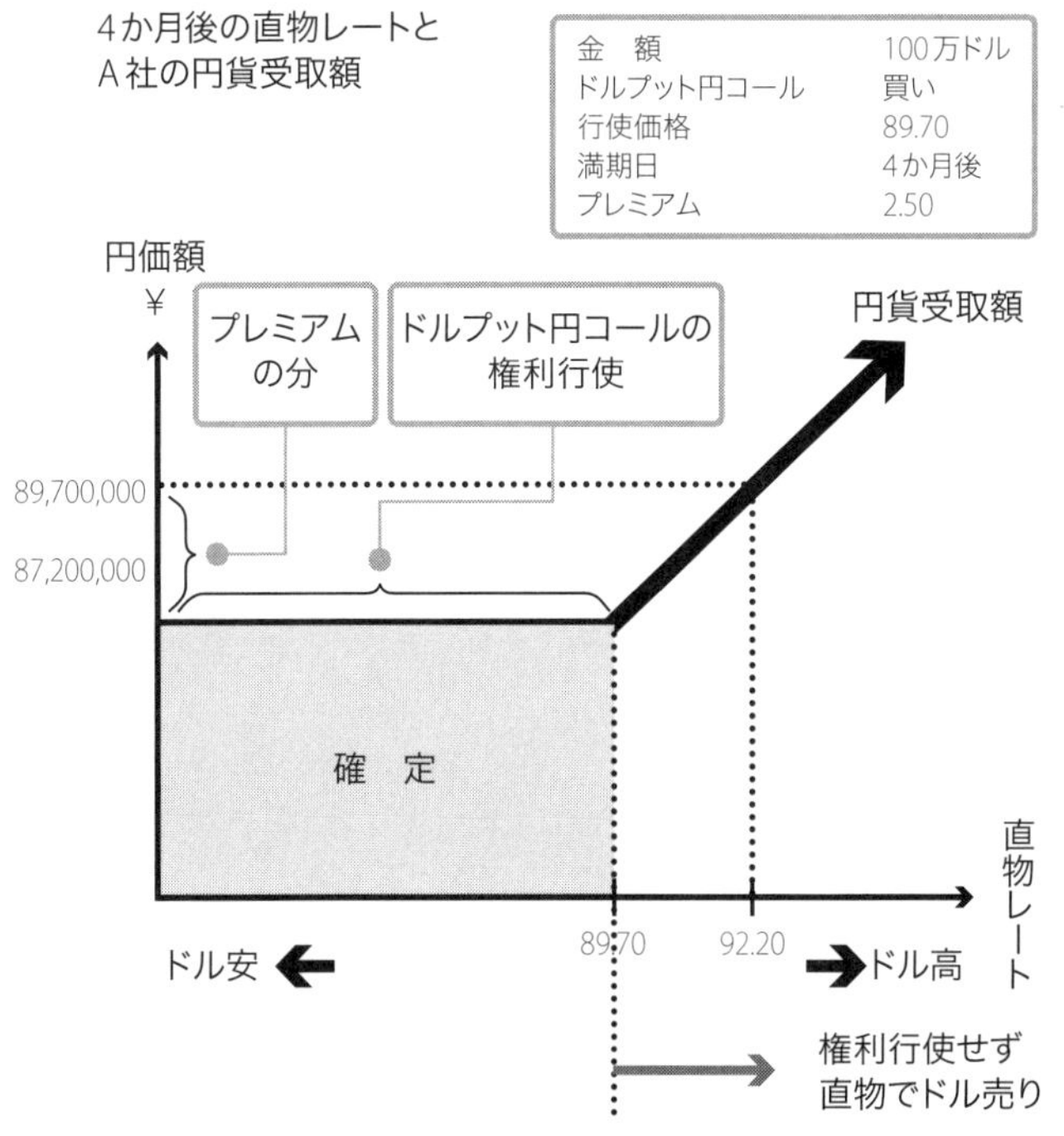

KEY WORD

ローリスク・ハイリターン：通貨オプションの購入は、リスクが限定され、収益機会が無限であることから、ローリスク・ハイリターンのように見える。だが、実際にはオプション料を高く感じる人が少なくない。

A社は、このオプションを250万円（100万×2・50）を支払って買うことで、4か月後に直物レートが89・70よりドル安円高になっても、89・70で100万ドルを売ることができます。

また、99・00よりドル高円安になった場合は、オプションを行使しないで、そのときの直物レートで100万ドルを売ればいいのです。オプションはあくまでも「権利」ですから、それを行使しなくてもいいわけです。4か月後の直物レートがドル高になればなるだけ、A社の手取りの円価額は増えることになります。

●為替差益も狙える取引

このように通貨オプションを使うと、リスクヘッジができると同時に、収益の追求もできることになります。先物市場と金融市場を使ったヘッジ方法の場合は、受け取る円価額が確定されますが、オプションを使う場合は、満期日の為替レートによっては円価額が増えることもあります。その代わり、オプション料を払わなければなりません。

なお輸入の場合は、ドルコール円プットのオプションを、満期日4か月後の日、行使価格89・70、プレミアム2・50（1ドルにつき）で買います。

このオプションを250万円で購入することで、A社は4か月後に直物レートが89・70よりドル高円安になっても、100万ドルを89・70で買うことができます。89・70よりドル安円高になった場合は、このオプションを行使せずに、そのときの市場レートで100万ドルを買えばいいわけです。円高になればなるほど、A社はドルを安く買うことができるというわけです。

SECTION 4-5

リスク管理の方法

リスクの把握は効率的になったが、完全になったわけではない

●レートリスクの管理

為替のレートリスクの管理方法はいろいろありますが、大別するとポジションの額で管理する方法と、損失額で管理する方法があります。

まず、ポジションの額で管理する方法です。これは、たとえばドル／円のポジション限度額は1000万ドル、という具合に、通貨ごとに限度額を設定する方法です。

これに対して、最大損失額を設定する方法があります。これは、過去の通貨変動率から判断して、保有ポジションの最大損失の可能性を統計的に算出する方法です。これにより算出された金額を最大損失額とみなします。どんなに為替レートが変動しても、ほとんどの場合、損失はその額以内に収まるはずだ、という数字です。

この数値が**バリュー・アット・リスク**（VaR）です。この数値を使ってリスク管理をする方法が広く行き渡るにつれ、VaRはこの数値を使うリスク管理の方法を意味するようにもなっています。

実際の利用については、金融機関や企業が、資本金などを考慮して許容できる最大損失額を設定します。すべての保有ポジションから算出されるVaRが、あらかじめ設定された最大損失額を超えないように保有ポジションを調整するわけです。

●レートリスクと信用リスクの管理

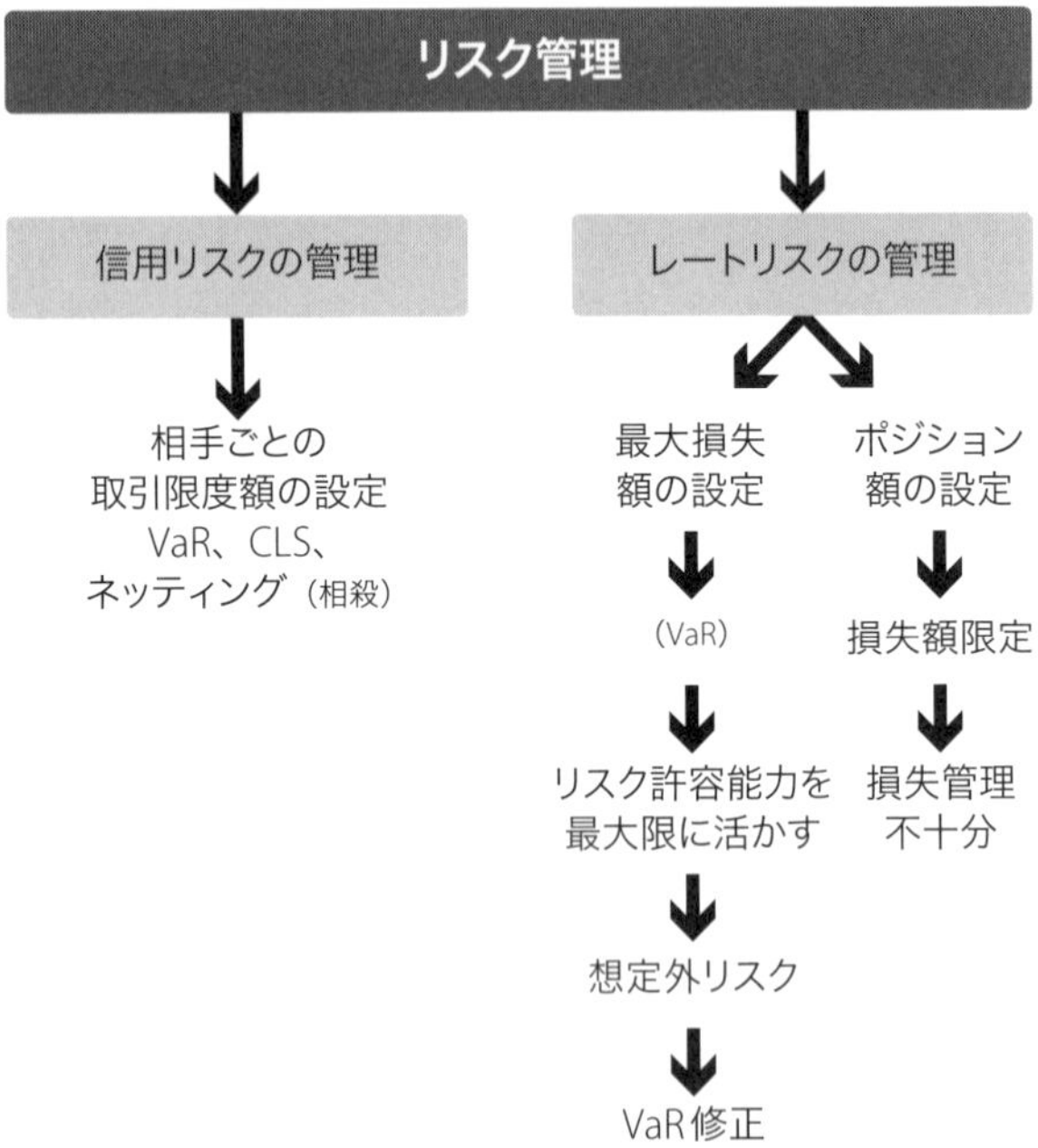

KEY WORD

バリュー・アット・リスク（**VaR**）：特定の期間中の最大損失額を予測するVaRは、90年代に欧米の金融機関を中心に広まったリスク管理方法。BISでも市場リスクの管理方法として金融機関に採用を促した。現在では市場リスクの管理方法の主流で、信用リスクの管理にも適用されるが、金融危機で修正を迫られた。

リスク管理の目的は、最大損失のリスクをなるべく正確に管理して、それに対応した資本金の額を把握することや、組織の持つリスク管理許容能力を最大限有効に活かすことにあります。その点では、ＶａＲで管理するほうが実際的な方法といえます。しかし金融危機では為替以外の分野で想定を超えた市場変動により、損失管理に失敗した金融機関が続出しました。ＶａＲの有効性が問われましたが、代わるべき手法も見当たらず、テールリスクの確率を高めるなどの修正を加えています。

●信用リスクの管理

信用リスクの管理については、取引相手の信用力に基づいて、個別に取引金額を設定する場合が多いようです。外部の格付け機関による格付けを参考にして、取引限度額を設定する場合もあります。信用リスクのなかでもデリバリーリスクは貸付けと同じ１００％のリスクです（**4-1**参照）。

世界の金融機関は、為替取引高の増加に比例して拡大するデリバリーリスクの管理に工夫を凝らしてきました。

デリバリーリスクは、異なる通貨の決済が時差によってずれることから発生します。そこで異なる通貨を同時に決済してデリバリーリスクを削減しようとする方法が考案されました。これはＣＬＳ（Continuous Linked Settlement）という決済方法です。こうした決済をするための口座を新たに設けるわけです。

また、取引残高を複数の銀行で相殺してリスクを削減するネッティングなどの方法も行なわれるようになっています。

現在、コンピュータを活用することでリスクの把握は一層正確になり、金融機関などは思い切ったリスクも取れるようになっています。

SECTION
4-6
ミスマッチポジションとリスク
ポジションのミスマッチを意図的に作って、利益を狙う場合もある

銀行の為替スワップディーラーを例に、故意にミスマッチポジションを作るケースを説明します。3か月後にドル金利が下がり、ドルと円の金利差の縮小が予想されるとしましょう。

こうした場合、彼らは6か月のドル/円の売って買いのポジションに対して、3か月の買って売りのポジションを取ります。故意にミスマッチポジションを作るわけです。そして3か月後に金利差が縮小した時点で、3か月のドル/円の買って売りをして、ポジションをマッチ（カバー）させます。

これでドルの売って買いで取ったポイントよりも、払ったポイントが少なくなります。

●ポジションとレートリスク

ひとつのポジションに対して、通貨、金額、期間がまったく同じで売買が反対のポジションを持っているときは、二つのポジションはマッチしています。この場合、レートリスクはありません。

一方、通貨、金額、期間のうちひとつでも異なったポジションがあるときは、**ミスマッチポジション**であり、レートリスクが発生します。

ミスマッチポジションを故意に作って利益を狙う場合もありますし、やむを得ずミスマッチポジションができてしまう場合もあります。

●マッチしているポジションとミスマッチポジション

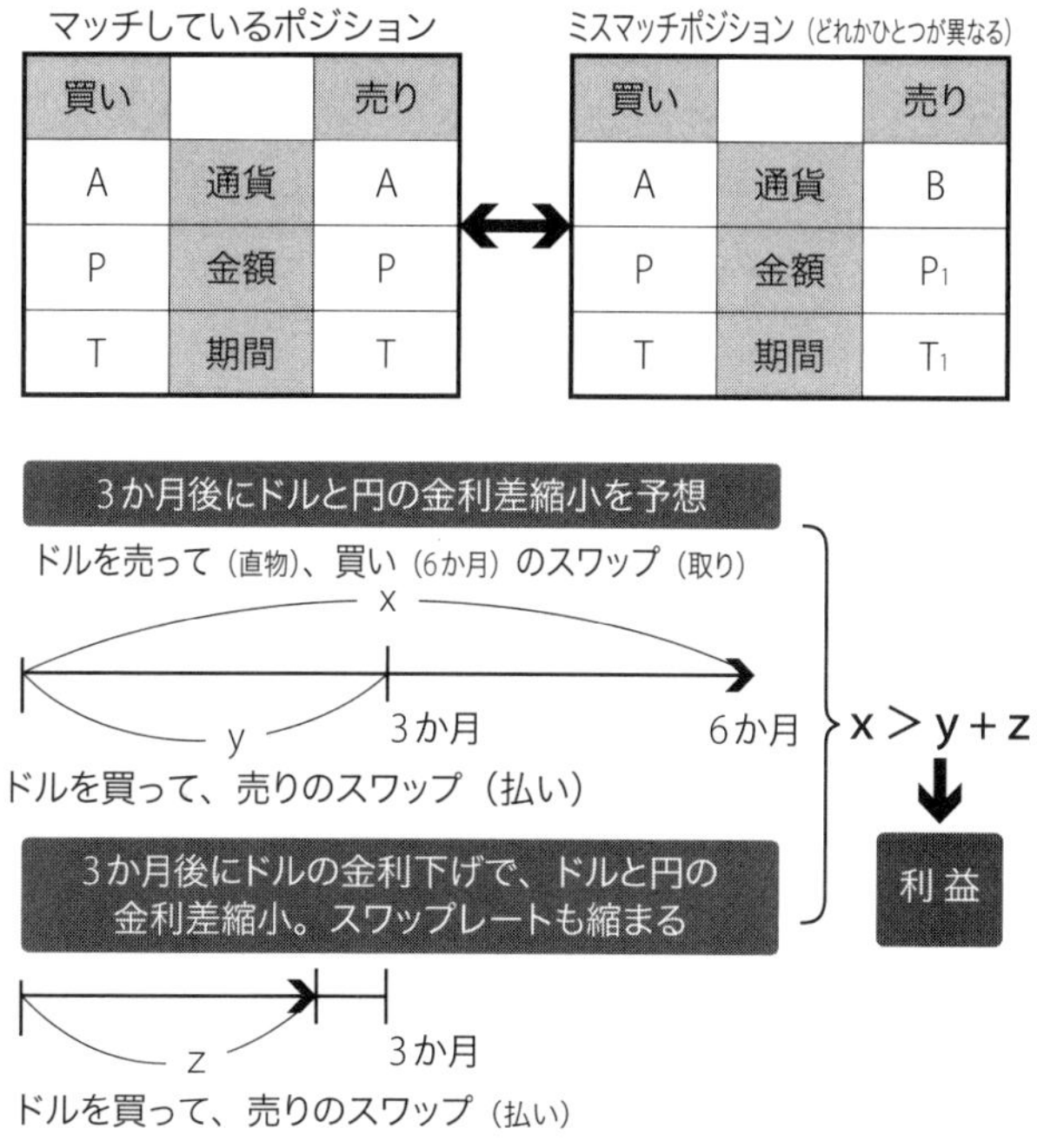

KEY WORD

カバー取引：銀行は顧客との先物為替取引で生じたポジションのカバー取引をするときには、少額の場合は別だが、普通はただちにスポットレートのカバーをする。スワップレートのカバーは急がない。スポットレートは瞬時に変わるが、スワップレートは短時間で変わらないからだ。なお、「投機為替が市場全体の9割」という場合、カバー取引も含まれる。

この差が利益になります。つまり、期間をずらしたミスマッチポジションを作って利益を得たわけです。

●アジア通貨危機の要因

やむを得ずミスマッチポジションができてしまう例としては、発展途上国が国際金融市場で資金調達する場合が挙げられます。

一般的に、発展途上国は資金不足のため、国内のインフラ整備などに必要な資金を海外からも調達します。

資金調達の方法はいくつかありますが、たとえば国際金融市場で債券を発行して資金調達する場合、債券の発行は普通、ドル、ユーロ、円、ポンド、スイスフランなどの主要通貨に限られます。自国通貨では発行できません。したがって、資産と負債では通貨が異なってしまい、返済時には為替レートのリスクを負わざるを得なくなります。

1998年の**アジア通貨危機**の際、アジア諸国は短期のドル資金を借り入れ、国内の長期プロジェクトの資金に充てていました。つまり通貨と期間のミスマッチポジションを多額に抱えていたのです。ところが貿易収支の悪化などで信用不安が出てくると、短期資金は一斉に国外に流出しました。長期プロジェクトは資金不足で中止になり、株式市場は暴落しました。現地通貨が売られ、通貨の切り下げ→外貨借入額の実質的増加の悪循環に陥り、通貨危機に見舞われました。

ミスマッチポジションは、このように市場環境の変化により、ポジションを持つ者に思わぬコストを強いることがあります。

そうした事態を避けるためには、部分的にでもリスクヘッジを実行して、できるだけミスマッチポジションを減らすことが重要です。

BEST INTRODUCTION TO ECONOMY

5章 ディーリングの手法

「安く買って、高く売る」ことの実践法とは

安く買って、高く売る！

為替の売買を**ディーリング**あるいは**トレーディング**といいます。売買する人はディーラーあるいはトレーダーです。

ディーリングはどのように行なえばいいのでしょうか。答えは簡単です。安く買って、高く売ればいいのです。これは私が米銀で初めてディーリングを始めたときに、ベテランのスイス人ディーラーからいわれたことです。

答えはあまりに簡単ですが、それを実践するのは簡単ではありません。

ディーラーはどのように育てるか

ディーラーの教育には二つの方法があります。ひとつは、最初はアシスタントとして、先輩ディーラーの手伝いをしながら、ディーリングの方法、市場のルール、情報への反応の仕方などを身につけさせる方法です。

もうひとつは、ディーリングの基本、テクニックなどの講義と模擬ディーリングをしばらく経験させる方法です。

こうした教育期間の後で実際のポジションをとることで、ディーラーとしての道のりを歩み始めるわけです。

●一定期間に一定の利益を出し続けるのがプロの条件

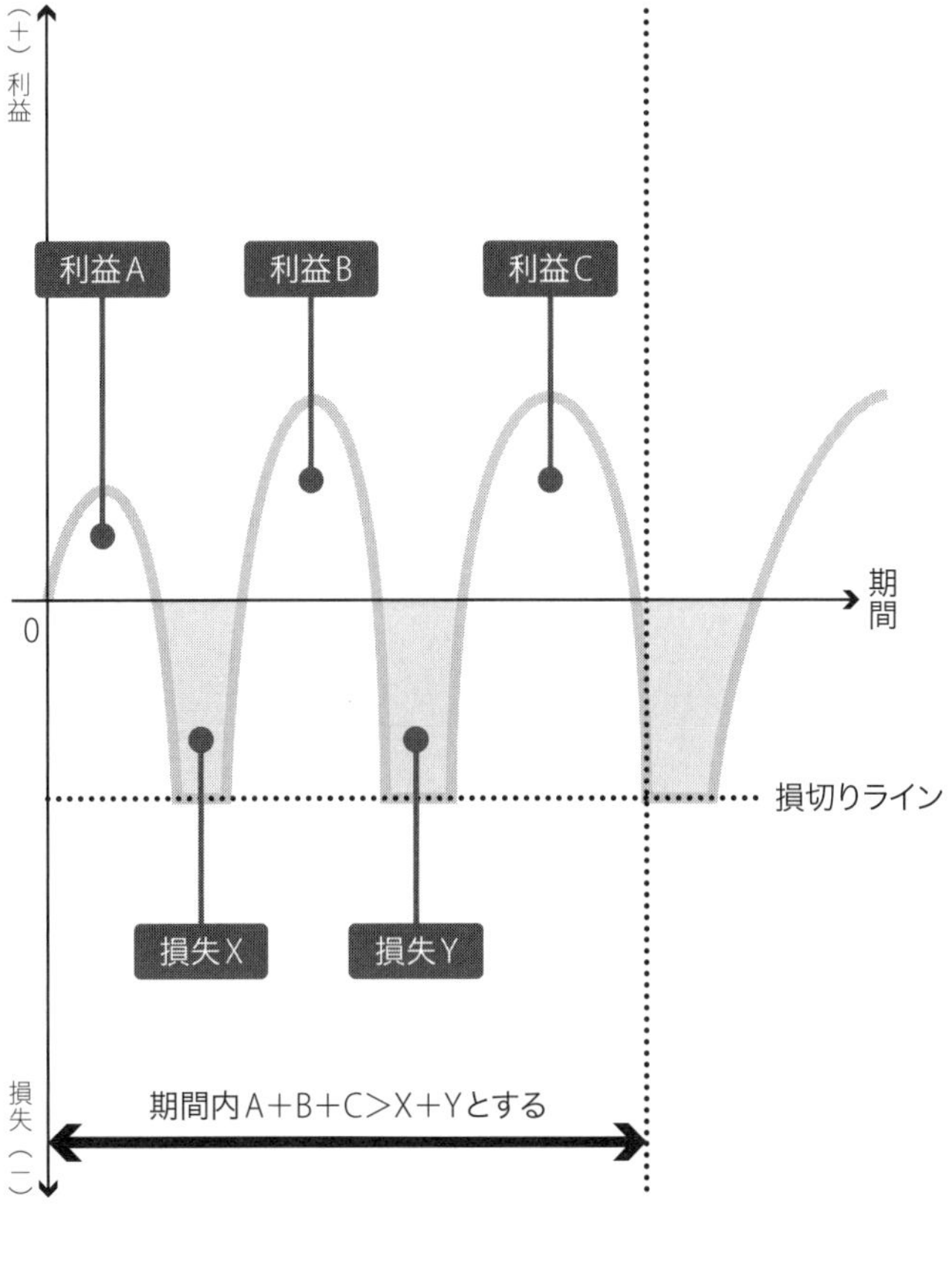

●ビジネスである限り、長期的に収益を上げることが重要

問題はここからです。実際にポジションをとることは、かたわらで見て取引を理解することや模擬ディーリングを行なうこととは、まったく違います。損得のプレッシャーが加わるからです。それにディーリングが職業ならば、一定期間で一定の成果を上げなければなりません。何もしなければ損をしないわけですが、そういうわけにはいきません。

そうした環境のなかで、世界中のディーラーたちが心がけてきた生き残るための方法が受け継がれてきました。

ディーリングにはいくつかの方法があります。しかし、ディーリングでいつでも確実に儲かる方法はありません。確率の高い方法はあります。しかしそれも、昨年までは有効であったが、今年は確率が低いというように、市場環境の変化により変わることがあります。

損をしないディーラーは一人もいません。大切なことは、損をしたり得をしたりを繰り返しながらも、一定の期間で、一定の成果を上げることです。

ディーリングはギャンブルではなく、ビジネスです。ビジネスとして成立するためには、長期的に収益を上げる必要があります。国を問わず、市場で生き残ったディーラーたちは、それを自ら証明してきました。本章では、ディーリングの基本を説明しますが、それは日々の取引で築き上げられてきた彼らの知恵の一部であるといえます。

SECTION 5-1

ストップロスとは

損失額の上限を定めたストップロス（損切り）は、ディーリングの基本の基本

ストップロスとはなにか

ストップロス（損切り）はディーリングで最も大切なことのひとつです。

組織的には最大損失許容額を設定し、いつもその範囲内に損失が収まるようにリスクを管理しなければなりません。個人レベルでも損失の管理をすることが必要になります。リスクをとると同時に損失の可能性を背負うわけですから、あらかじめ最大損失額を決めておくことは、非常に重要です。

金融機関などでは、ディーラーに対して年間、月間、あるいは1日のストップロスの金額を決めています。

たとえば、100万ドルを直物レート1ドル＝85・20で買ったとします。

1日のストップロスの金額が500万円のディーラーの場合、ドル安（円高）になった場合の最大のストップロスのポイントは、80・20になります。

ただ実際には、このディーラーは84・20で早めにストップロスをするかもしれません。一度の取引で最大損失額に達してしまうと、次のディーリングができなくなってしまうからです。また、84・20までドル安になった場合は、さらなるドルの下落が予想されると判断するからです。

個人で為替取引をやっている人も、何らかのストップロスを決めたほうがいいでしょう。

●ストップロスのオーダー

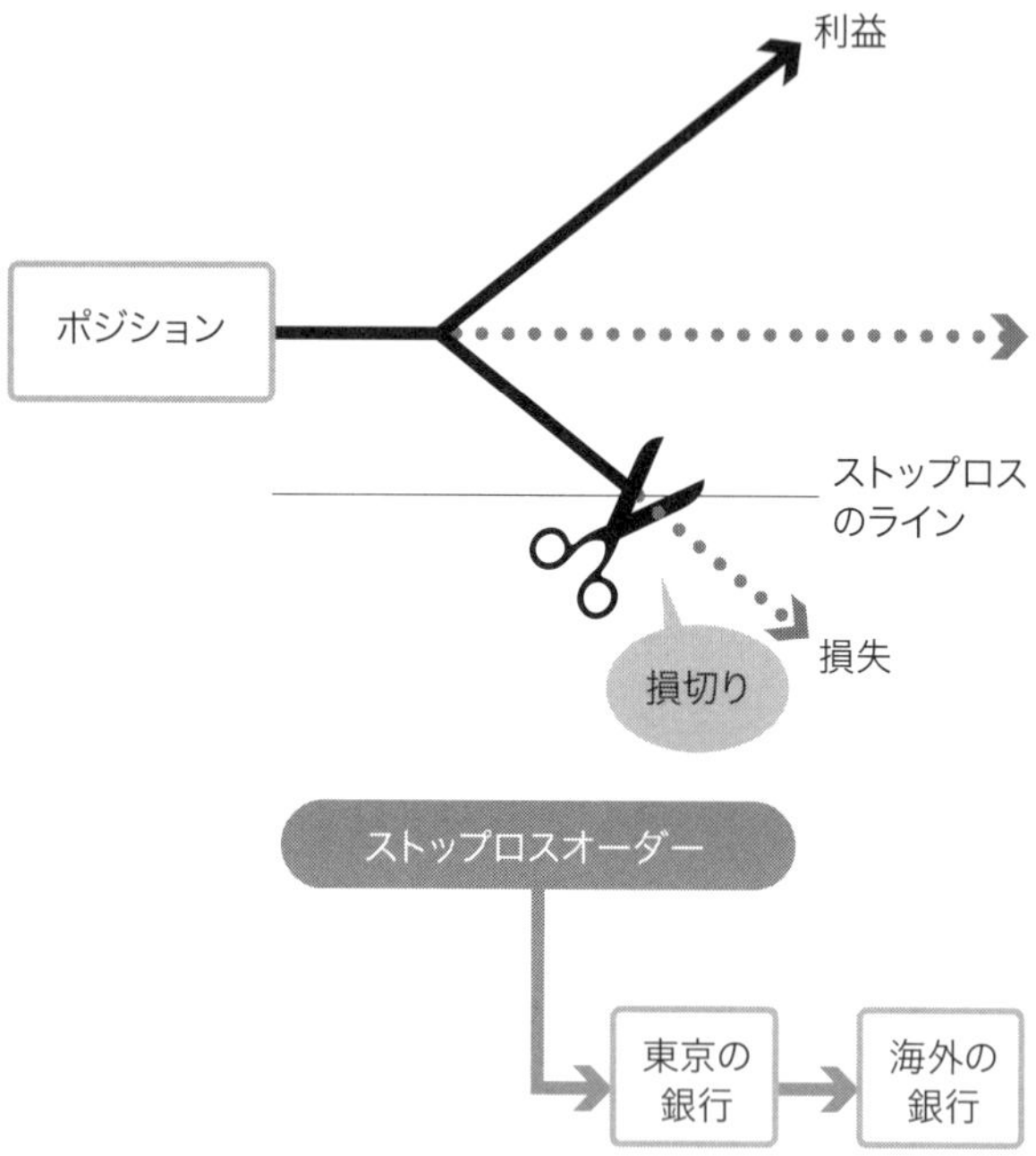

KEY WORD

ストップロスオーダー：保有するポジションの損失が拡大しないよう特定のレートでポジションを切るための注文がストップロスオーダーだが、ポジションを作るために行なう場合もある。特定のレートを超えたら相場がその方向にある程度動くと予想されるとき、ストップロスベースで売買の注文を出す。

そして一度決めたら、どんな相場展開になってもストップロスのポイントを変えないことです。

誰しも損を実現したくないので、ストップロスを実行するには勇気が必要になります。しかしこれができないと、いつか大損します。

ただし相場のトレンドが強くない場合、狭いレンジのなかで上下の変動を繰り返すようなとき、ストップロスでポジションを切るたびに相場が戻ることがあります。そのようなときはストップロスの水準に工夫を凝らし、損切りの幅を小さくしたり大きくしたりすることが必要です。

ストップロスの指値注文

自分が市場を見ている間は、そのレベルに相場がきたらストップロスを実行すればよいのですが、オーバーナイトポジション（翌日に繰り越すポジション）を持った場合は、ストップロスオーダー（ストップロスの指値注文）を銀行に出します。銀行はこうした注文を海外市場（本支店など）に回して24時間、ストップロスオーダーを見ます。

ただストップロスオーダーは、市場の状況によっては指値通りには実行されないこともあります。

市場が荒れているときや流動性が少ない場合は、ストップロスが指値と違ったレベルで実行されても、取引慣習として受け入れなければなりません。

ストップロスの指値をどれだけ忠実に実行してくれるかは、その銀行のディーリング能力や顧客に対する誠実度にかかってきます。

逆にいえば、ストップロスの実行具合は、その銀行との取引を継続すべきかどうかの判断基準にもなります。

SECTION 5-2

フローとディレクション

一般に"流れ（フロー）"を重視するディーリングのほうがリスクは小さい

●フローを重視する方法

ディーラーには大別すると、二つのタイプがあります。

為替取引の**フロー**（流れ）を重視するタイプと、相場の**ディレクション**（方向性）を重視するタイプです。

市場では、ある局面では買いが多かったり、またある局面では売りが多かったりと、売買が交錯しながらレートが変動します。ここで買いが多いとは、市場のオファーレート（売値）をヒットする取引が多いという意味です。売りが多いとは、市場のビッドレート（買値）をヒットする取引が多いということです。

フロー（流れ）を重視するディーラーは、こうした取引の流れに乗ります。一般的に買いが多いと、レートは上がり、売りが多いとレートは下がります。この方法をとるディーラーは、ニュースやチャートポイント（チャートから判断する売買すべきレート）などはあまり気にしません。ひたすらフローだけを見て売買を判断します。

この方法は、フローに応じてポジションを頻繁に変えるので、短期の鞘取りに適しています。ポジションを保有する時間は極めて短いので、リスクは小さく、差益も小さいですが、安定的に収益を積み上げる方法でもあります。ただし取引件数が多くなるので、事務コストや取引手数料も高くなります。

●相場の流れ（フロー）と方向性（ディレクション）

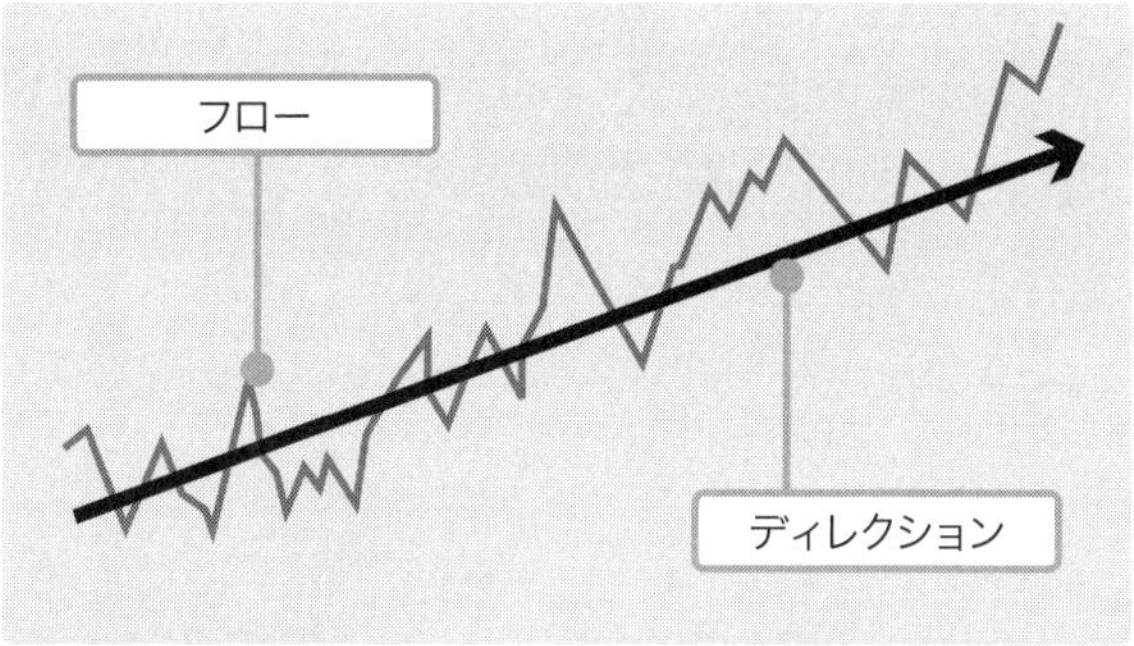

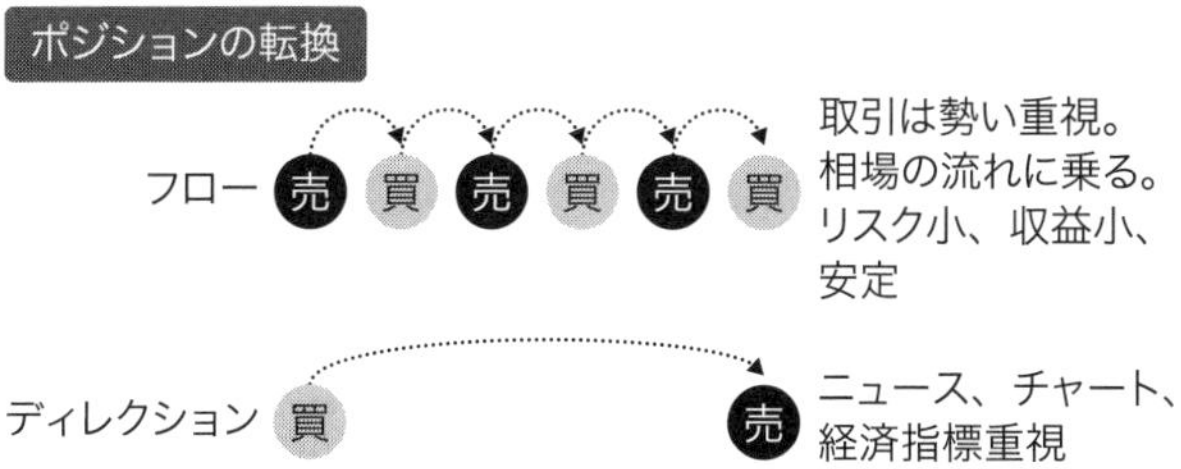

KEY WORD

為替取引のフロー：具体的には、銀行間取引と顧客取引の流れのこと。有力銀行では顧客取引や銀行間取引が常時行なわれている。ある時点をとってみると、売り買いどちらか一方に偏ることが多く、為替レートはそうした動きを反映する。そのフローに合わせてポジションを取って利鞘を狙う。

この方法をとるには、市場でのフローがある程度見える、あるいはわかる立場にいる必要があります。したがって、たくさんのフローが集中する大手の銀行のディーラーには、有効な方法です。

フローを直接見れないディーラーでも、フローの情報を得たり、値動きからその局面でのフローを想定して売買することもできますが、やはり不利でしょう。

●方向性を重視する方法

ディレクション（方向性）を重視する方法では、相場の方向性を見極めながら売買します。チャートや、経済指標、ニュースなどで相場の方向性を判断します。

フロー重視のディーリングに比べると、ポジションを保有する時間は長く、リスクもそれだけ大きくなります。フローの情報に直接アクセスできない人は、ほとんどこの方法でディーリングを行ないます。

ただ、同じディレクションを重視するといっても、人によって相場の方向性を捉える期間は違います。1日のなかでの方向性にかけてポジションを持つ者もいれば、数か月間の相場の方向性を見てポジションを持つ者もいます。

相場の方向性を判断するには、二つのやり方があります。これは為替レートの予測法にもつながりますが、**テクニカル分析**（**チャート分析**）と**ファンダメンタルズ分析**です。

テクニカル分析は、為替レートの過去の値動きそのものから、今後の相場の方向性を判断する方法です。一方、ファンダメンタルズ分析は、経済の基礎的諸条件（ファンダメンタルズ）と為替レートの関係から相場の予測をする方法です。これらについて詳しくは、9章を参照してください。

SECTION
5-3
「期間」とディーリングのスタイル
相場を見る期間の長さによって、ディーリングのやり方は異なる

自分の〝時間枠〟をはっきりさせる

為替レートの見通しで、単に「今後ドル／円は上がる、下がる」といっても、それは無意味なことです。為替レートは普通、上がったり下がったりしながら、変動の軌跡を描きます。ですから、期間を限定しないと予測は意味をなしません。

ディーリングをする場合も同様です。

相場を日単位で見ているのか、あるいは時間単位で見ているのか、あるいはもっと短いか、それとも週単位か、月単位か、もっと長いかによって、ポジションのとり方や目の付け所も違ってきます。つまりディーリングのスタイルが異なります。

したがって、ディーリングを行なうときは、自分の相場を見る時間枠を設定することが必要です。期間が短くなればなるほど、為替レートは、フロー（流れ）や短期ポジションの傾きの影響が大きくなります。

短期ポジションの傾きとは、短期のディーリング戦略をとる銀行ディーラーやファンドなどのポジションの傾きです。ポジションが一方向に傾いたとき、為替レートは逆方向に動く傾向があります（**9－7**参照）。

中長期になるほど金利が重要に

週単位や月単位になると、そうした短期フローの相場に与える影響はニュートラル（中

●相場の期間でディーリングのやり方は変わる

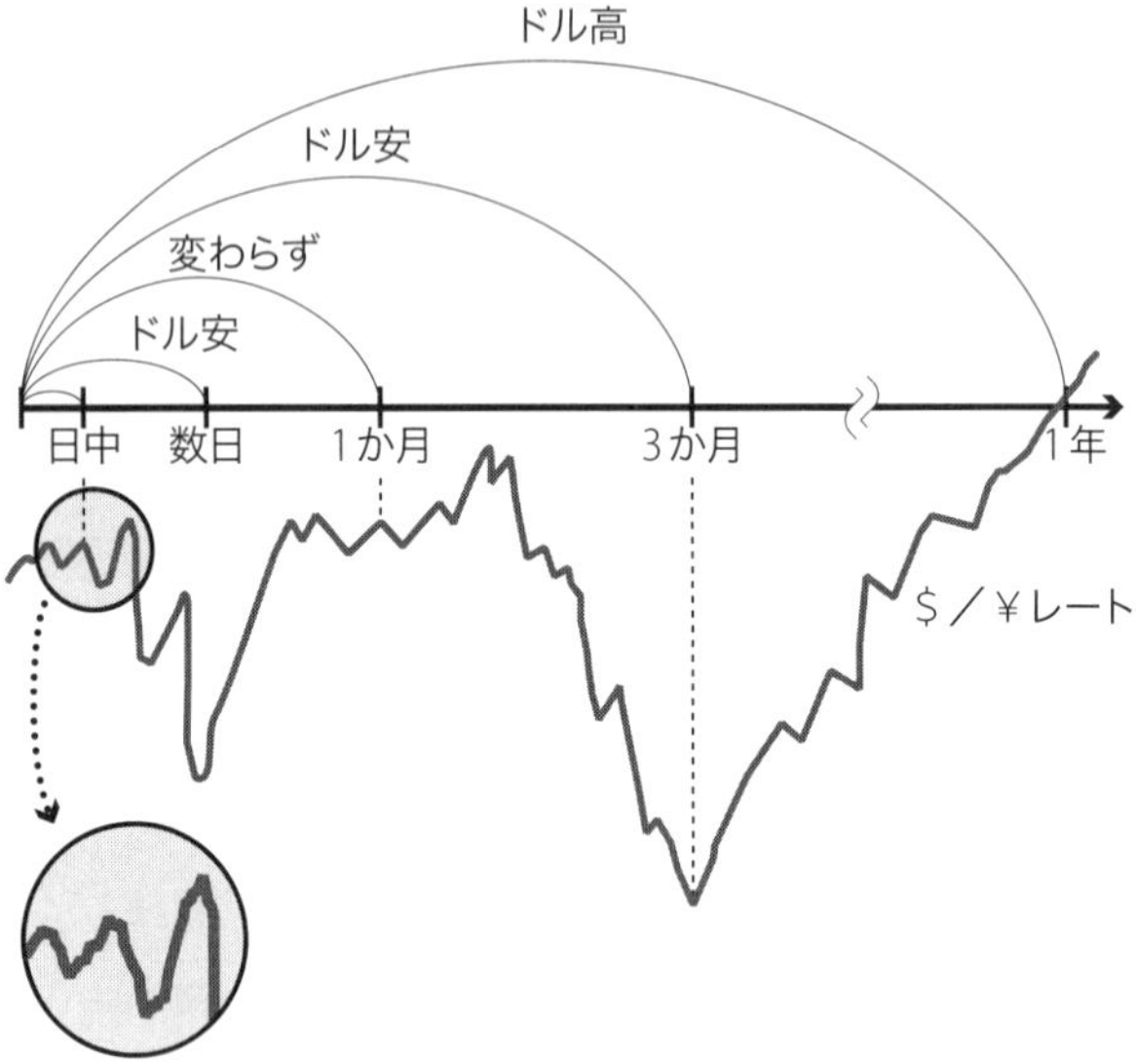

期間 → ポジション戦略 → 重視する要因は変わる

KEY WORD

上がる・下がる：「円が上がる」という場合、一般的には円高（ドルの下落）を意味するが、外為市場ではドル／円が上がる（ドル高）という意味で使われることが多い。ドル／円のドルを省いているわけで、為替ディーラーの会話ではこのほうが一般的。

立）になるので、月単位に発表されることが多い経済指標などの影響が強まります。さらに金利要因の比重も高くなります。ポジションを持つ期間が長くなればなるほど、高金利通貨の買い持ちは有利になります。

日単位の場合も、ニューヨーク市場の後場にポジションを作って、東京市場の前場にカットするなど、各市場の特性を考慮すると成果を上げやすくなります。市場は24時間続きますが、時間帯によって流動性や市場参加者が違うので、レートの動き方も違ってくるからです。

ディーリングでは、短期で持ったつもりのポジションがうまくいかず、ロスカットをしないで持ち続けたところ、結果的に儲けが出た、というケースもあります。

しかし、こうしたスタイルでやっていると、長期間で安定的な成果を上げることはできません。いつか大きな損を被ってしまうことになります。また、悪いポジションに長期間捉われていては、別に利益を上げる機会を逸してしまうことにもなります。

為替というと、相場が上がるか、下がるかに関心が集まりますが、実際のディーリングでは、こうしたポジションのマネジメント（管理、運営）が大事になります。

為替についての知識や相場観が同じレベルのディーラーであっても、ディーリングの成果（利益）という点から見ると、大きな差がある場合があります。これはポジションのマネジメント力の差です。期間やストップロスの設定が曖昧だったり、設定しても自分のポジションの都合で従わなかったりすることです。

これは市場の変化に柔軟に対応するということとは別物です。ただ自己規律力が弱いだけです。これでは相場に負けてしまいます。

SECTION
5-4 金利差に着目するキャリートレード

金利の低い通貨を借り入れ、金利の高い通貨の金融商品で運用する

●キャリートレードとは

金利の低い通貨で借り入れ、それを売って、金利の比較的高い通貨の金融商品に投資する取引を**キャリートレード**と呼んでいます。たとえば低金利の円で借り入れ、円を売って金利の比較的高いドル建ての債券を買うような取引です。

為替市場では、1990年代に米国のヘッジファンドが金利の低い円で借り入れてドル建ての債券や株を買うことが多かったときに、キャリートレードという言葉が使われはじめました。

円で借り入れドルで運用するわけですから、為替に関しては、円売り、ドル買いになります。90年代にヘッジファンドが行なったキャリートレードは、為替差益と金融商品の値上がり益の双方を狙った取引です。ドル高傾向でしかも米国の株式市場などが堅調のときは、収益性の高い取引でした。

しかし、98年に有力ヘッジファンドのひとつであるLTCMが破綻した際、こうしたポジションを整理する動きが一斉に出て、投資した金融商品の値下がりに加えて大幅なドル安円高になり、キャリートレードを行なっていた多くのヘッジファンドは大きな損失を被りました。

言葉のうえでは90年代から頻繁に使われはじめたキャリートレードですが、この取引方

●キャリートレードとは

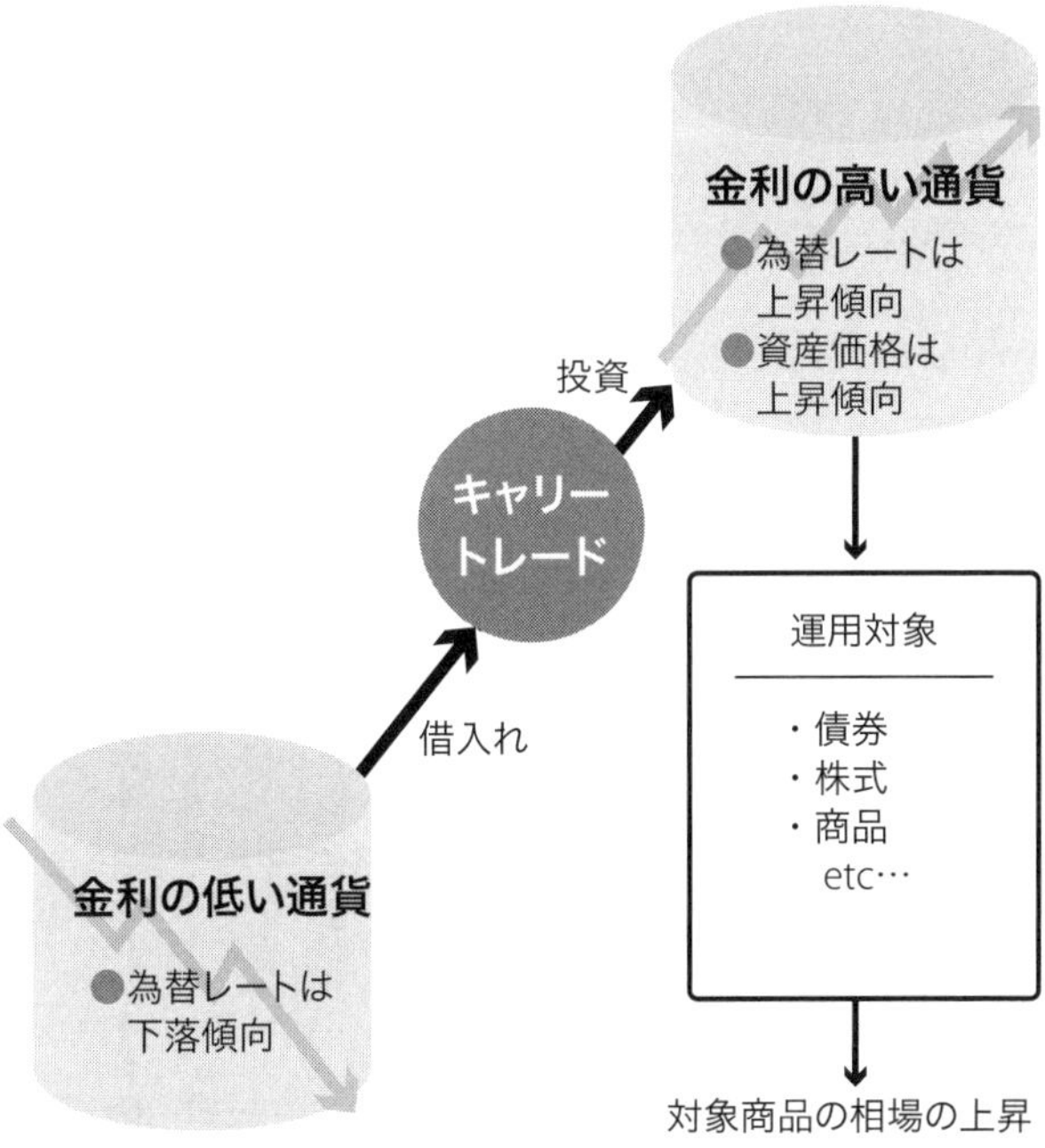

KEY WORD

LTCMの破綻：LTCM（Long Term Capital Management）は、FRBの元副議長やノーベル賞受賞の経済学者たちを擁したドリームチームだったが、ロシアの金融通貨危機などで損害を被り、98年に破綻。米国の金融危機に繋がりかねない事態に、ニューヨーク連銀の仲介で欧米の金融機関が救済に乗り出した。

法自体は以前から行なわれていました。日本の金融機関が、借り入れた円で米国債を買うのは、以前から珍しいことではありません。

また円で借りて、ドルのマネーマーケット(預金)に投資すれば、それはドル/円為替の先物の買い持ちポジションを持つのと同じことです。というのも、損益分岐点は二つの通貨の金利差を反映した先物レートになるからです。仮に満期日のドル/円レートが、ドル預金をする際のレートと同じとします。この取引からはドルと円の金利差だけ利益が出ます。一方、ドル/円の買い持ちを満期日に売れば、ディスカウント分だけ為替差益が出ます。これはドルと円の金利差を反映したものです。

なお、為替のポジションを持ち越すことをキャリーといいます。ドル金利が円金利よりも高い場合、ドル/円の買い持ちをキャリーすれば、その期間の金利差を反映したスワップポイントを稼げます。これもキャリートレードといえます。

●キャリートレードの相場への影響

2003年から04年前半にかけては、ドル金利が相対的に低かったことと、ドル安見通しが強かったので、ドルを借り入れたキャリートレードが頻繁に行なわれました。ドルを借り入れて、ドイツ、英国、オーストラリアなどの国債や株などに投資したのです。

このようにキャリートレードは、金利が低く為替レートが下落傾向にある通貨で借り入れ、為替レートが上昇傾向にあり、値上がり見込みのある金融商品に投資するという取引です。

こうした取引が多くなると、その取引自体が為替レートや金融商品の価格の変動要因にもなり、相場を押し上げることになります。

SECTION 5-5

通貨ペアの相互関係を利用した取引

為替レートは、異なる組み合わせの通貨の動きからも影響を受ける

●通貨の動きの密接な関係

2013年のBIS（国際決済銀行）の調査によれば、世界の外為市場での通貨ペア別取引高は、ユーロ／ドルの取引が24％、ドル／円の取引が18％、ドル／ポンド9％、オーストラリアドル／ドルが7％、ドル／カナダドルが4％、ドル／スイスフラン3％、ドル対その他通貨の取引が22％、そしてユーロ／円が3％、ユーロ／ポンドが2％、となっています。

こうして見ると、ほとんどの取引が対ドルになっていて、ドルは市場の中心にあるといえます。ですから、ドル価値の変動は為替レート全般に最も大きな影響を与えます。とくにアジア通貨などマイナー通貨のなかには、ドル価値の変動の影響を強く受けるものがあります。したがって、為替ディーラーはドルの変動に影響を与える米国の経済指標などに最も重きを置きます。そしてドルの動きに注意を払います。

ディーラーは自分が担当する通貨の動きだけを見ているわけではありません。ドル／円のディーラーは、ユーロ／ドルやポンド／ドルなど、ほかの**通貨ペア**（通貨の組み合わせ）の動きも気にします。

たとえばドル／円を買い持ちにしているとき、ユーロ／ドルが上がりだしたとします（ユーロ高ドル安）。ドルに明らかな下落要因が

●「連れ安」とは

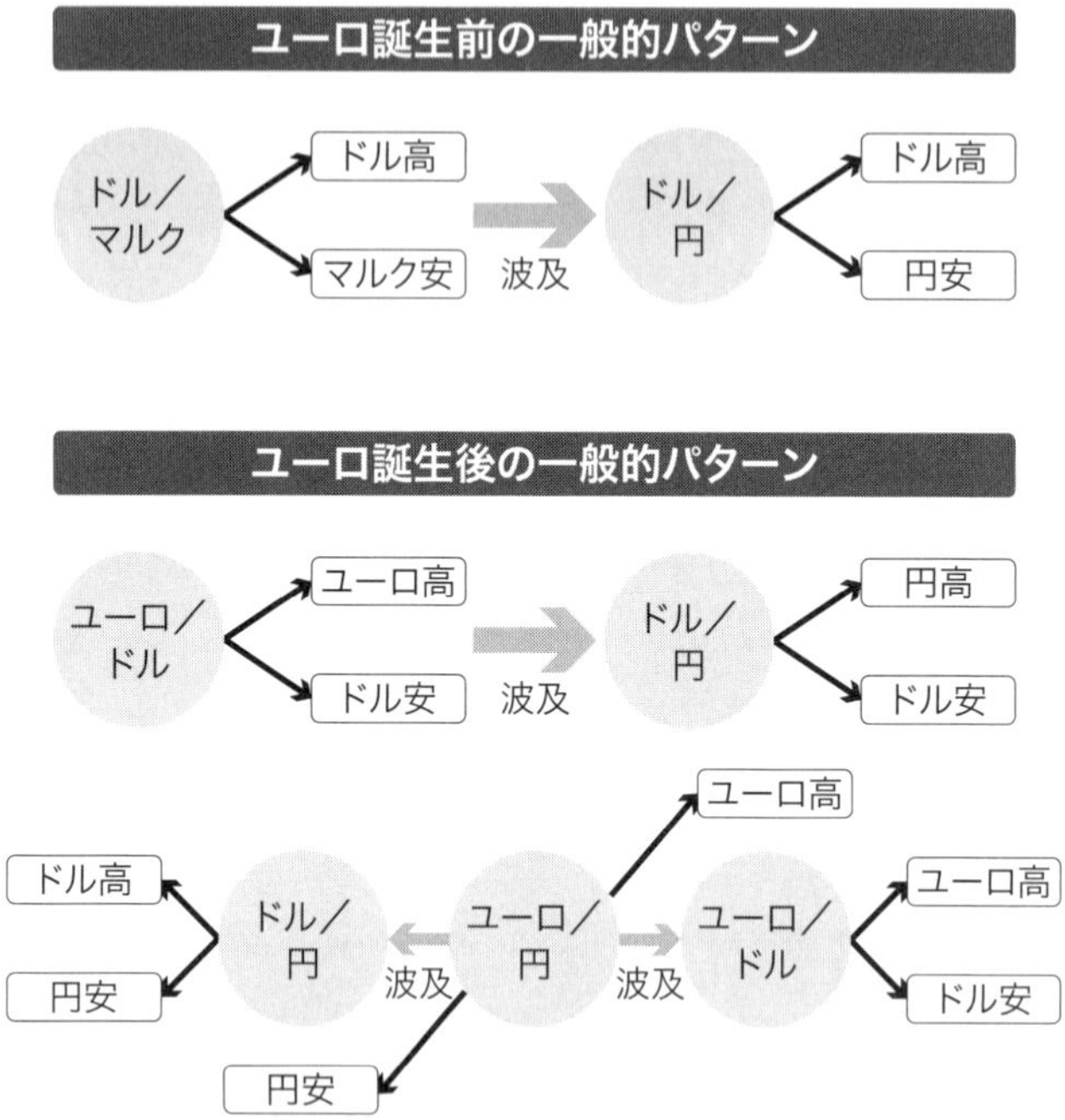

KEY WORD

BIS：Bank for International Settlements＝国際決済銀行。本部はスイスのバーゼル。第一次世界大戦後のドイツの賠償問題を処理するために1930年に設立。現在では各国の中央銀行が国際金融問題を協議する場になっている。中央銀行からの預金の受け入れや外国為替市場などの調査統計資料の作成も行なっている。

あってユーロが上がるなら、ドル／円でもドルは下がります。だからドル／円ディーラーはポジションを切ります。

　ただ実際には、その時点で理由がわからず、しばらくして理由が判明するのが普通です。その間にレートが大きく動いてしまうかもしれません。つまり、理由がわかってから判断するのでは遅すぎるわけです。

　したがって、理由がわからなくても、ディーラーはユーロ／ドルの動きを見て、ドル／円のポジションを切るか、ヘッジのためにユーロ／ドルを買いに出ます。

　こうしたディーラーの行動パターンが、通貨ペア相互の動きを一層密接なものにします。

連れ安と連れ高

　為替レートはこのように、その通貨ペアに特別の理由がなくても変動します。

　以前、円に弱い材料がないのに、ドル高円安が続いたことがありました。マルクに弱い材料があり、ドル高マルク安が進行していたときです。マルクにつられて安くなっているので、「連れ安」と呼んでいました。**連れ安**や**連れ高**は、通貨ペアの構成から生じる為替レートの変動パターンのひとつです。

　一般的にはユーロ／ドルが上がれば（ユーロ高ドル安）、ドル／円は下がる傾向にあります（ドル安円高）。しかしユーロ／円の買いがユーロ／ドル上げの原因の場合は、ドル／円が上昇することもあります。

　東京市場では、こうした変動パターンがほかの市場より多く見られます。それだけユーロ／円の取引量が多いからです。世界の市場でのユーロ／円取引量のシェアは3％ですが、東京市場では9・6％と3倍以上あります。ちなみに東京市場でのユーロ／ドルのシェアは9・0％です。

SECTION 5-6

リスクオン－リスクオフ取引

収益資産と安全資産のどちらに投資するか？

●金融危機が深化する過程で広まるリスクオン－リスクオフ（RO－RO）取引

とは、リスクを取って（リスクオン）高い収益を狙うか、リスクを回避して（リスクオフ）安全資産へ投資するかの視点で売買を判断する取引方法です。金融危機が深化する過程で、為替だけでなく、株、債券、商品など広範な市場で適用されました。

市場の異変や経済の悪化が見込まれるとき、あるいはそうした状況にあるとき市場参加者はリスクを避けようとします。リスクを避ける＝リスクオフ取引が行なわれます。このときに買われるものには、安全資産とみなされる国債、格付けの高い債券など、通貨ではドル、円、スイスフランなど避難通貨／安全通貨とされるものです。

逆に、市場の正常化や経済の好転が見込まれるとき、市場参加者は積極的にリスクを取ろうとします。リスクを取る＝リスクオンの取引が行なわれます。安全よりも収益性や成長性を求めます。買われるものには株や格付けの低い債券など、通貨では高金利通貨や新興国通貨などで、ユーロも含まれました。

売りの視点から見れば、リスクオフ取引のときは株や高金利通貨、新興国通貨などが売られます。リスクオン取引のときは国債や避難通貨のドルや円などが売られるわけです。

為替だけに限れば、リスクオフ取引ではド

●RO-RO取引

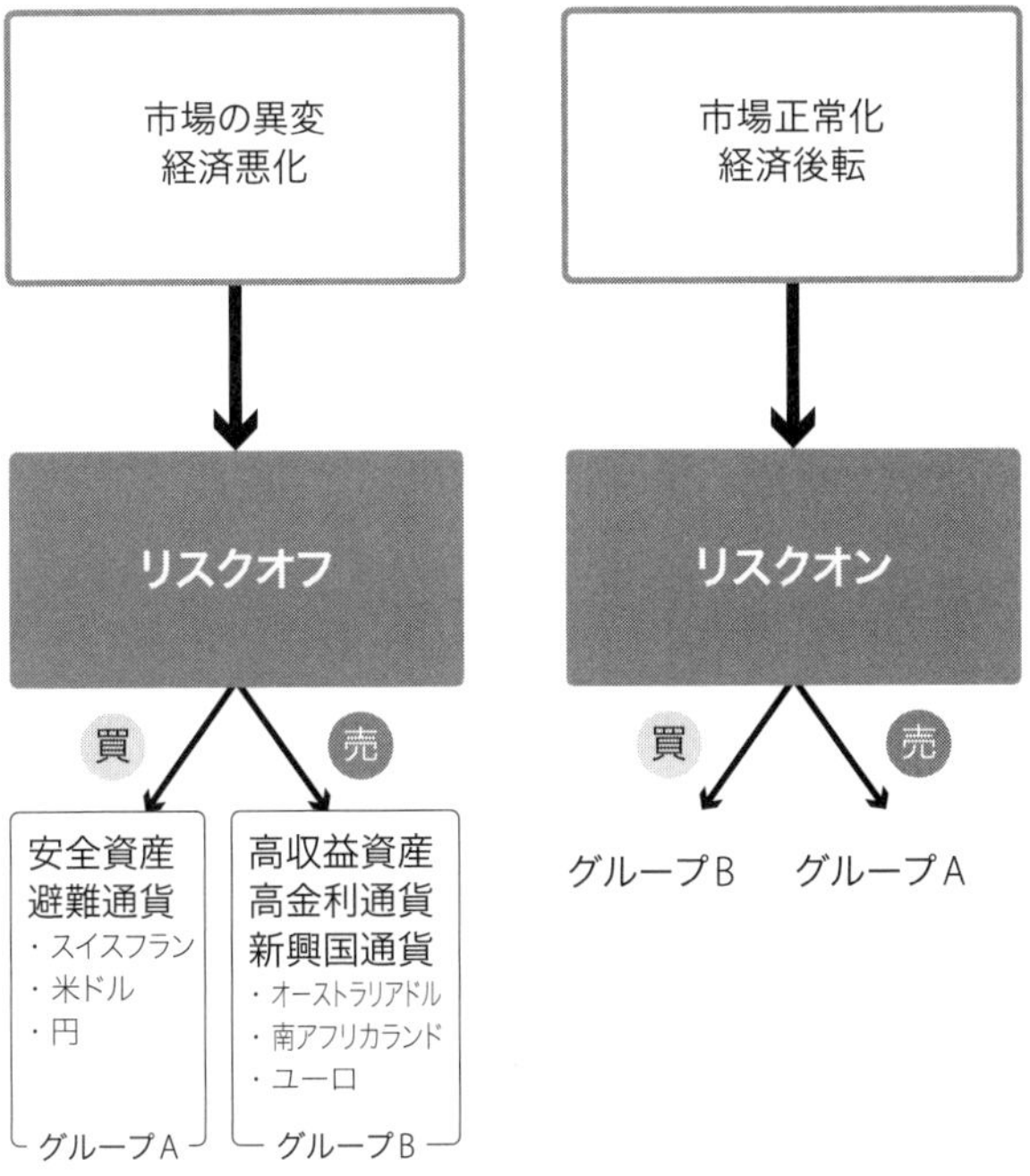

KEY WORD

RO-RO取引での為替相関度：リスクオン取引ではカナダドル、オーストラリアドル、ユーロの相関度が高く、リスクオフ取引ではドルが最も高く、次に円。ノルウェークローネは本来リスクオン通貨だが、ユーロ危機の深化の過程で避難通貨としての新しい役割が生まれ、リスクオンでの相関度が低下した。

ルや円などの避難通貨をオーストラリアドル、南アフリカランドなどの高金利通貨や新興国通貨に対して買います。リスクオン取引ではオーストライアドルや南アフリカランドをドルや円に対して買うわけです。

リーマン・ショック後に定着

RO－RO取引は、リーマン・ショック後の金融危機の深化の過程で頻繁に行なわれるようになりました。市場参加者の関心がリスクに集中したからです。リスクを基準に多くの金融商品の売買を判断したのです。

したがって、この取引が支配的なときは株、商品、通貨、債券などの価格の相関性が強く表われました。そこで米国株を買う代わりにオーストラリアドル／円を買う取引なども見られました。異なる市場間のトレーディングやヘッジ取引の意味合いが増したのです。

ただ、こうした取引機会が広がる一方で、為替取引のむずかしさも増しました。たとえば米国の経済にポジティブな指標が出て株価が上昇すると、リスクオン取引が行なわれドルが売られることになります。逆にネガティブな指標が出ると株は売られドルが買われるわけです。いままでの経済指標と通貨の関係についての常識と異なります。

市場ではこうした従来の取引力学とRO－RO取引での力学がぶつかるわけです。常にRO－RO取引の力学が優位となるわけではありません。

金融危機の深化の過程で生まれたRO－RO取引は金融危機が弱まるにつれてその力学も弱まると考えられます。ただ、その力学の衰退が徐々に進む場合、為替レートの判断はむずかしくなります。2012年に為替中心のヘッジファンドの多くが成績を悪化させたのにはこうした事情がありました。

BEST INTRODUCTION TO ECONOMY

6章 市場介入とはどういうものか

INTRODUCTION
FX INTERVENTION

中央銀行が市場で行なう為替取引

為替レートの水準を維持するのが目的

銀行や企業が外為市場で通貨の売買をするのと同じように、中央銀行も外為取引をします。市場の取引のルールに従って買ったり、売ったりする点では、ほかの市場参加者と同じです。ただし市場参加の理由は、利益を上げるため、外貨の債権や債務をヘッジするため、外国のモノを買うため、などではありません。それは、マクロ経済政策を行なううえで適当と考えられる為替レートの水準を維持するためです。

適当と考えられる為替レートの水準を誰が判断するかというと、通貨当局者です。しかし変動相場制の下での為替レートは、市場によって決まることになっています。つまり多様な市場参加者が自由に為替を売買した結果、為替レートが決まるわけです。ここで市場の動きと、通貨当局者の考えが違ったときに、通貨当局（中央銀行）が市場参加するわけです。

こうして行なわれる中央銀行による為替売買のことを、**市場介入**（単に「介入」ともいう）といいます。

ちなみに中央銀行はこうした理由以外でも、外国の公的機関の注文などで為替の売買をし

●中央銀行による市場介入

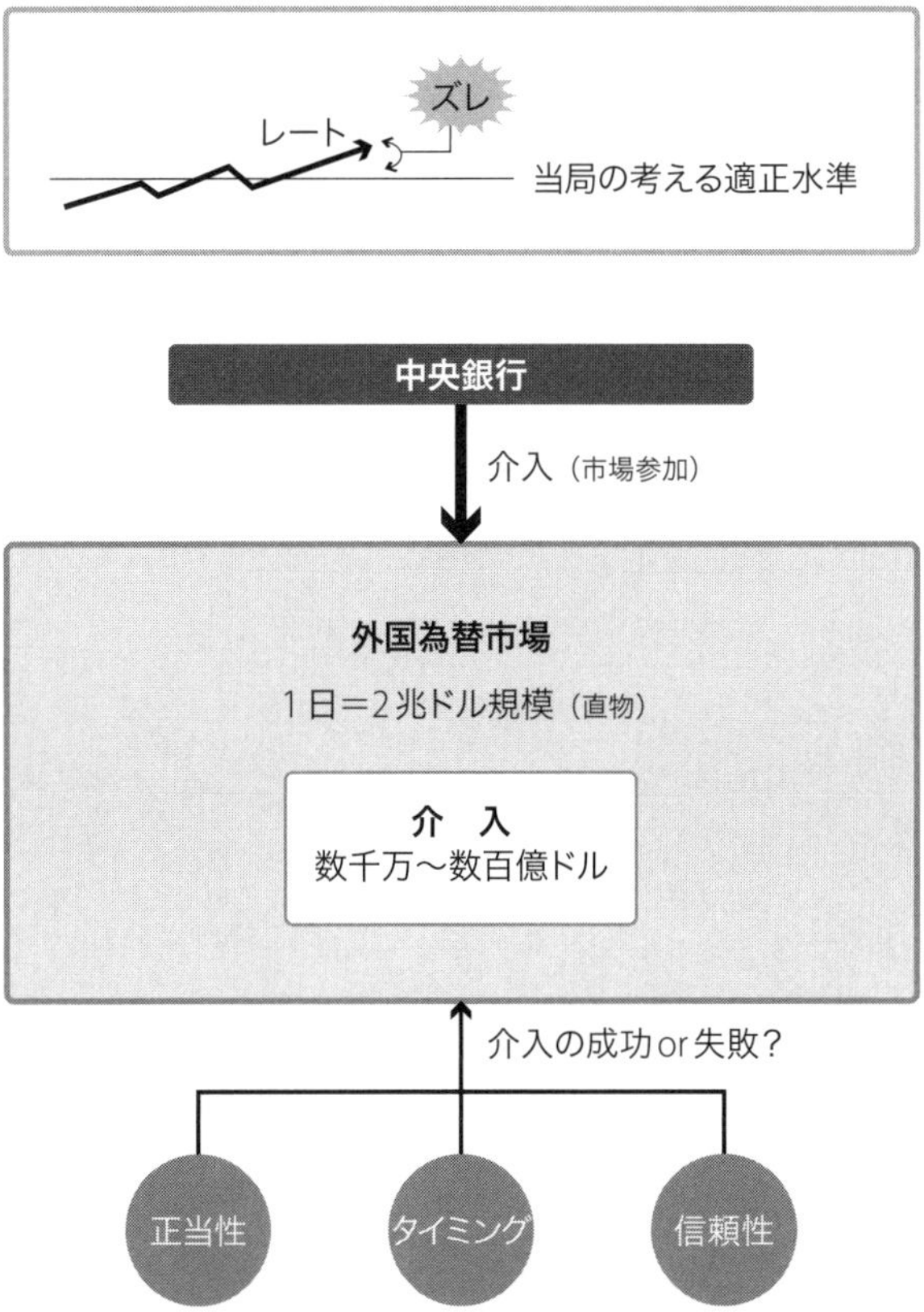

ます。一般的な商業的取引と同じです。こうした場合は介入とは呼びません。金額も介入のときほど大きくありません。

介入の効果は限定的？

介入によって、為替レートが通貨当局の期待通りに動くかどうかはわかりません。介入は成功するときもしないときもあります。

市場と中央銀行が真っ向から力でぶつかりあっても、中央銀行に勝ち目はありません。世界の外為市場での1日の直物為替出来高は1・7兆ドルです（BIS、2016年4月調査）。それに対して、中央銀行の介入額は多くても1日数百億ドル単位です（一度、1000億ドル近い介入をしたことがあります）。介入の正当性を市場にタイミングよく理解させない限り、介入はうまくいかないのです。

たとえば、市場での現行の為替レートの水準が円高になりすぎて、輸出産業に打撃を与え、景気を低迷させる、あるいは円高の進行が物価下落をもたらしてデフレを深化させる、と日本銀行が判断したとき、ドル買い円売り介入をします。それによって円高が止まるか、ドル高円安方向にレートが動けば、介入は成功したといえます。あるいは円高が進行するスピードを遅くできただけでも、成功といえる場合もあります。

国によって異なる介入のスタンス

現在、先進諸国の多くは変動相場制を採用しています。介入に対する考え方は、国によって異なります。為替レートは市場の動きに任せ、ほとんど介入しない国もあれば、介入を積極的な政策手段として位置付けている国もあります。変動相場制をとっていても、介入を積極的に行なう国では、その頻度や額は多くなります。

SECTION
6-1 市場介入の方法とメカニズム

介入には、銀行と直取引する場合とブローカーを介する場合の二つの方法がある

●一般の銀行との直取引

中央銀行の**介入**には、二つの方法があります。ひとつは、銀行間市場の参加者の銀行に建値を求めてそのレートで売買したり、指値注文を出して売買する方法です（直取引）。これにより銀行の為替ポジションを変化させ、市場のレートに影響を及ぼそうとします。

介入を受けた銀行は通常、ポジションをカバーするため、直ちにほかの銀行とカバー取引をします。

日本銀行がA銀行から1億ドルを買ったとします。円売りドル買い介入です。A銀行のポジションは、1億ドルのショート（売り持ち）になります。A銀行は、ただちにほかの銀行から1億ドルを買ってショートをカバーします。あるいは、ドルの上昇を期待して、1億ドル以上を買うこともあります。

A銀行がほかの銀行から1億ドル買う場合、直取引で1行あたり1000万ドル買うとすれば、10行と取引します。1行あたり2000万ドルなら、5行必要です。

普通、買えばレートは上がります。少なくとも短期的には上がる確率は高くなります。介入に効果があるというコンセンサスが市場にあれば、介入を受けた銀行は確実に1億ドル以上を買います。レートが上昇する可能性が高く、そこで余分に買ったポジションを売れば利益を上げられるからです。

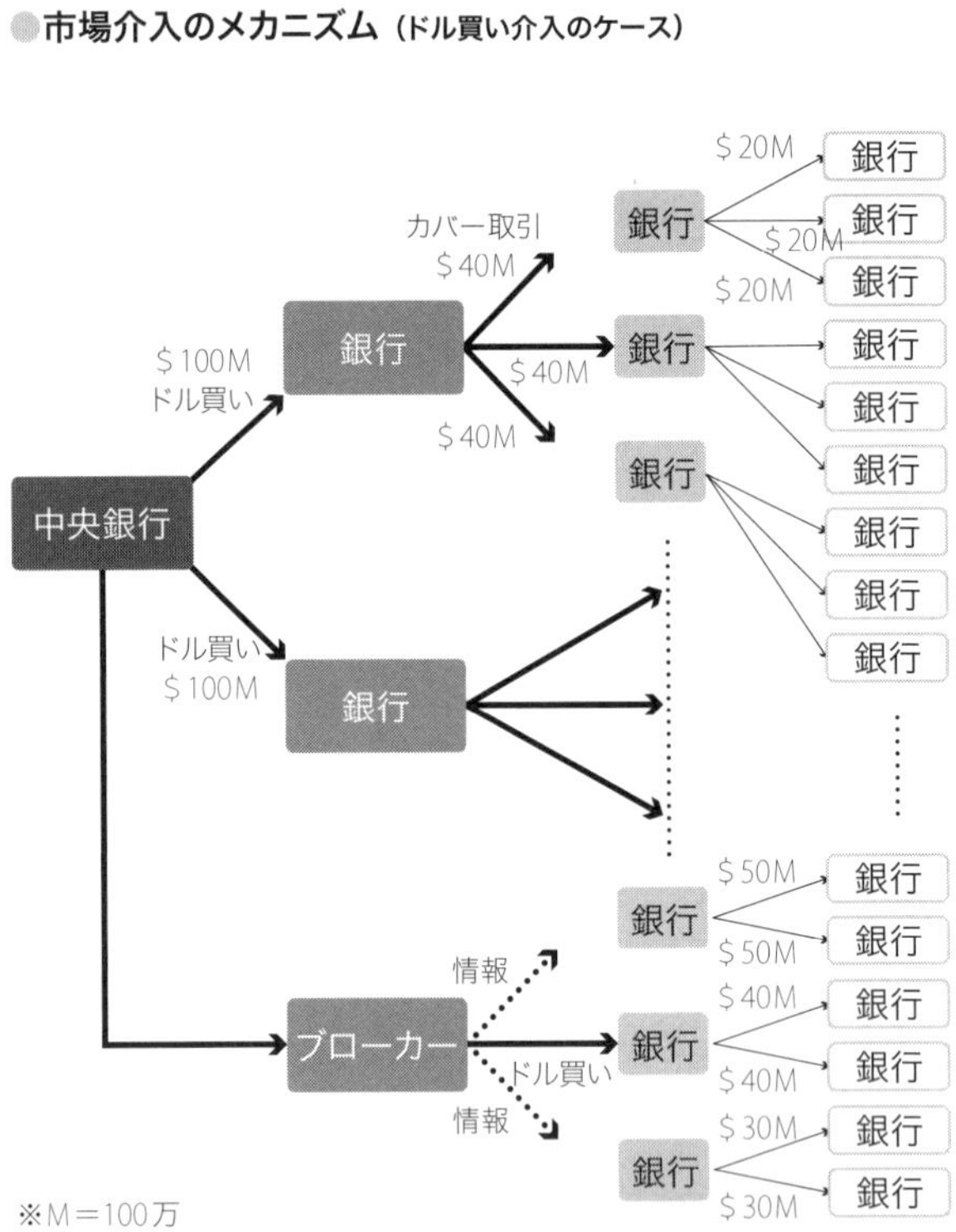

KEY WORD

中央銀行の指値注文：顧客が銀行と取引する場合と同様、中央銀行が介入する場合も、市場の実勢レートか指値（特定のレートでの売買注文）かのいずれかになる。顧客が指値する際は金額も指示するが、介入の場合は特定のレートで取引可能な全額を実行するのが一般的。

A銀行からドルを買われた銀行も同様に、ドルのショートポジションをカバーするため別の銀行からドルを買います。それが介入のカバーだとわかれば、カバー取引額以上のドルを買うかもしれません。これが続くと、市場ではドル買い一色となって、ドルは急騰します。中央銀行は介入をA銀行だけでなく、B銀行、C銀行と同時に行ないます。

しかし、市場でドル売りトレンドが強く、ドルを売りたい人がたくさんいる場合、しかも中央銀行に対する信頼が乏しいときは、介入によるドル買いの連鎖は続きません。しばらくの間ドルは上昇しても、すぐに元のレートに戻ります。

ブローカーへの注文

介入のもうひとつの方法は、中央銀行がブローカーにあるレートで売買するか、ブローカーに注文を出す方法です。

ブローカーにあるレートは、それぞれの銀行が、そのレートなら取引したいというものなので、中央銀行がそのレートで取引してもポジションをカバーする必要はありません。しかし、ブローカーでの情報や動きは、直ちに市場に知られます。突然、ブローカーでの取引金額や値動きが異常になれば、市場参加者は介入かもしれないと判断します。中央銀行が信頼されていれば、銀行はこうした情報を利用してポジション（ドル買い）を作ります。

どちらの方法が効果的かは、一概にいえません。ブローカー経由の場合は、中央銀行の意図した金額を実行できない場合もあります。ただ中央銀行の目的は金額ではなく、レートの水準ですから、介入額が少なくても、効果があればいいわけです。実際の介入では、どちらかひとつの方法がとられる場合もあれば、両方の方法が使われる場合もあります。

SECTION
6-2 市場介入のパターンとは

ひと口に〝介入〟といっても、単独介入、委託介入、協調介入の三つの種類がある

介入の三つのパターン

介入には三種類あります。単独介入、委託介入、協調介入です。

単独介入は、ひとつの国だけで行なう介入です。たとえば、日本銀行だけがドル／円の介入をする場合です。日銀は主に東京市場で介入しますが、海外市場で介入する場合もあります。

海外市場で介入する場合、自ら直接介入するのではなく、その国や地域の中央銀行に介入を委託する場合があります。たとえば、ニューヨーク市場で介入する場合、ニューヨーク連邦準備銀行（連銀）に頼んで、実際の介入をニューヨーク連銀に行なってもらいます。これを**委託介入**といいます。

この場合、ニューヨーク連銀は日銀の代理で介入を行なうので、介入資金は日銀が提供します。ドル買い円売り介入の場合は、日銀にあるニューヨーク連銀の円勘定に円が入金され、市場で買ったドルはニューヨーク連銀にある日銀のドル勘定を通じて財務省に振り込まれます。

日銀が東京市場で介入を行なう一方で、ニューヨーク市場でもニューヨーク連銀が自己資金で介入を行なう場合もあります。これが**協調介入**です。協調介入とは、複数の中央銀行が、それぞれ自己資金で市場介入することです。

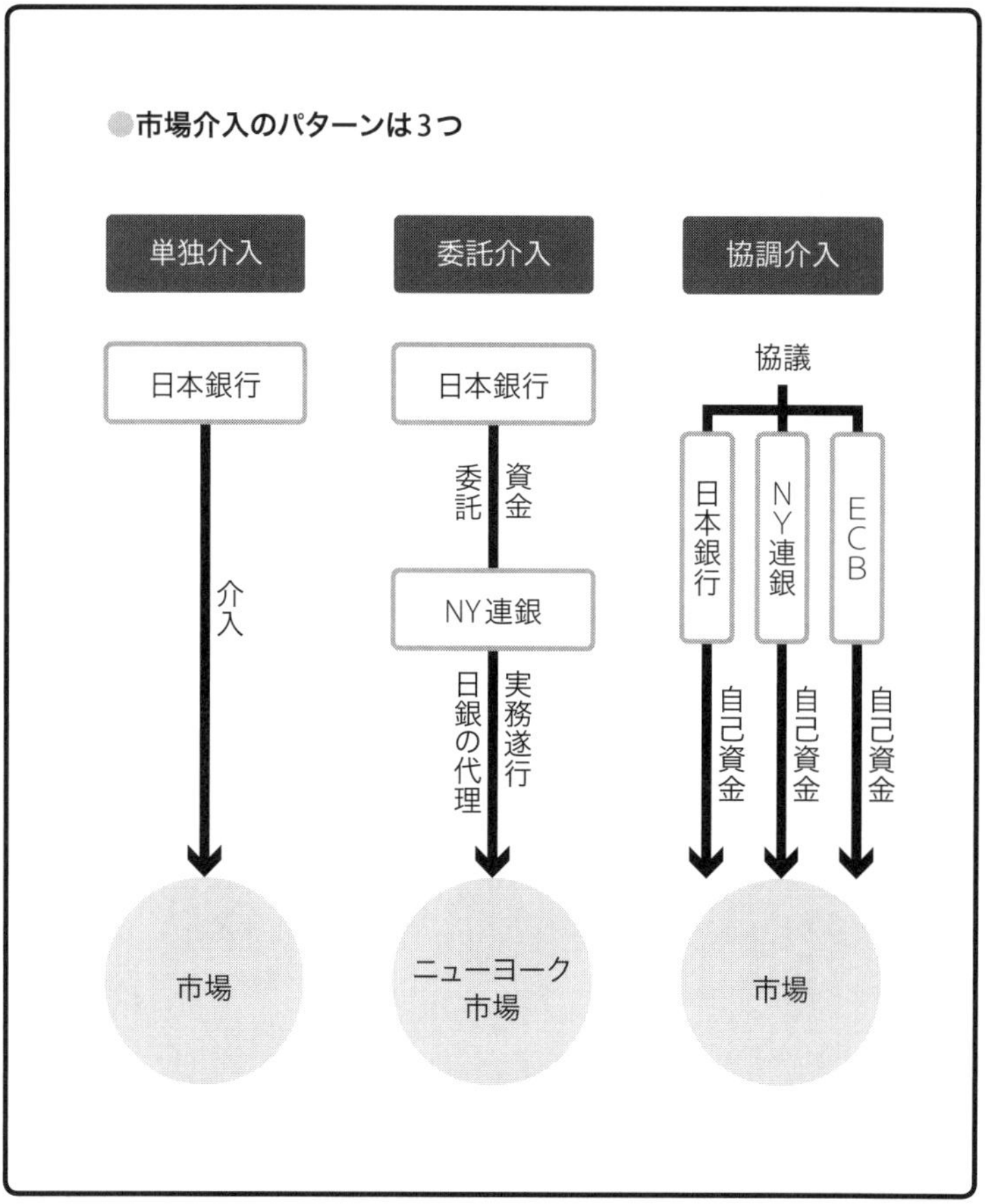

KEY WORD

ニューヨーク連銀：米国の中央銀行制度は連邦準備制度と呼ばれ、最高意思決定機関である理事会（FRB）の下、中央銀行の業務を行なう連邦準備銀行（地区連銀）が12の主要都市に置かれている。なかでもニューヨーク連銀は、金融市場での資金操作や外為市場での介入の実務を行なっている。

パターンの違いによる影響力の差

協調介入は、各国が問題意識を共有しないと、実現されません。問題意識の共有度からいえば、協調介入が最も高く、その次が委託介入になります。

介入の市場に対する影響力も、協調介入が最も強く、続いて委託介入、単独介入の順になります。為替は二つの通貨が関係するので、両国の経済や政治に影響します。日本がドルが安すぎて円が高すぎると判断しても、米国はそう思っていない場合もあります。こんなときには協調介入は実現しません。単独介入をする場合でも、ドルが関係するので米国の一定の理解は必要になります。

協調介入でも多くの国が参加したほうが効果的ですが、米国の参加は重要です。米国が参加しない協調介入は、効果の点で単独介入とそれほど変わらないでしょう。

協調介入でこれまで最も効果的だったのは、1985年のプラザ合意です。日、米、西独、仏、英の5か国がドル高是正に合意して、ドル売り介入を各国が一斉に実施しました。

介入に代表される為替政策は、日本では財務省が担っています。日本銀行は介入の実務を遂行しますが、いつ、どのレベルで、どれくらいの介入をするかという方針は、財務省が決めています。それを日銀の担当者に伝えて、日銀が市場介入を行なうわけです。

米国でも財務省が第一義的に為替政策の権限と責任を持っています。FRBも別に介入の権限を与えられていて、資金は共同で負担します。介入の実務はニューヨーク連銀が遂行します。ユーロ圏では、ユーロ圏の中央銀行であるECB（欧州中央銀行：European Central Bank）が金融政策ばかりでなく、為替政策の権限も持っています。

SECTION

6-3 市場介入と外貨準備

介入により増減する〝外貨準備〟。日本ではそのほとんどが米国債で運用されている

●ドル買い、ドル売りと外貨準備

市場介入を行なうと、**外貨準備高**が増えたり、減ったりします。日本の場合を例に説明すると、次のようになります。

介入の対象となる外貨は、ユーロの場合もありますが、ほとんどの場合ドルです。ドル買い介入の場合、市場から買ったドルは、外貨準備として計上されます。

実際には日本銀行が邦銀や外銀から買ったドルは、ニューヨーク連銀にある日銀の勘定を通して財務省に振り込まれます。この金額のうちの大部分は、米国債で運用されます。この一部は邦銀の本店や外銀の在日支店にドル預金されます。これを**外貨預託**といいます。これらの運用は財務省が行ないます。

ドル売り介入の場合は、外貨準備の一部を取り崩して、市場で売ります。実際には米国債などを売却してドル資金を作り、それを邦銀や外銀に売ります。売ったドルは、ニューヨーク連銀にある勘定から、邦銀や外銀のニューヨーク本支店の口座に振り込まれます。

このように、ドル買い介入は外貨準備高増、ドル売り介入は外貨準備高減になります。

●外貨準備の運用

日本の外貨準備高は1兆2643億ドルで、世界で中国に次いで多く保有しています（2017年末）。外貨準備高が増える要因として

●介入と外貨準備

日本の外貨準備（単位：100万ドル）

外貨		1,202,071
	証券	1,079,459
	預金	122,612
	外国中央銀行およびBIS	(121,928)
	本邦金融機関	(659)
	外国金融機関	(25)
IMFリザーブポジション		10,582
SDR		19,195
金		31,897
その他		538
計（外貨準備）		1,264,283

※2017年12月末現在。
財務省の資料による

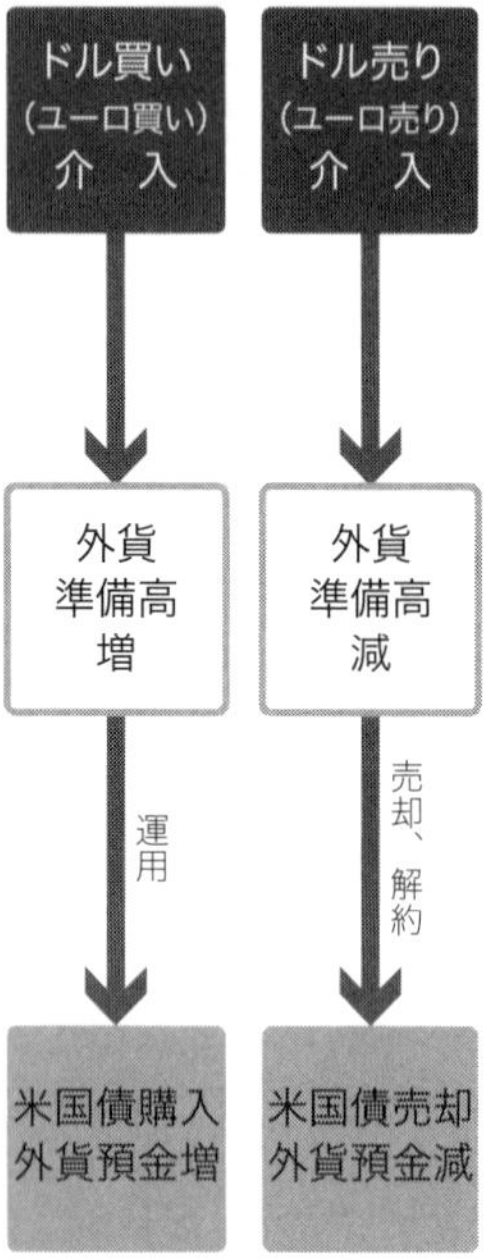

KEY WORD

介入銀行：日銀が介入する際に取引する銀行（介入銀行）は、日銀（財務省）が決めるが、とくに基準は公表されていない。市場での取引実績、取引遂行能力、正確で迅速な事務手続き、秘密保持などの点から決められているようだ。介入情報を第一義的に得られるのが介入銀行のメリット。

は、ドル買い介入（一部ユーロ買い介入）のほかに、運用益があります。債券や為替の評価益もあります。

米国債での運用がほとんどですから、米国債の金利が上昇すれば運用益も増えます。それに外貨準備高が増えれば、それだけ運用益も増えることになります。

中国、日本に次いで外貨準備高が多いのはスイスで、サウジアラビア、台湾と続きます（2016年12月末）。

これらの国に共通しているのは、輸出依存型の経済体質であることです。そのために自国通貨が上昇するのを嫌い、ドル買い自国通貨売りの市場介入が多くなっています。その結果、外貨準備高が増加しているわけです。

しかもアジア諸国のなかには、97年のアジア通貨危機の際、外貨準備が枯渇寸前に陥ってそれが危機を増幅させたとの反省から、十分な外貨準備を保有したいという思いが強いことも背景にあります。

ただ、外貨準備は多ければよいわけではありません。有効活用しないと資金の無駄使いになります。

外貨準備の運用には、収益、安全性、流動性などが考慮されます。米国債での運用は、安全性、流動性の点ではいいのですが、収益つまり資金の有効利用の点では、そのほかの運用方法も考えられます。それにリスク管理の面からは、ひとつの商品や通貨に偏らないことです。その点では、資産の分散化が必要になります。

日本の外貨準備の資産内容は、米国債、ドル、ユーロなどの外貨預金のほか、ＩＭＦリザーブポジション、ＳＤＲ（ＩＭＦ特別引出権）、金などです。外貨準備には、わずかですが日銀保有の外貨も含まれます。

SECTION
6-4 市場介入のファイナンス

ドル買い介入に必要な円は、政府の借金（短期証券）で調達される

●債券の発行で円を調達

市場介入は、日本では財務省がその権限と責任を持っています。そして介入に関する資金の管理は国の**外国為替資金特別会計**（**外為特会**）で行なっています。一般会計とは区分して、特別に管理しているわけです。

ドル買い介入で得たドル資金の運用もここで管理されます。ドル買い介入するためには円資金が必要になりますが、その資金調達もここで管理されます。円資金は、財務省が政府短期証券（FB：Financial Bill）という債券を発行して調達します。FBは公募入札方式ですが、市場で売れ残った額は日銀が引き受けることになっています。

日本はこれまでドル売り円買い介入よりも、ドル買い円売り介入のほうが圧倒的に多いので、FBの残高も増加しています。

2009年12月末で109・7兆円、10年12月末は110・3兆円、11年12月末は123・8兆円、12年12月末では131・4兆円、となっています。これは、大部分のFBが満期になると、そのまま借り換えられ、それに新規発行が追加されていることを示しています。FBの残高の大半は、介入資金の調達です。

●日本が巨額介入できる理由

では、財務省がFBの発行によっていくら

●介入資金の調達と運用

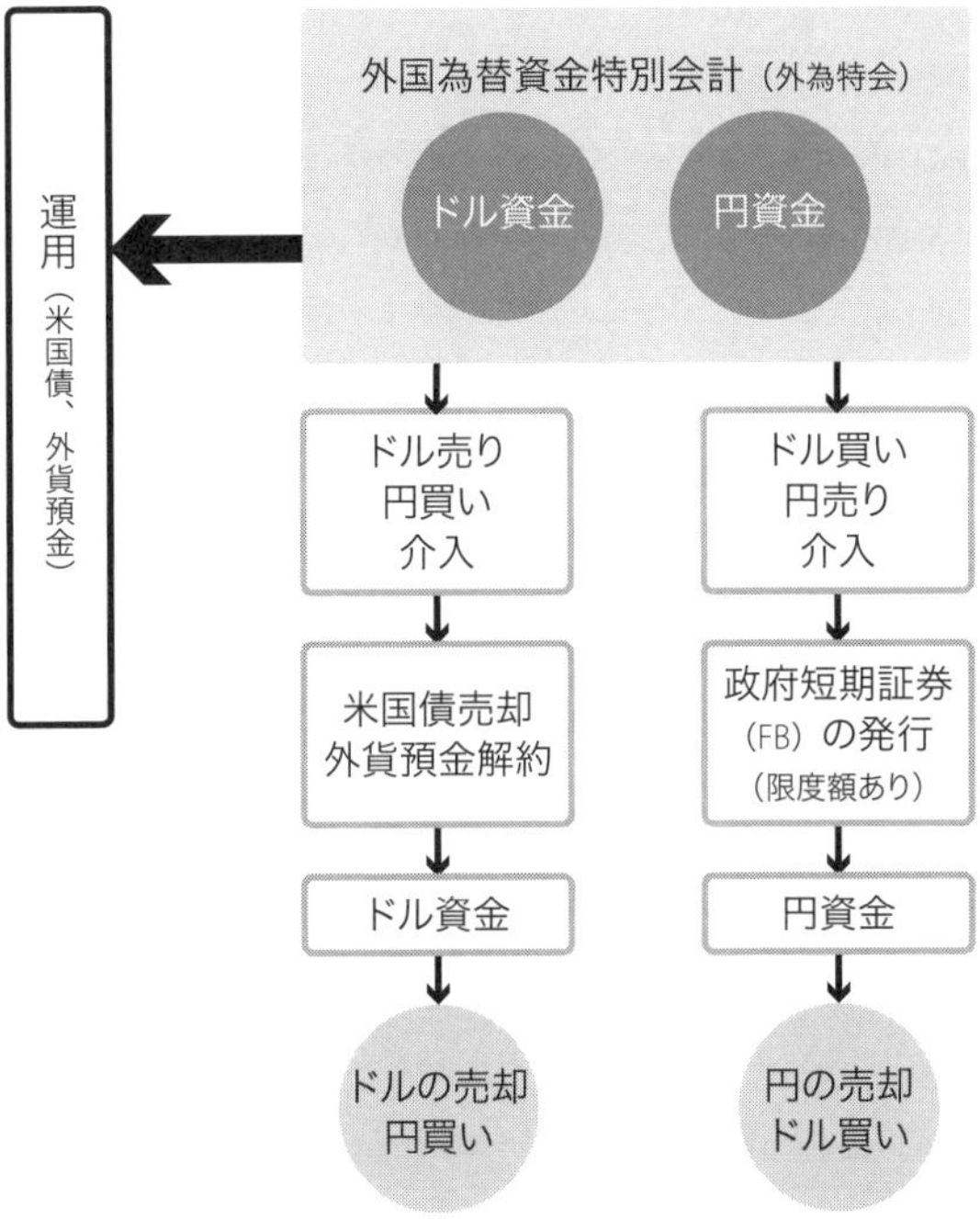

KEY WORD

政府短期証券（FB）：FBは国の一般会計や特別会計の一時的な資金不足を補うために発行される短期の証券で、期間は60日と13週がある。内訳としては外国為替資金証券（為券）、財務省証券、食糧証券、石油証券があるが、発行残高のほとんどは介入資金調達のための為券となっている。

でも介入資金を調達できるかというと、そうではありません。外為特会には借入金の限度額が設定されていて、国会の承認事項になっているからです。つまり限度額を増やす場合は、国会で承認されなければなりません。

ところが、03年後半から04年にかけて、円高の勢いが増し、通貨当局は円高を阻止するためにドル買い介入を続けました。その結果、その年度の外為特会の当初の予算枠である79兆円を超えそうになりました。

介入資金を増やすためには補正予算を組まなければなりません。しかし、補正予算が国会を通るには時間がかかります。

そこで財務省は、外為特会が保有する米国債を日銀に対して、買い戻し条件付きで売却する契約を結びました。売却残高の上限は10兆円でしたが、実際は6兆円を売却して介入資金に充てました。その後、補正予算（20兆円増加）が承認され、翌年度の予算ではさらに40兆円増えることになりました。

外為資金特別会計の借入限度額はさらに引き上げられ、２０１１年には１６５兆円に拡大されました。

十分な介入資金枠を備えるのは市場に対するメッセージでもありますが、緊急の場合は日銀から米国債を担保に資金調達できるしくみになっていることが、日本の巨額介入を可能にしています。

ドル売り円買い介入に関しては、外為特会の資産項目にある米国債や外貨預金などを売却するわけですが、それでは足りず外貨準備が枯渇するような事態になる場合は、ＩＭＦ（国際通貨基金）などの国際機関からドル資金を借りるか、中国などと締結したスワップ協定に基づいて外貨を調達して、介入資金に充てることになります。

SECTION 6-5

介入資金の運用調達に関するリスク

介入が生み出す資産と負債には、為替レートリスクや金利リスクなどがある

● 外為特会が抱えるリスクとは

外国為替資金特別会計（外為特会）のバランスシートを見ると、資産項目の主なものは現預金と有価証券であり、負債項目の主なものは政府短期証券（FB）です。これは政府短期証券で円資金を調達して、それを市場で売って、外貨（主にドル）を買い、それを米国債やドル預金（一部ユーロ）で運用している結果です。これまでドル売り介入もありましたが、ドル買いのほうがはるかに多かったのです。

したがって、外為特会には為替レートリスクがあります。ドル／円のレートが下がれば、米国債とドル預金の為替差損が生じます。金利リスクもあります。米国債やドル預金での運用収入よりも円資金の調達コストが大きくなれば、金利収益はマイナスになります。米国債の中途売却となれば債券価格の変動リスクが生じます。

米国債は流通市場での流動性が高く、相当な金額まで売却できます。しかし日本が大量の米国債を売却するとなれば、価格が暴落する可能性があります。それに政治的に可能かの問題もあります。

さらに、3か月で資金調達して、10年（米国債）で運用しているので、資金フローはミスマッチとなり、資金調達リスクがあります。

ただ、いざとなれば日銀が政府短期証券を引き受けることや、米国債を担保に円資金を

介入資金のリスクとは

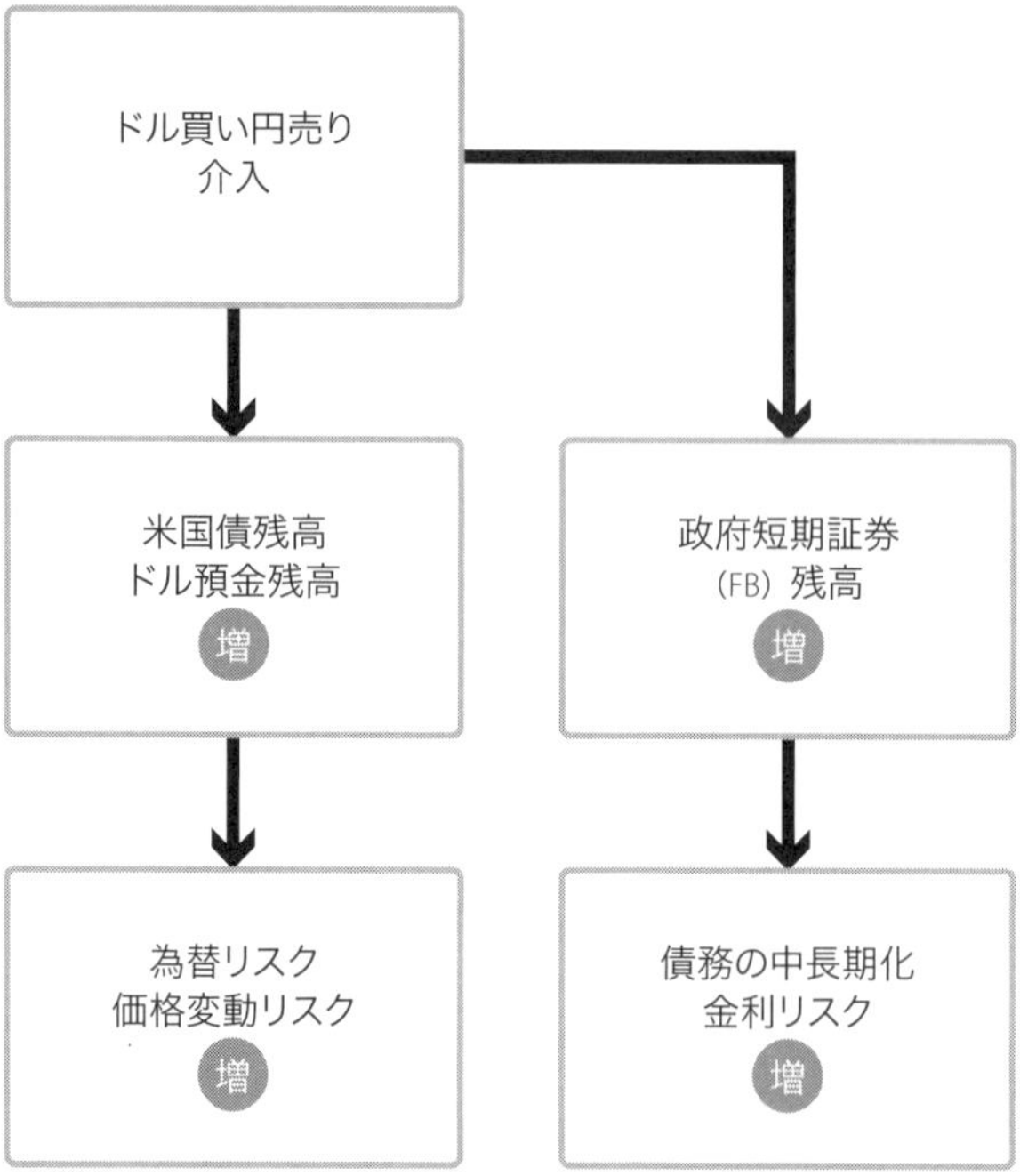

KEY WORD

セカンダリーマーケット：証券の発行市場をプライマリーマーケットと呼ぶのに対して、流通市場のことをセカンダリーマーケットという。セカンダリーマーケットの取引が盛んであれば、証券の保有者はいつでも市場価格で売却することができる。

供給することを考えると、実質的な資金調達リスクは小さいといえます。

一方、外貨預金の大部分は3か月以内の運用です。日本の銀行と外銀の在日支店に預金しているので、それらの金融機関の信用リスクがあります。

●巨額の介入を続けることのリスク

ドル売り介入が増えればこうしたリスクは小さくなります。それもドル買いの水準よりも高いレートで売れれば利益が出ます。

かつて「儲かる介入がいい介入だ」と、ブンデスバンク（ドイツの中央銀行）の総裁が語ったことがありました。介入が、相場の行き過ぎを是正するためのものなら、相場は本来の姿に戻って、当局は儲かるはずです。各国の相対的な経済のファンダメンタルズから乖離した相場水準は長く続かないからです。

しかし、そうした当局の判断の正しさを証明するために、あまりにも大きなリスクを日本は負ってしまいました。１００兆円を超える残高の政府短期証券は借り換えを継続して、事実上、中長期の債務になっています。08年2月に1兆ドルを超えた外貨準備の為替評価損は、10年末に35兆円に達しました（1ドル82円）米国債を中心とした金利収益が為替評価損を上回っているうちはいいかもしれませんが、ドル下落と日米金利差の縮小が進行した場合、金利収益の減少と為替評価損の拡大が並行して進みます。

世界的に見ても、日本の介入は金額、頻度とも多く、ほとんどが単独介入です。こうした巨額介入の結果、日本は膨らんだ外貨準備高や政府短期証券残高という問題を抱えることになりました。今後も巨額の介入を続ける限り、**金利収益の減少**（金利リスク）と**為替評価損の拡大**（為替レートリスク）というリスクは増大することになります。

SECTION
6-6 市場介入に効果はあるか
行き過ぎた相場に歯止めをかけたり、現行の流れを加速させるときに効果が期待できる

介入の効果が出るときとは

市場介入の相場に与える影響を考えてみましょう。

超短期では、介入にあわせて売買をするディーラーが多いので、為替レートは当局が意図した方向に動きます。

しかし少し時間が経つと、元に戻ってしまう場合もあります。市場が当局の介入を、単なる大口のスペキュレーター（投機者）と見たとき、ディーラーたちはすぐに反対取引をして、利益を確定しようとするからです。これでは介入の効果はありません。

では、当局の意図したように為替レートが動く場合とはどんなときでしょうか。

ひとつは、相場が**オーバーシュート**している（現行の相場トレンドが行き過ぎている）ときです。そのような場合は、市場でのポジションが一方向に偏っています。つまり投機的ポジションが売りか買いの一方向で積み上がり、長期のヘッジポジションも一方向で大きくなっている場合です。

たとえば、投機的ポジションも、長期のヘッジポジションも、ドル売りが積み上がっているときにドル買い介入すれば、市場でドルの売り手が少ないため、ドル／円レートは上昇します。それにドルの売り持ちポジションは、潜在的なドルの買い手です。買うタイミングを狙っています。ドルがある程度上昇す

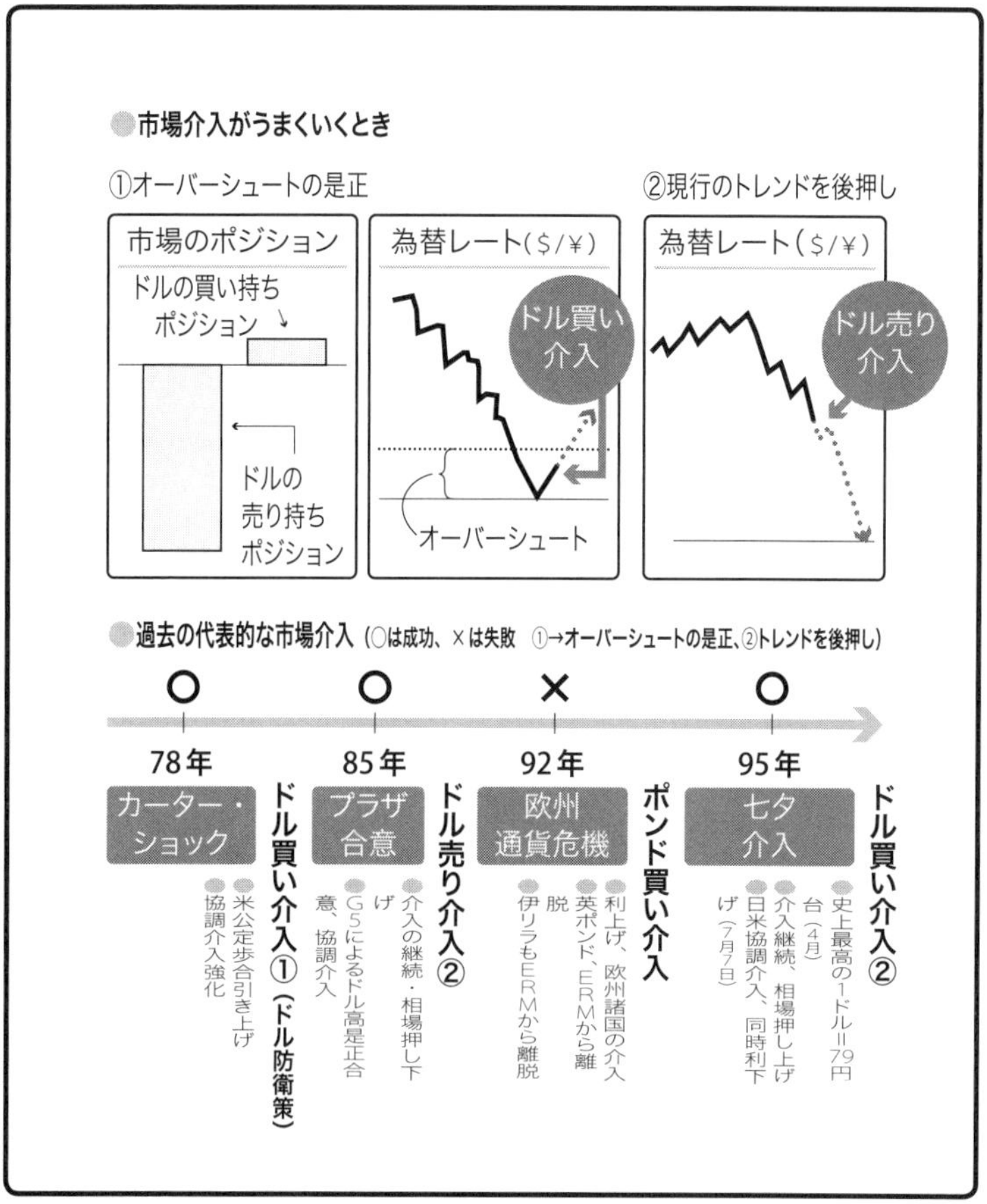

KEY WORD

IMMの通貨ポジション：米商品先物取引委員会（CFTC）は、IMM（通貨先物市場）の通貨のポジション（建て玉の枚数）を週単位で公表している。そこでの投機ポジションの推移を見ると、市場の様子を知るうえで参考になることもあるが、世界的な市場でのポジション動向として見るには市場規模が違い過ぎる。

ると、ポジションを閉めにかかります。そしてドル買いのヘッジ取引も出てきます。こうしてドル買いが、トレンドとして継続します。

もうひとつは、市場の現行の**トレンドを後押し**する場合です。市場でドル売りトレンドが出たときに、ドル売り介入をして拍車をかけ、そのトレンドを長く続かせるわけです。

そのようなとき、ディーラーはドル売りの材料を探しているので、市場介入は絶好の口実になります。そしてドルを売り続けるわけです。勢いが止まったら、再度介入して彼らの背中を押せばいいのです。

ただ、これらのことは、成功した介入を振り返ってみて初めていえることです。

現実の相場展開のなかで、このような条件を判断することは容易ではありません。判断が間違うこともあります。ポジションの把握も、シカゴのＩＭＭ（通貨先物市場）でのデータのように、局地的には調査資料や聞き取りである程度可能ですが、世界的な規模での把握は困難だからです。

●当局の信頼度が最も重要

介入の効果を高める方法としては、協調介入にする、介入金額を大きくする、サプライズ効果を持たせる、などがあります。

しかし最も重要なことは、市場における当局の信頼度です。当局の認識、判断に対する市場の信頼度が高ければ、市場は当局の動きに同調します。つまり、市場の力を利用して当局の意図を達成できるからです。その場合は、少額の介入でも十分な効果が生まれます。

BEST INTRODUCTION TO ECONOMY

7章 代表的な通貨の特徴

通貨の動きにはそれぞれ特徴がある

代表的通貨の特徴を知ろう

外国為替市場で取引される通貨には、取引量の多い順に、米ドル、ユーロ、円、ポンド、オーストラリアドル、カナダドル、スイスフラン、人民元、スウェーデンクローナ、ニュージーランドドル、メキシコペソなどがあります。なお、本書では、とくにオーストラリアドル、カナダドルなどと記していない場合は、ドルとは米ドルのことを指しています。

これらの通貨にはそれぞれ特徴があります。その特徴を知ることは、外為市場での為替レートの変動を理解するのに役立ちます。それらの特徴を作り上げているのは、それぞれの国の金融政策や経済政策に対する考え方、通貨制度、経済構造、それに外為市場での市場参加者の行動様式などです。

メジャー通貨とマイナー通貨

外為市場では、メジャー通貨とマイナー通貨という通貨の分類があります。

メジャー通貨とは、国際的な市場で取引される通貨で、取引量も、取引参加人数も多い通貨です。具体的には、ドル、ユーロ、円、ポンド、スイスフランなどです。

●世界の主な通貨

※BISの2016年調査で1%以上の市場シェアを持つ20通貨

米ドル
ユーロ
日本円
英ポンド
オーストラリアドル
カナダドル
スイスフラン
人民元
スウェーデンクローナ
ニュージーランドドル

メキシコペソ
シンガポールドル
香港ドル
ノルウェークローナ
韓国ウォン
トルコリラ
インドルピー
ロシアルーブル
ブラジルレアル
南アフリカランド

↓

メジャー通貨

米ドル、ユーロ、
円、英ポンド、
スイスフラン、
オーストラリアドル、
カナダドル
(メキシコペソ、
人民元、
スウェーデンクローナ)

↓

24時間取引

↓

マイナー通貨

その他の通貨

↓

地域的取引

マイナー通貨とは、限られた地域の市場（ローカルマーケット）で取引される通貨です。したがって取引参加人数も少なく、取引量も比較的少なくなります。具体的には、メジャー通貨以外の通貨がマイナー通貨です。

ただ、この分類は固定的ではありません。たとえば、オーストラリアドルやカナダドルは、以前はマイナー通貨だったのですが、現在では取引する市場も増え、メジャー通貨に分類されます。

メジャー通貨の場合、基本的に市場の流動性もあり、24時間取引が可能ですが、マイナー通貨の場合は、その地域の市場が終わると取引できないことがあります。さらに、国の為替金融政策や制度の変更により、取引量が極端に少なくなることや、場合によっては、取引できなくなることもあるので注意を要します。ただその国の政策や通貨変動パターンに精通すれば、取引で比較的利益を上げやすいという面もあります。

東欧圏の通貨、中南米の通貨、アジアの通貨などは、一部の大手銀行と地場銀行が限られた取引をしていましたが、ヘッジファンドなどが１９９０年代に参入して、取引量が急増しました。これらの通貨は特に新興（市場）国通貨と呼ばれるようになりました。

外為市場で取引される通貨の数は、ユーロの誕生で欧州通貨は減りましたが、今までほとんど取引されなかった通貨の取引量が増えたため、実質的には増加しています。２０１６年のＢＩＳ（国際決済銀行）の調査で、市場シェアが１％以上の取引通貨の数は20あります。

この章では、主な通貨についての特徴を中心に説明します。そのほとんどは、市場で共通して認識されているものなので、レートの動きを読むうえでも参考になるでしょう。

SECTION

7-1 通貨の中心、ドル

世界の通貨の中心ともいえる米ドル。世界の全取引の9割近くに絡んでいる

●ドル本位制

第二次大戦後の国際通貨体制では、米国保有の金でドルの価値を裏づけ、各国通貨はドルとの交換レートを固定することで、間接的に金とリンクしていました。各国がドルを国際通貨として利用する前提として、米国は各国に一定のレートでドルと金との交換を保障していたのです。

ところが米国がドルと金との交換を止めることで、この体制は崩壊しました。1971年の、いわゆるニクソン・ショックです。その後、固定相場制を離れた先進諸国などは、通貨の交換レートを市場の売買に委ねる変動相場制を採用しました。その後もドルは国際通貨として利用されましたが、金でその価値を保障されたものではありません。米国という国の信用がドル価値を支えることになりました。米国が経済、軍事など多くの面で世界を圧倒する超大国だったからです。

現在でも、国際取引の決済に使われる通貨はドルが圧倒的に多く、産油国が原油を輸出する場合も決済はドルです。世界の外貨準備もドルの比重が6割と群を抜いています。日本の外貨準備では、ドルが9割を占めています。アジアや中南米の国々でもドルの比重が高く、大体50%から70%はドルです。ただし、最近この比率は低下傾向にあります。依然として固定相場制を維持している国でも大半は、

●ドル絡みの取引がほぼ9割

通貨ペア別取引量

※BISの2016年調査による。

米ドル（が絡んだ取引）	87.4%
ユーロ／ドル	23.0%
ドル／円	17.7%
ポンド／ドル	9.2%
オーストラリアドル／ドル	5.2%
ドル／カナダドル	4.3%
ドル／人民元	3.8%
ドル／スイスフラン	3.5%
ドル／メキシコペソ	2.1%
ドル／スウェーデンクローナ	1.6%
ドル／その他	16.9%
ユーロ／ポンド	2.0%
ユーロ／円	1.6%
その他非ドル通貨ペア	9.0%
合計	100%

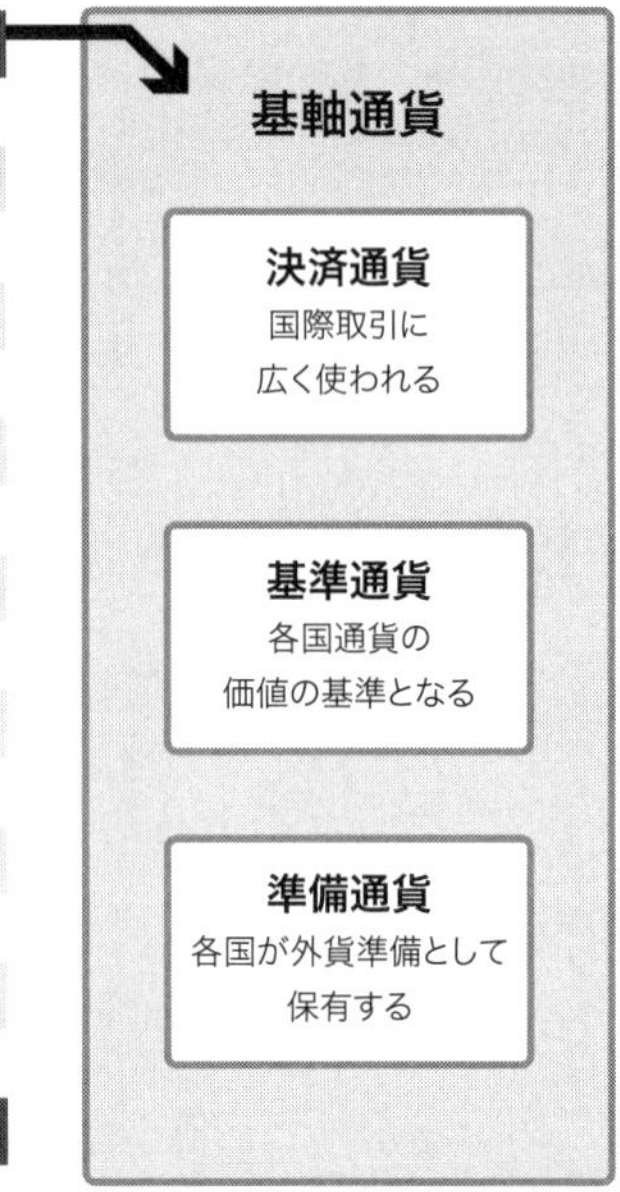

KEY WORD

ニクソン・ショック：71年8月、米国のニクソン大統領が、ドルと金との交換停止を突然発表。それまで米国は金1オンス＝35ドルで交換していたが、同年12月にはドルを金に対して切り下げ1オンス＝38ドルとした。各国通貨もドルに対して切り上げて、新たなレートで一時的に固定相場制が復活した。

ドルとの交換レートを固定しています。通貨価値の基準になっているわけです。
現在が**ドル本位制**、あるいは**ドル基軸体制**といわれる所以です。

ドルの地位と重要性

このように、ドルは世界の通貨の中心にいます。国際決済銀行（BIS）の16年の調査によれば、外為市場でもドルに絡んだ取引は、全体の9割近くにおよびます。

したがって、ドルの価値の変動は、ほとんど世界中の通貨の為替レートに直接影響します。そのため市場では、ドルの価値の変動に直接つながる米国についての情報に最も比重が置かれています。

たとえば米国と日本で、ドルと円それぞれの通貨が上昇するような情報が、同時に出たとします。ほとんどの場合、ドル／円のレートはドル高円安方向に動きます。ドルの影響のほうが大きいからです。そして為替ディーラーは、そのほかの通貨に対してもドルを買います。

各国の市場介入でもニューヨーク連銀の介入が最も注目されます。協調介入も米国が参加するかどうかがポイントになります。米国が加わらない国際的な取り決めをしても、為替市場に与える影響は限定的だからです。

さらに為替レートに大きな影響を与える金融政策にしても、**FRB**（米国の中央銀行）の政策はドルを通して世界中の通貨の動向に影響を及ぼします。たとえば、金融危機の際にはFRBの量的緩和政策の拡大がドル安を促すことで世界の多くの国の通貨が史上最高値を更新しました。また量的緩和政策の縮小の可能性が高まるだけで、大幅な通貨安に見舞われる国が続出しました。世界中の市場関係者がFRBに注目するのはこのためです。

SECTION

7-2 ドルの問題は世界の問題

基軸通貨であるドルが強すぎても、弱すぎても、世界経済への影響は大きい

ドルの大きな変動と問題点

ドルは基軸通貨であるため、ドルの問題は直ちに各国の問題にもなります。

変動相場制の下では、ドルが強すぎることは、各国通貨が弱すぎるということになります。通貨が弱すぎると、輸入価格が上昇して、インフレ問題を引き起こす可能性があります。資本も流出傾向になります。

逆にドルが弱すぎれば、各国通貨は強すぎるということになります。通貨が強すぎれば、輸出競争力はなくなり、経済成長を鈍らせることになりますし、デフレ作用を及ぼす可能性があります。

こうした通貨の強弱と経済への影響の関係は、米国自体にも当てはまります。ドルの価値の大きな変動は、世界経済の波乱や混乱の要因になります。ですから、ドルの価値の大きな変動につながる問題には、注意する必要があります。

米国の経常収支が抱える問題

そのような問題のひとつが、米国の**経常収支の赤字**です。

経常収支の赤字はドル安要因ですが、どれだけ赤字を出しても、海外から米国へ資金が順調に流れている限り、ドル安にはなりません。むしろドル高になることもあります。1980年代前半の米国の状況がそうでした。

●ドルの問題は世界に波及する

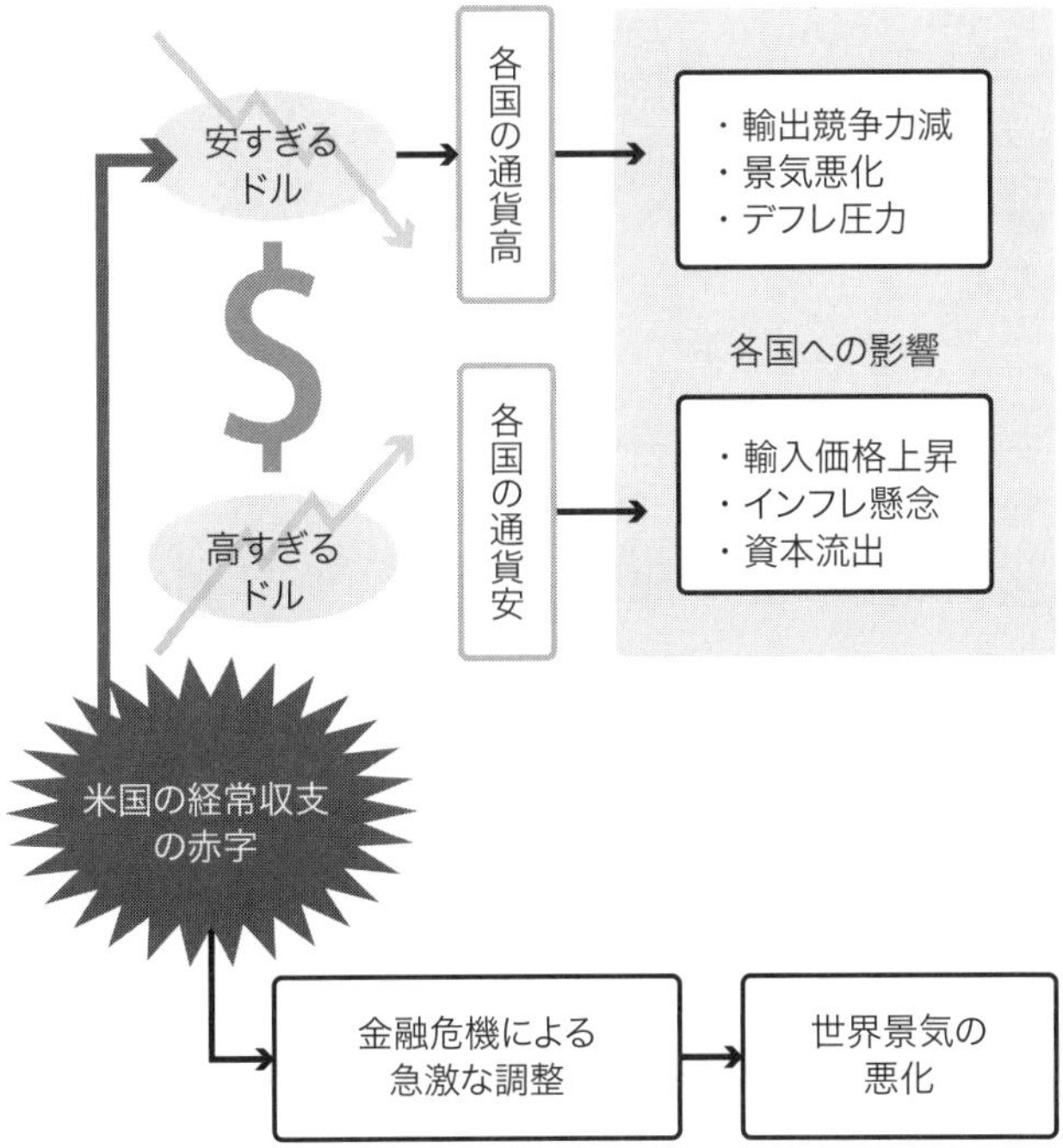

KEY WORD

双子の赤字：80年代前半の米国は経常収支と財政収支の赤字が拡大した。当時のレーガン大統領は強いドルを標榜し、高金利政策をとって海外からの資本の流入を促進、赤字のファイナンスをしたが、ドル高が続いて米国の製造業からの不満が拡大した。

経常収支の赤字を上回る資金が海外から入ったからです。このときは米国の金利が高く、それに惹かれて資金が入ったのです。

しかし、米国に資金を引きつける力が乏しくなった場合は、赤字を埋めるのが難しくなります。そのときはドルが下落します。それがまた、米国からの資本の流出を誘発して、ドルは一層下落することになります。

経常収支の赤字額が大きくなればなるほど、ドルの下落のスピードが速く、下落幅は大きくなる可能性は高まります。そうなると、各国の経済は為替レートの変動の影響を調整するのが難しくなります。

また金融危機により、急激な経常収支の調整が黒字国と赤字国のあいだで起こりました。その結果、金融機関は一斉に資金を回収したり、リスクポジションの解消に向かったりしたため、各国の景気は低迷を余儀なくされました。これがディレバレッジです。

こうした経常収支の不均衡のリスクは、金融危機の前から国際機関などから指摘されていました。そこで金融危機後には経常収支の不均衡の是正をG20で合意しました。しかし数値目標では合意に至らず、経常収支の不均衡の問題の解決は不十分のままです。

金融危機後は米国の経常収支赤字額のGDP比は2・7%（2009年）3・0%（2010年）3・1%（2011年）と危機前の6・0%（2006年）から半減しています。

しかし米国の景気が回復すれば輸入増加が見込まれ、経常収支の赤字は拡大します。金融危機により米国の金融機関の相対的な弱体化が見られるなかで赤字のファイナンスの問題が再燃する可能性があります。

あるいはシェールガス、オイルの産出が持続的に拡大して経常収支を大幅に改善させる展開になれば、ドルの運命は大きく転換することも考えられます。

SECTION

7-3 欧州統一通貨、ユーロの歩み

欧州統合の象徴として99年に誕生。ドルに次ぐ取引量を誇る

●現在のユーロ圏は19か国

外為市場でユーロ（Euro）は、ドルに次いで取引量の多い通貨です。全取引の3割に絡んでいます。

２０１８年1月現在、ユーロを統一通貨としている国は、ドイツ、フランス、イタリア、スペイン、オランダ、ポルトガル、ベルギー、オーストリア、アイルランド、フィンランド、ギリシャ、ルクセンブルグ、スロベニア、キプロス、マルタ、スロバキア、エストニア、ラトビア、リトアニアの19か国です。これらの国々を**ユーロ圏**と呼んでいます。

これらの諸国はＥＵ（欧州連合）の加盟国ですが、ＥＵは経済統合そして政治統合を目指していて、通貨統合もその一部です。

ＥＵは、１９５１年、ドイツ、フランス、イタリア、ベルギー、ルクセンブルグ、オランダの6か国が創設した欧州石炭鉄鋼共同体に起源をもち、93年の欧州連合条約（マーストリヒト条約）の発効により創設されました。

ＥＵ諸国は単一通貨を目指して、互いの通貨の変動幅を安定させるしくみ（ERMなど）を構築し、マーストリヒト条約で、単一通貨実現のための具体的な条件や日程が決められました。そして99年に単一通貨ユーロが導入されました。02年からはユーロ紙幣・硬貨の流通が始まりました。

当時のＥＵ加盟国15か国のうちイギリス、

●ユーロ圏とユーロ参加基準

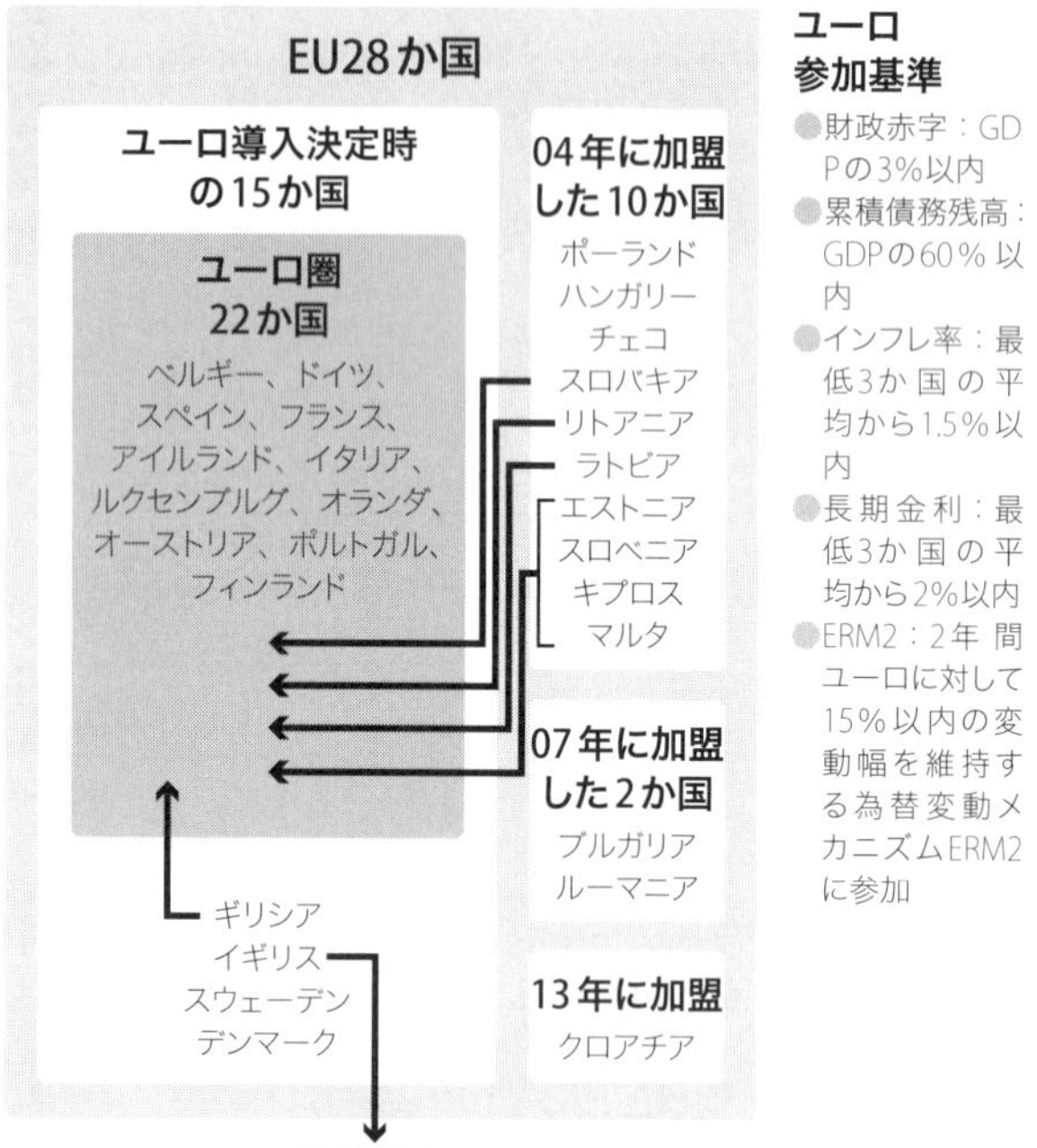

ユーロ参加基準
●財政赤字：GDPの3%以内
●累積債務残高：GDPの60%以内
●インフレ率：最低3か国の平均から1.5%以内
●長期金利：最低3か国の平均から2%以内
●ERM2：2年間ユーロに対して15%以内の変動幅を維持する為替変動メカニズムERM2に参加

※2018年1月時点

KEY WORD

EUの拡大：EUは拡大を続ける方向で、アルバニア、ボスニアヘルツェゴビナ、クロアチア、マケドニア、セルビアモンテネグロ、トルコも加盟候補に挙げられていた。しかし移民問題や債務危機が起こり、拡大のペースは落ちている。16年にイギリスのEU離脱（BREXIT）が決まった。

デンマーク、スウェーデン、ギリシャを除く11か国が第一陣としてユーロを導入し、ギリシャは翌年、スロベニアは07年、キプロスとマルタは08年と続き、最近ではリトアニアが15年にユーロを導入しました。ただイギリス、デンマーク、スウェーデンでは今日までユーロを持つ国民合意ができていません。

●拡大EUとユーロ参加の条件

04年に中東欧諸国10か国、07年に2か国、13年に1か国が新たに加盟し、EUは現在28か国に拡大しています。新加盟国は将来ユーロを導入する予定ですが、そのためには、ユーロに参加する経済的基準を基本的に満たす必要があります。

その条件とは、財政赤字をGDPの3%以内に抑えること、累積債務残高はGDPの60%以内にすること、インフレ率はユーロ圏の最も低い3か国の平均よりも1・5%以上高くないこと、長期金利は最も低い3か国の平均よりも2%以上高くないこと、です。それに加えて、現行の通貨を2年間、ユーロに対して15%の変動幅内に抑えることが求められています。

ユーロ圏では、中央銀行であるECB（欧州中央銀行）が金融、為替政策を担当します。政策理事会が最高意思決定機関で、そこで金利や市場介入の決定をします。この理事会のメンバーは、ECBの総裁、副総裁、4人の理事、ユーロ圏各国の中央銀行の総裁です。

99年の発足当初、ユーロのレートは1ユーロ＝1・17ドルで始まり（円に対しては133円ほど）、その後は下落して00年に0・82ドルの安値をつけました。しかし02年には1・00ドルを回復して上昇傾向に向かい、08年4月には1・60ドルを超えるまでユーロが上昇しました。15年には発足時の水準に戻りました。

SECTION 7-4

ユーロの将来と課題

債務危機、構造問題を抱えるユーロだが、ドルの代替通貨としての期待は消えない

大きすぎる市場の期待?

ユーロは発足時から、米国に匹敵する経済力を持つ地域の通貨となることを期待されました。2013年にEUは28か国に拡大し、米国の1・6倍の人口を抱えることになったこの地域の潜在力は大きいはずです。しかし、1人あたりのGDPは米国の6割程度で、生産性も米国のほうが高い期間が続いたので、その差は埋まりませんでした。

それでもユーロに対する市場の期待は続きました。ドルが売られるときは、ユーロはその対価として最も買われる通貨です。長期のポートフォリオにも組み込まれる傾向があり、世界各国の外貨準備ではユーロの増加が顕著でした。決済通貨としても貿易などで使うケースも増えましたが、ユーロ圏の債務危機を契機に、こうした傾向は弱まりました。ただし、ユーロに対する期待が消えたわけではありません。ユーロは、ドルの**代替通貨**としての期待から、経済の実体以上に買われる傾向があります。

ユーロの課題と今後の行方

ユーロの問題点としては、財政は各国の政府が、金融・為替はECBがおおよそ一元管理するので、経済政策の一体性にかける面があることです。ユーロ圏各国の経済のファンダメンタルズの差が大きいと、このシステム

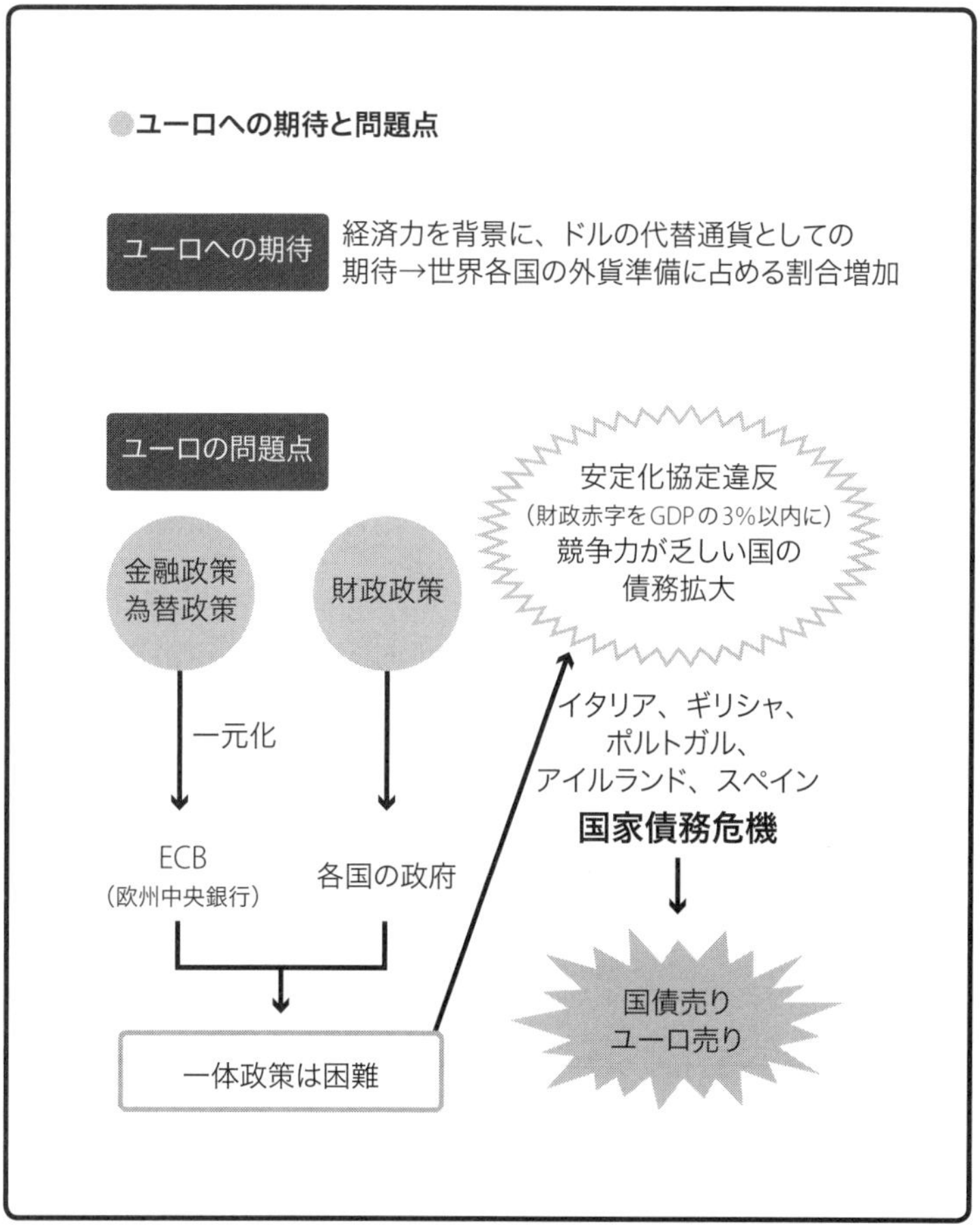

KEY WORD

外貨準備の通貨構成：IMFの統計によれば、世界各国の外貨準備に占めるユーロの割合はユーロ発足の99年末の17.9%から増加傾向は続き、2011年第2四半期には26.7%に達した。ユーロ圏の債務危機以降も増加傾向は続いたわけだが、ユーロ解体論が浮上した頃から頭打ちになった。

はうまく働きません。

たとえば、アイルランドでは景気過熱で金融を引き締めたいと思っても、フランスでは景気が下降して刺激策を取りたい、というような場合も起こりえます。金融面で十分な刺激策が取れないと、財政に負担をかけることになります。

しかしこれには限度があります。EUには、**安定化協定**（The Stability and Growth Pact）があります。とくにユーロ圏諸国にとっては、ユーロの価値を維持するため、この協定の遵守が求められています。そこでは各国の財政赤字はGDPの3％以内に抑えることになっています。これはユーロに参加する基準でもあります。

ところがフランス、ドイツというユーロ圏の中心メンバー国が02年から3年続けて、これを遵守できなくなり、この協定の運用や改正を巡って論争が起きました。結局、ユーロ圏の大国フランスとドイツの意向が反映されて、協定を柔軟に運用することで決着することになりました。具体的には、財政赤字削減期間の延長や罰則規定の緩和などです。

当初の安定化協定が骨抜きになるのは、本来ユーロ売り要因です。しかし当時ドルが売られる要因の比重が高かったこともあり、この問題が主な為替変動要因になりませんでした。ところが金融危機後の10年にギリシャの債務問題が表面化し、資金繰りに支障をきたすようになりました。ユーロ圏で競争力の弱い国の財政運営がユーロ危機に繋がったのです。結局、ギリシャ、アイルランド、ポルトガルはEUとIMF（国際通貨基金）による救済で当面の資金繰りを切り抜けましたが、改めてユーロ圏の構造問題が認識されました。

今後は共通した財政政策をどのように構築していくかが、危機の再燃を防ぐ鍵になります。

SECTION

7-5 円の特徴とは

世界経済と関連が強い通貨だが、金融危機の際は安全な通貨として需要が増えた

●円のレッテル

外為市場では、通貨にレッテルを貼るのが好きです。売買の指針となるからです。それが経済的合理性に欠けていても、市場参加者の多くがそのレッテルに基づいてディーリングをすれば、為替レートはレッテルのように動きます。

もちろんそのレッテルが実態と違っていれば、そのレッテルの有効期間も長くはありません。ただ一定期間はそれで動くから、レッテルを無視するわけにはいきません。

円は市場では、世界の経済成長と関連性の高い通貨と見られていました。世界の景気がよくなれば、日本は最も恩恵を受ける国のひとつであるとして、円が買われるというわけです。これは日本経済が輸出主導であるという見方が背景にあるからです。ただ最近、このレッテルはアジアの新興市場国に奪われ、低金利通貨であるというレッテルが強まっています。

変動の特徴としては、円高のスピードは早く、円安は緩慢に長く続くという傾向があります。これは、相場変動に常に晒されている為替ディーラーの実感に合致しています。プラザ合意のときや、大手ヘッジファンドLTCMが破綻したときの円高のスピードは、まさにレートが飛ぶようでした。

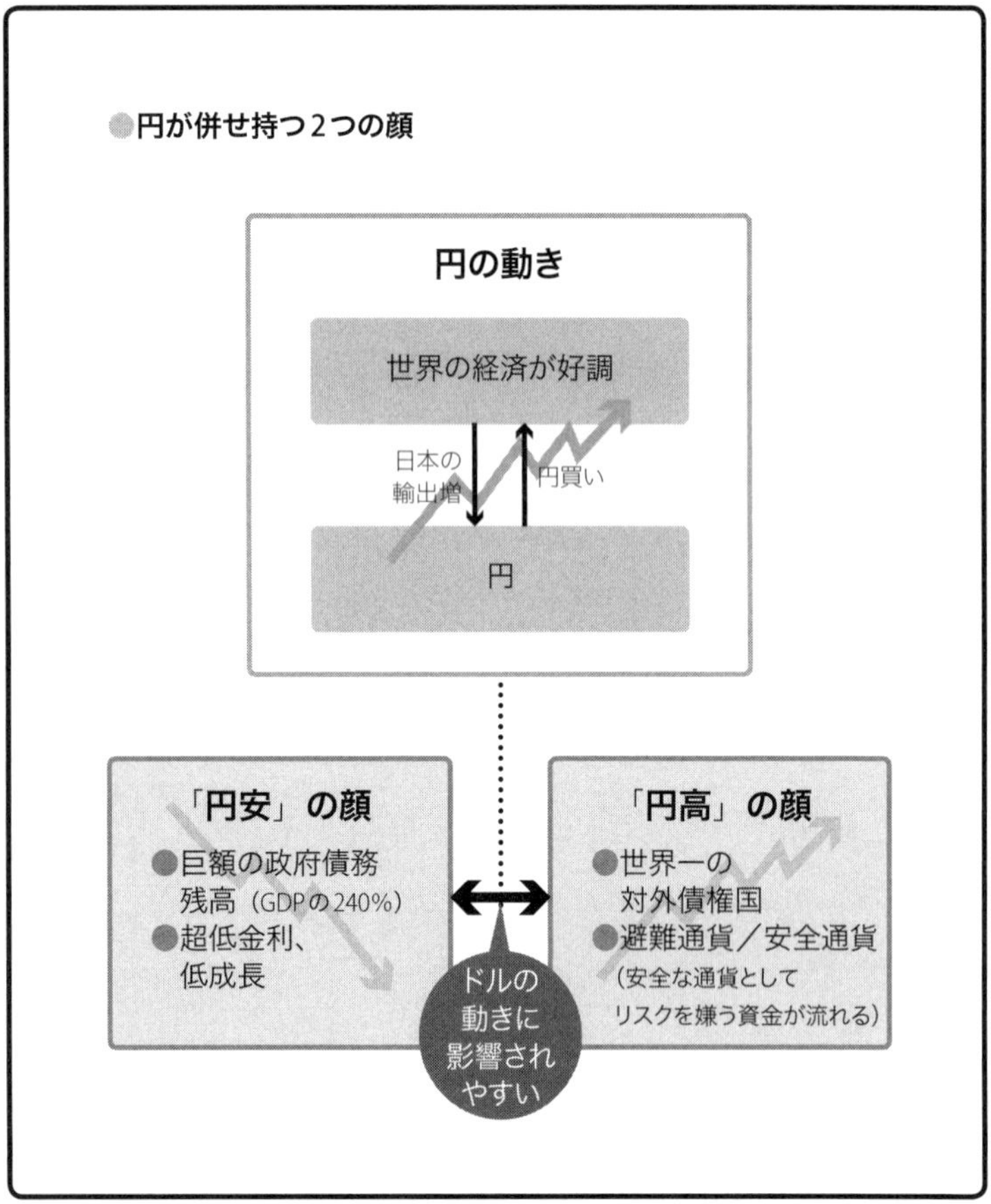

KEY WORD

金融緩和政策：日本ではデフレ克服のため、01年3月から量的金融緩和政策を実施し、金融政策の指標を金利から日銀当座預金残高に代えた。ゼロ金利状態になってもさらに市場に資金を供給する政策で、06年3月まで続いた。13年には黒田日銀総裁による「異次元の金融緩和」が始動した。

●円の持つ二つの顔

円はドルやユーロと並んで国際通貨のひとつですが、東京市場での取引が圧倒的に多いのが特徴です。

東京市場では、顧客為替の比重が高いので、顧客の動向を反映した動きが多くなります。しかし海外市場になると、一般的な市場の相場観を反映した動きに変わる傾向があります。したがって、東京市場でドルが円に対して強かったとしても、ロンドン市場やニューヨーク市場ではドルが下がることも珍しくありません。

日本は現在、世界一の債権国、避難通貨（安全通貨）という円高の顔と、GDPの240%にも及ぶ政府債務残高（2017年、一般政府ベース）、低金利と低成長が続くという円安の顔を併せ持っています。多くの場合、対価となるドルの輝き方によって、円の見せる顔が変わるわけです。

円高の顔を見せた事例としては、08年以降の金融危機や90年代のユーゴスラビアなど東欧での紛争のときに安全通貨、避難通貨として円の需要が高まったことがあります。流動性の高い市場、法の整備、政治的安定などが評価されたものです。円安の顔の事例では、低金利通貨としてキャリートレードでの資金調達通貨に利用されました。円を売って高金利通貨を買う取引です。

巨額の政府債務残高については、日本国債の保有者の9割が日本の居住者であること、日本の対外債権高は世界一で経常収支の黒字国であること、消費税などの歳入増の手段があることなどから、市場では債務危機とはとらえられていないし、円安要因でもありません。しかし、経常収支の悪化や政治システムに対する不信など他の円安要因と結びつくときに、債務問題が円安要因に転化する可能性はあります。

SECTION
7-6 ポンドの変遷と特徴

大英帝国に裏打ちされたかつての基軸通貨。値動きが大きいのが特徴

短期的にも値動きは大きい

主要通貨のなかで、**英国ポンド**ほど変動の激しい通貨はありません。ポンドは戦前は基軸通貨として、戦後もしばらくはドルと並ぶ国際通貨として君臨しましたが、英国経済の衰退とともに長期低落傾向になりました。

かつて1ポンド＝4ドル台だったものが、1980年代半ばには、1ポンド＝1ドル近くまで下がりました。円に対しても1000円を超えていたものが、100円になると思われた時期もありました。90年代初めには1ポンド＝2ドルに戻し、その後は概ね1・2ドルから2ドルの間を行き来しています。

こうした長期的な変動だけでなく、短期的な局面でもポンドの値動きは大きくなる傾向があります。その理由をあえて挙げるとすれば、主要通貨のなかでは流動性が比較的少ないこと、取引の参加者が英国中心に限られているわりには投機的な大口取引が多いこと、などがあるでしょう。

通貨の宿命としかいいようのない場合もあります。92年のポンド危機のときも、ポンドはヘッジファンドに売りを浴びせられ、当局は介入や利上げで対抗しましたが、結局ERM離脱を余儀なくされました。

その悪夢もあって、99年に始まった単一通貨ユーロには参加せず、今日に至っています。ドイツ、フランスと並んでEUの有力メンバ

●ポンドの変遷と行方

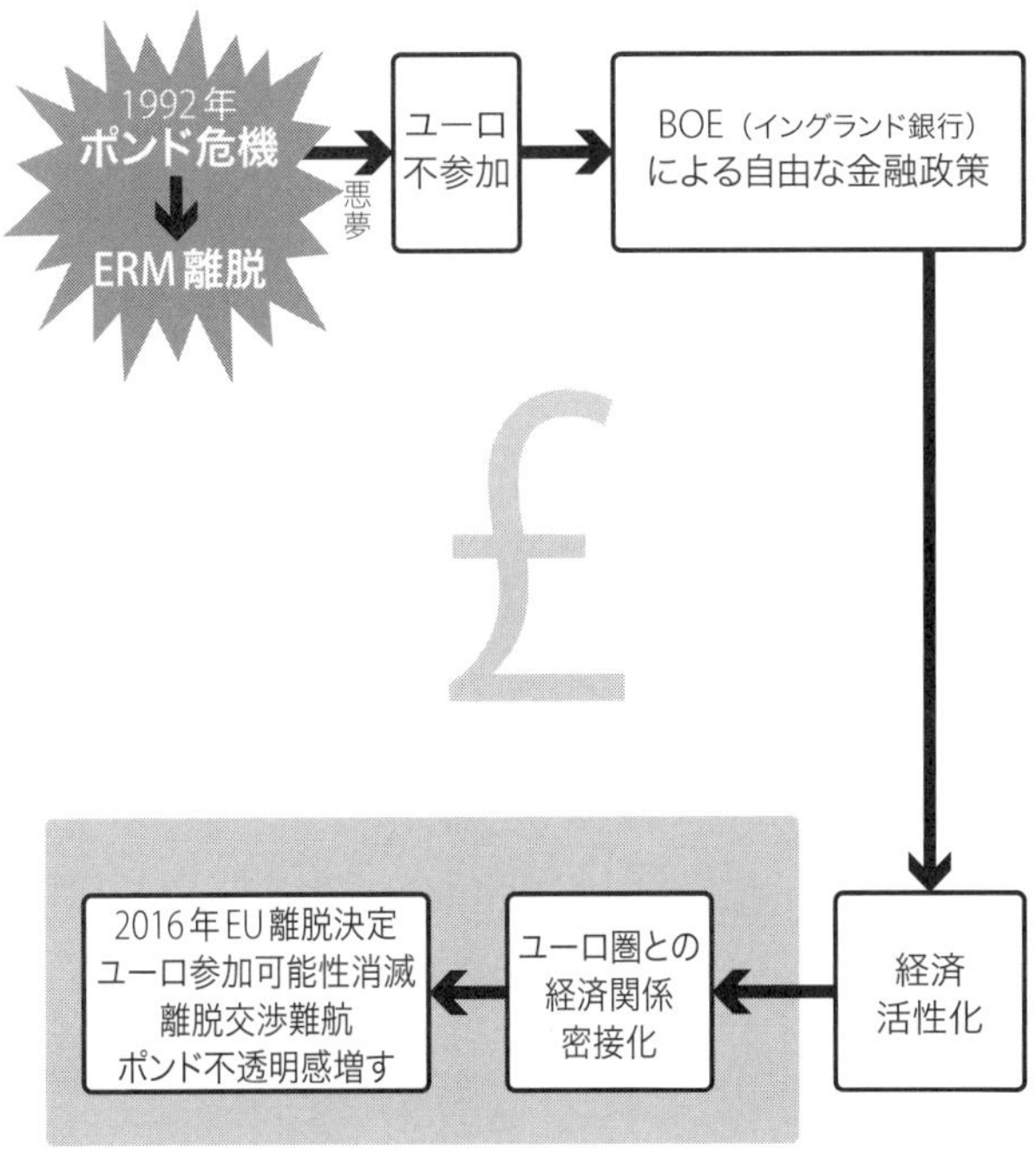

KEY WORD

スターリング（Sterling）：英ポンドはスターリングともいい、正式な言い方はスターリングポンド。スターリングは「正真正銘の」とか「純銀の」という意味。為替ディーリングではしばしばケーブルというが、これは、大西洋間のケーブル（電信）でポンドのレートを知らせてきたからといわれる。

ーである英国がユーロを採用しなかったことは、スタート当時のユーロの輝きに影を落としました。

しかし結果的には、英国は金融政策を縛られることなく、好調な経済を続けてきました。ユーロ圏諸国にとっても、統一通貨発足の初期段階において、うるさい英国がいないことは幸いだったかもしれません。

●EU離脱でユーロ参加の可能性消える

英国にとって、国家債務の問題で揺れたユーロに参加することは考えられませんが、EU離脱の決定でその可能性は消えました。離脱交渉は難航し、その影響をはかることは困難です。英国は経済的にユーロ圏と密接な関係にあるからです。英国のモノの輸出の45％、サービス輸出の31％はユーロ圏です。競争条件が変われば英国は大きな影響を受けます。

ポンドの為替レートは、貿易収支の赤字額が大きかった時代には、この数字に対して大きく反応しました。国際収支が改善してからは、金利要因が為替レートに大きく影響を与えるようになりました。

前述したように、英国の中央銀行であるBOE（イングランド銀行）はECB（欧州中央銀行）のようにユーロ圏各国の経済やインフレ率に配慮しなくてもいいため、金融政策は国内事情で機動的に実施できます。

英国の金融政策はイングランド銀行の金融政策委員会（MPC）で決定されます。インフレターゲティングを採用、目標CPI上昇率から上下1％を超える場合、BOE総裁は財務大臣に書面で説明します。

ポンドの新たな特徴としてユーロ危機の深化の過程で生まれたのが避難通貨の役割です。英国債が最上級格付けを維持していたことなどからユーロからの資金流出の受け皿になったのです。ただ、定着したとはいえません。

SECTION

7-7 高金利通貨とは

金利の高い通貨は買われる傾向があるが、異常に高い金利には注意が必要

●マネーは高金利通貨に流れる

水は高いところから低いところに流れますが、マネーは低い金利の通貨から高い金利の通貨に流れる傾向があります。したがって、金利差は為替変動要因のひとつです。**高金利通貨**は買われる傾向があります。

とくにこれといって材料がない場合や、ドルなどの主要通貨に明確なトレンドがない場合に、高金利通貨は買われやすくなります。

為替レートがある期間変わらなければ、低金利の通貨を借りてそれを売り、高金利の通貨を買って運用すれば、二つの通貨の金利差だけ利益が上がるからです。

これは次のようにもいえます。直物で高金利通貨を買って持ち越すには、高金利通貨の売って買いのスワップをします。1日持ち越すときはスポットネクスト（2日後とその翌日の決済）です。高金利通貨は低い金利の通貨に対して先物でディスカウントになっているので、高金利通貨の売って買いをすると、スワップポイントを取れます。つまり先にいくほど高金利通貨の買値は低くなります。これは金利差の反映です。したがって、為替レートがしばらく変わらないと見れば、高金利通貨の買い持ちポジションを持って、毎日スポットネクストのスワップをしていれば、買値はそれだけ低くなるわけです。

ただし一度市場に方向性が出て、不利に為

●高金利通貨が買われるとき、売られるとき

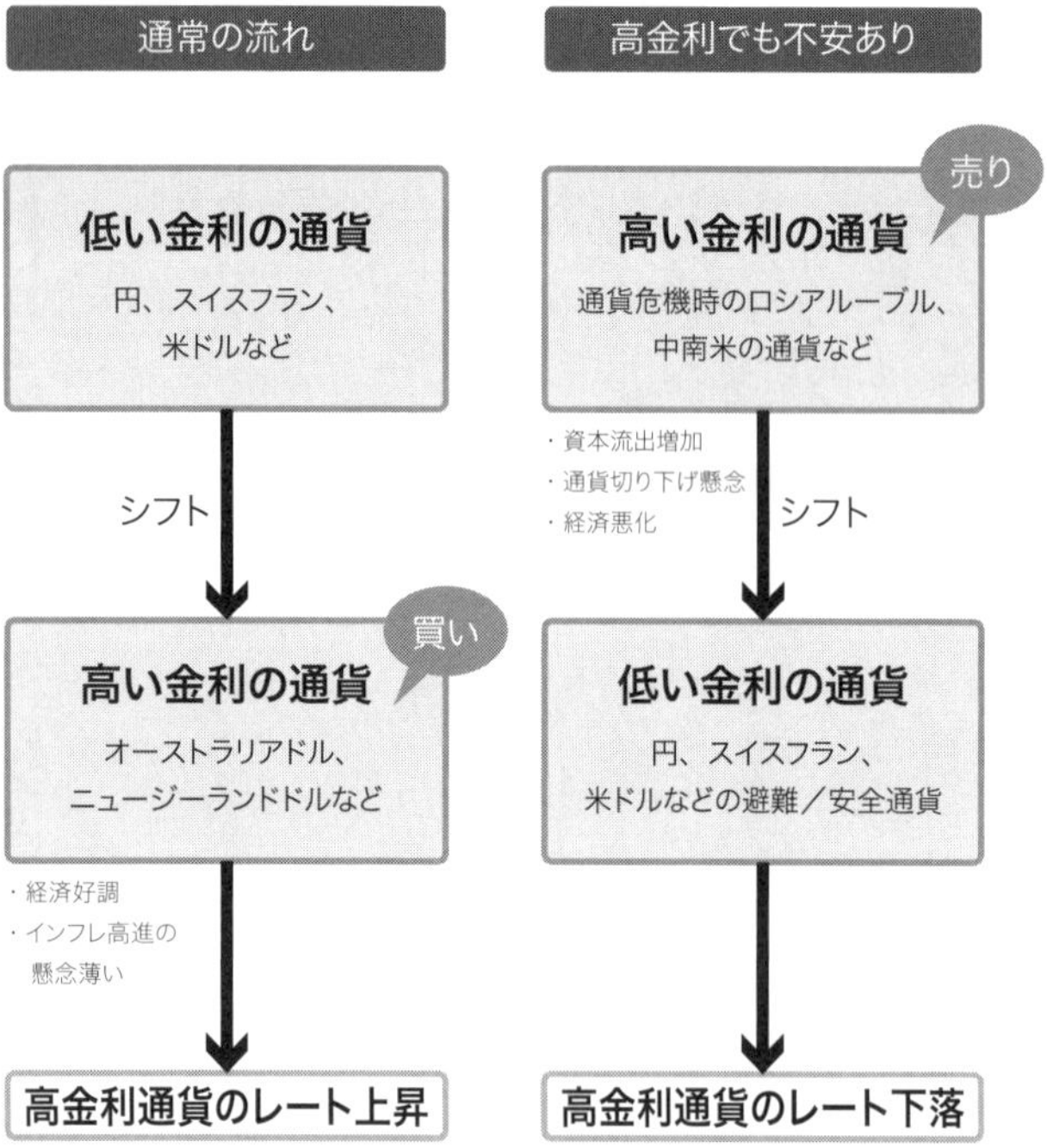

KEY WORD

キューイ（Kiwi）：ニュージーランドドルはキューイと呼ばれる。キューイはオーストラリアドル（オージー）との連動性が高い。現在はオージーと同じ高金利通貨であり、かつコモディティー通貨。農産物が主要輸出品で、オーストラリアとの貿易額が最も多い。

替レートが動き出すと、金利差で獲得したポイントは軽く飛んでしまうこともあります。

高金利でも売られる場合がある

南米の通貨やロシアのルーブルは金利が数十%、数百%になったことがありました。そのときに、それらの通貨が買われたかというと、そうではありませんでした。逆に売られました。通貨の切り下げの可能性があったからです。

英国のポンドも欧州通貨危機の際、15%に金利が引き上げられました。それでも市場参加者はポンドを売りました。1週間で10%為替レートが下がれば、年率に直すと520%です（年52週として計算）。

このように異常に高い金利の通貨には、それなりの理由があります。資本の流出が激しく、それを食い止めるためやインフレが激しく通貨の購買力が低下している場合などです。それらの通貨は外為市場で常に売られる傾向があります。

高金利通貨を買うときは、金利の高い理由を見極める必要があります。たとえば、経済が好調で物価も上昇傾向で金利を高くしているが、インフレが大きく高進する見通しが少ない場合、その通貨は高金利通貨として買われる資格があります。

高金利通貨としては、オーストラリアドル、ニュージーランドドル、南アフリカランドなどが挙げられてきました。これらの通貨は低金利通貨とされる円やスイスフランに対してよく買われました。特に円とオーストラリアドルとの金利差は大きく、日本の投資家（機関投資家や個人）の間では、オーストラリアドルの債券や外貨預金に対する需要が高まりました。高金利通貨、低金利通貨とは相対的なものであり、各国の金融政策に応じて変わります。

BEST INTRODUCTION TO ECONOMY

8章 通貨オプション取引のしくみ

買う権利、売る権利も売買される

通貨の売買と受け渡し

これまで見てきた為替の世界は、通貨を売買する世界です。

通貨を売買するということは、一部、差額だけを決済する場合もありますが、基本的には通貨の受け渡しをすることです。ドル／円を買うことは、取引相手からドルを受け取り、その対価として相手に円を渡すということです。直物は2営業日後に通貨の受け渡しを義務づけられた為替ですし、先物は、直物より先の特定の日に通貨の受け渡しを義務づけられた為替です。これは売買する当事者双方に当てはまります。

通貨オプション取引では、権利を売買する

では、**通貨オプション取引**では、なにが売買されるのでしょうか。

オプションとは権利のことです。通貨オプションとは、ある特定の条件で為替を売買する権利のことです。通貨オプション取引では、通貨を売買する権利を売買します。通貨を買う権利がコール・オプション、通貨を売る権利がプット・オプションです。どんなに複雑そうに見える商品や方法でも、オプション取

通貨オプション取引とは

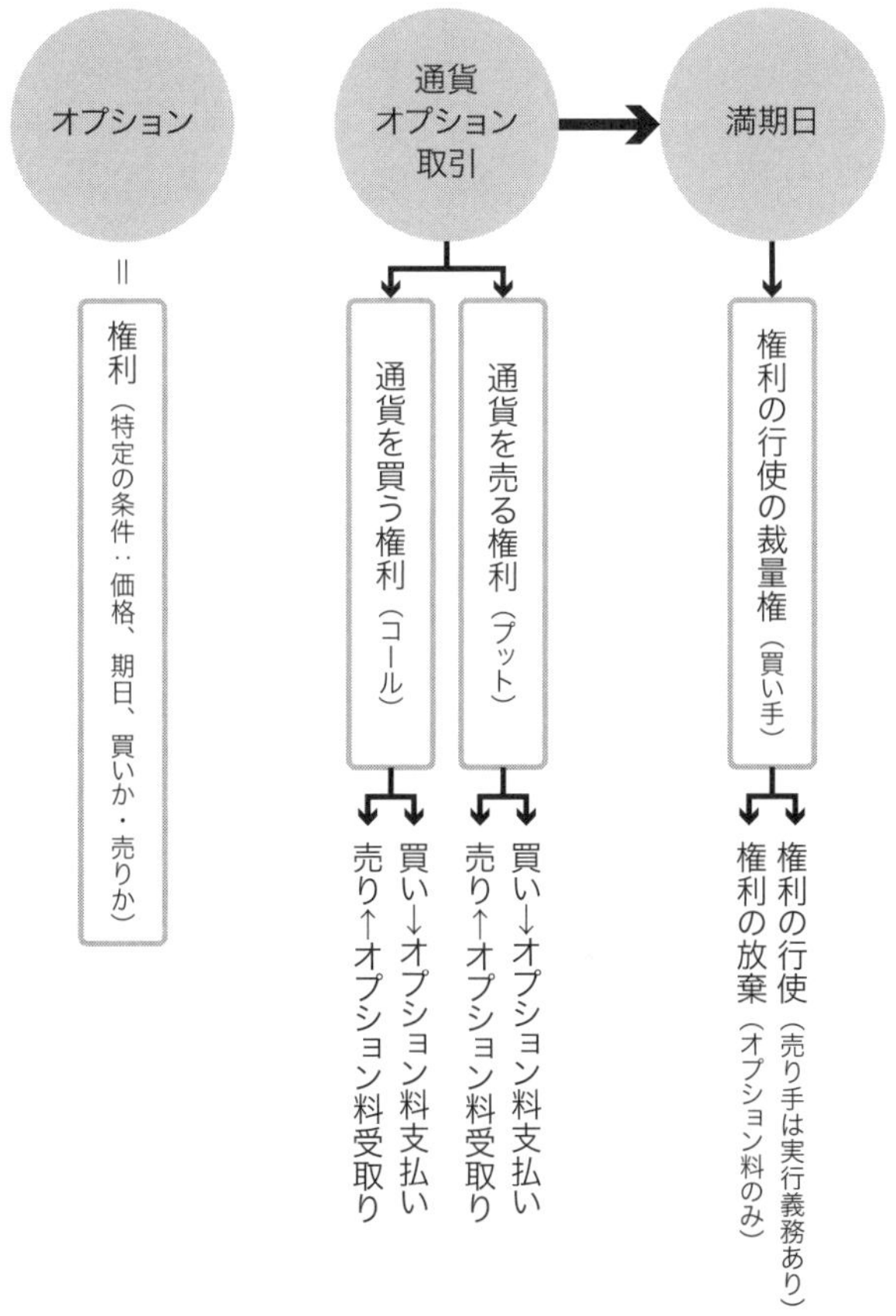
オプション
=
権利（特定の条件：価格、期日、買いか・売りか）
通貨オプション取引
通貨を買う権利（コール）
買い→オプション料支払い
売り→オプション料受取り
通貨を売る権利（プット）
買い→オプション料支払い
売り→オプション料受取り
満期日
権利の行使の裁量権（買い手）
権利の行使（売り手は実行義務あり）
権利の放棄（オプション料のみ）

引を分解すれば、コール（買う権利）の買いと売り、プット（売る権利）の買いと売り、の四つの基本形に分けられます。

権利を行使するか、しないかは、オプションを買った人の自由です。オプションを売った人は、相手が権利を行使する場合、それを実行する義務があります。つまり特定の条件で通貨の受け渡しをしなければなりません。その代わりに相手からオプション料（オプションの価格、プレミアムといいます）をもらいます。

いろいろな金融商品で行なわれるオプション取引

特定の条件（定められた価格と期日など）で権利を売買するオプションという取引形態は、為替だけを対象にしたものではありません。

株式や金利などの金融商品を対象にしたもののほか、市況商品を対象にしたものもあります。オプションの歴史は古く、古代ギリシャの時代からオプション取引は行なわれていたといわれています。古代ギリシャでは、オリーブ油の圧搾機の借用権が対象だったそうです。日本でも18世紀に、米相場でオプション取引が行なわれていました。

通貨オプションは比較的新しく、1980年代前半に市場で取引されるようになりました。以来、市場規模は拡大し、BIS（国際決済銀行）の調査によれば、世界の市場での1日あたりの取引高は2070億ドル（2010年4月調査）に上り、10年間で3倍強に増加しました。東京市場での1日あたりの取引高は87億ドルで、6年前に比べると16%増加しています。

この章では、通貨オプションを利用するという観点から、その基本的なしくみと具体的な取引の実際を説明していきます。

SECTION 8-1

通貨オプション取引のしくみ

通貨を買う権利（コール）、売る権利（プット）を売買する取引

●権利の価格＝プレミアム

通貨オプション取引とは、ある特定の条件で、「ある通貨を売買する権利」を売買する取引です。通貨を買う権利を**コール・オプション**、通貨を売る権利を**プット・オプション**といいます。権利を行使する為替レートを**行使価格**（**ストライク・プライス**）、オプションの期日を**満期日**、オプションの価格（オプション料）を**プレミアム**といいます。オプションにはこれらの要件が必要です。

●オプション取引の実際

たとえば、ある企業Aが、B銀行から次のようなオプションを購入したとします。

●金額10万ドル、ドルコール円プット（ドル買い）、行使価格１００・００（1ドル＝１００円）、満期日9月10日（3か月後）、プレミアム２・００（1ドルにつき2円）

これによりA社は、オプション料20万円（10万ドル×2円）を払って、3か月後に10万ドルを1ドル＝１００円で買う権利を得ます。3か月後に直物レートが1ドル＝１０３円と円安になっていたら、A社はオプションを行使します。１００円のレートでドルを買えるからです。逆に円高になって直物レートが1ドル＝99円になっていたら、このオプションを行使しません。市場でより有利な99円で買えるからです。

通貨オプション取引の例

A社の取引

・金額　10万ドル
・ドルコール円プット
・オプションの買い
・行使価格　$／¥100.00
・満期日　9／10（3か月）
・プレミアム　2.00

10万ドル買うのにA社が支払う円価格（20万円のオプション料込み）

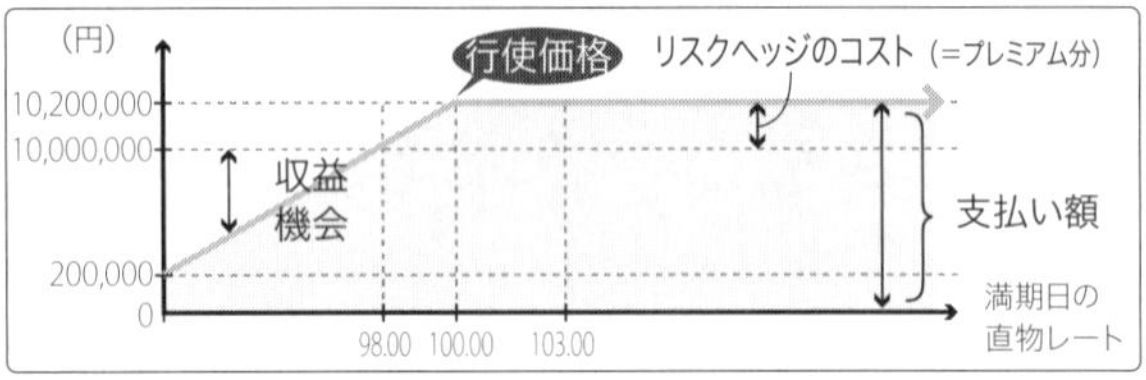

オプションを売った側は？

◎$／¥直物レート＜100.00
⇒オプションは行使されず、プレミアム金額＝利益
◎$／¥直物レート＝102.00
⇒100.00でオプションは行使され、売り手は100.00で売るドルを市場で102.00で買うことになり、2.00の差損。これはプレミアムと等しいから、損益＝ゼロ
◎$／¥直物レート＞102.00
⇒102.00以上にドル高になればなるほど、損失は拡大！

オプションを売った側の損得は？

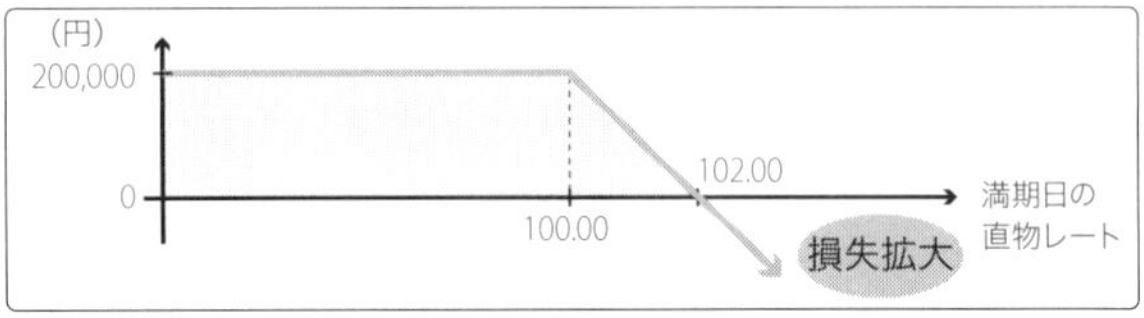

KEY WORD

カットオフタイム：通貨オプションの満期日は、「どの日のどこの市場の何時まで」とあらかじめ決めておく。この最終的な締切時間を、オプションのカットオフタイムという。カットオフタイムの前後は、オプションのポジション調整のために為替レートが大きく動くことがある。

オプション取引では、権利を行使するかしないかは、オプションの買い手の自由です。

このように、オプション取引を行なうことで、A社は最悪の場合でも1000万円（それに20万円のプレミアム）で10万ドルを買うことができます。したがって、A社のリスクは限定的といえます。

●売り手のリスクは無限大

一方、オプションを売った側は、市場でどんなにドル高円安になっても、10万ドルを1ドル＝100円で売らなければなりません。1ドル＝103円と円安になっていれば、10万ドルを売れば1030万円になるのですが、100円で売って1000万円しか手に入りません。それだけリスクは無限といえます。

そのため、オプションの売り手は、ほかの銀行からオプション市場でオプションを買うか、為替市場でさまざまな形でヘッジを繰り返しながら、リスクの回避または軽減に努めることになります。

通常、通貨オプションの行使は満期日だけです。これは**ヨーロピアンタイプ**のオプションと呼ばれています。以下、この章での説明もヨーロピアンタイプを前提にしています。

これに対し、満期日までの期間にいつでも行使できるオプションは、**アメリカンタイプ**と呼ばれ、権利を行使できる機会が増える分だけ、プレミアムはヨーロピアンタイプより高くなります。

SECTION 8-2

オプション価格はこうして決まる

①本質的価値、②時間的価値の二つの要素で、オプションの価格が決まる

●本質的価値とは

オプションの価格（プレミアム）はどのように決まるのでしょうか。

オプションの価値（プレミアム）は、**本質的価値**と**時間的価値**から構成されます。

本質的価値は市場価格と行使価格の差です。つまり、あらかじめ決められた行使価格と実際の市場レート（直物レート）の間に、どの程度の差があるかです。

たとえば、ドルコール円プット（ドル買い）のオプションで行使価格が100円、市場レートが1ドル＝105円の場合、このオプションの本質的価値は5円です。行使価格が市場レートより不利になっている場合は、オプションは行使されませんので、本質的価値はマイナスではなくゼロということになります。

●時間的価値とは

時間的価値は、満期日までに市場レート（直物レート）がもっと有利に動くかもしれないという期待値です。

先の例でいえば、市場レートが将来もっとドル高円安の方向になればこのオプションの価値は上がります。また、現在の市場レートが1ドル＝95円の場合、このオプションの本質的価値はゼロですが、将来、行使価格よりもドル高円安になるかもしれません。そう考えれば、このオプションにも価値があること

オプションの価格（プレミアム）とは

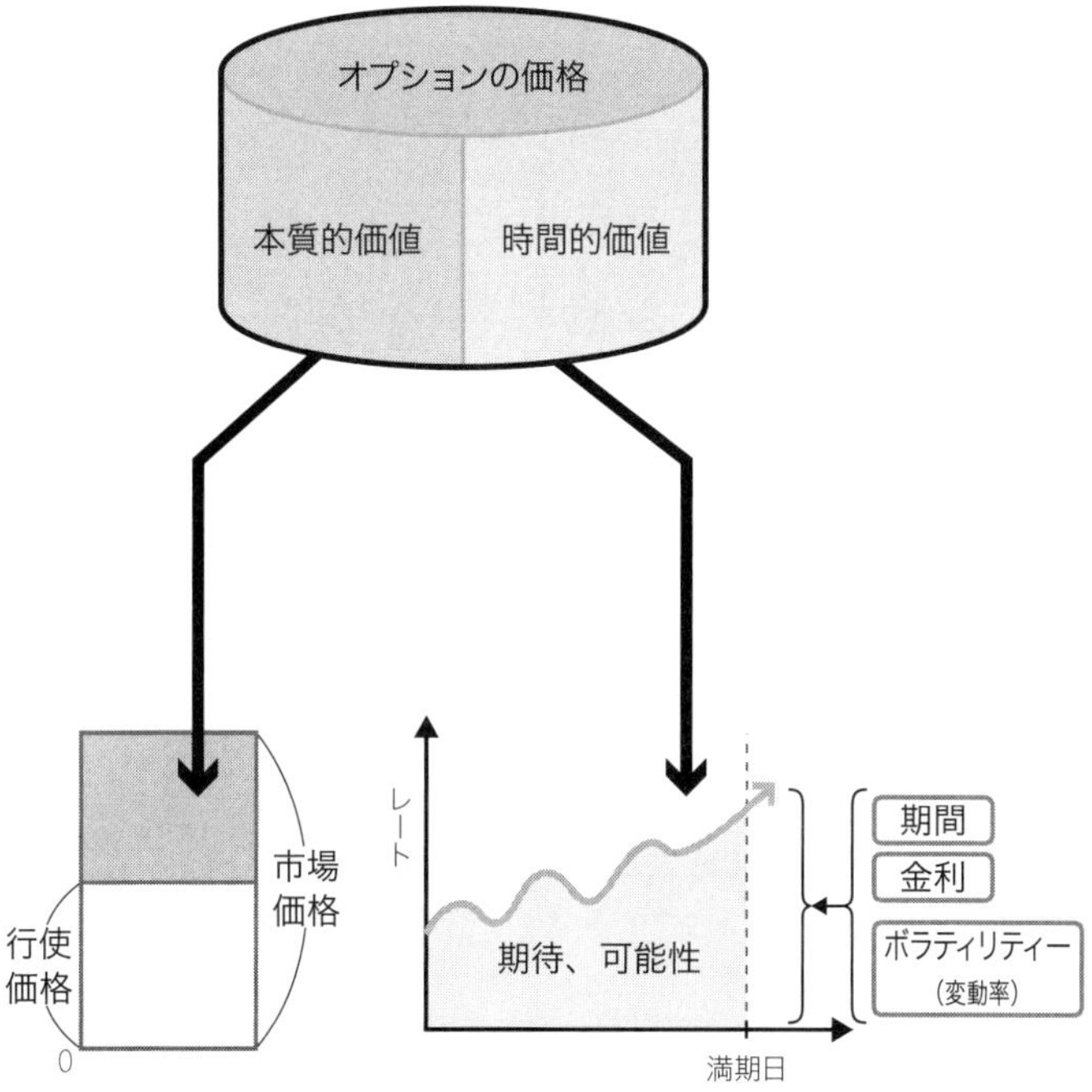

KEY WORD

ブラック＝ショールズモデル：オプションの価格算出モデルとして、F.ブラックとM.ショールズが共同で開発した計算式。株価オプションのプレミアムの計算式として考えられたものだが、ほかの多くのオプションの価格計算にも利用された。ヨーロピアンタイプのオプションに適用される。

になります。これが時間的価値です。

この時間的価値を決める要因は、満期日までの期間、金利、それにボラティリティー（為替レート変動率）です。

このうち、大きな要素となるのが**ボラティリティー**です。ボラティリティーは為替レートの変動する割合のことで、年率で表示されます。たとえば、ドル／円の3か月のボラティリティーは9・5％という具合です。したがって、為替レートの変動する割合が高くなれば、オプションの価格も高くなるわけです。

ボラティリティーには二つの種類があります。ひとつはヒストリカル・ボラティリティーで、過去の為替レートの動きを統計学的に処理して導き出した変動率です。もうひとつは、インプライド・ボラティリティー（予想変動率）で、市場が予測する変動率です。これは、市場で取引されているオプションなどから導き出されます。実際の取引では、インプライド・ボラティリティーが使われることが多いですが、オプション取引があまり行なわれていない通貨の場合などでは、ヒストリカル・ボラティリティーが使われることもあります。

満期日までの期間も重要です。期間が長くなれば、それだけ為替レートの変動する確率は高くなるので、オプションの価格は高くなります。逆に時間的価値は満期日が近づくにつれて急速に小さくなり、満期日にゼロになります。これをタイムディケイ（オプションの老朽化）と呼びます。つまり満期日のオプションの価値は、本質的価値だけになります。

金利が時間的価値に影響を与える理由は、オプションの売り手はオプションの行使に備えて資金を用意するからです。この資金コストが金利です。ただ、ボラティリティーや満期日までの期間ほど、時間的価値に与える影響は大きくありません。

SECTION 8-3

プレミアムの特性

将来のリスクが小さく、儲けの可能性が大きいほど、プレミアムは高くなる

●オプションの三つの状態と価値

ドルコール円プット（ドル買い、ドル円のコールともいう）、行使価格100円のオプションの場合、たとえば市場レートが1ドル＝105円であれば、このオプションには本質的価値があります。つまり利益が出る状態にあります。この状態のオプションを、**イン・ザ・マネー**（ITM）にあるといいます。

これに対して、市場レートが行使価格を下回っているとき、たとえば1ドル＝95円の場合、このオプションには時間的価値しかありません。この状態を**アウト・オブ・ザ・マネー**（OTM）にあるといいます。

市場レートが行使価格と同じ100円のときは、**アット・ザ・マネー**（ATM）にあるといいます。この場合も、時間的価値しかありません。

この三つのなかで、オプション料（プレミアム）が最も高いのはITMのオプションです。これには本質的価値と時間的価値の両方があるからです。ATMのオプションとOTMのオプションは、両方とも時間的価値しかありませんが、ATMのオプションのほうが将来、本質的価値を生む可能性が高いので、プレミアムは高くなります。

時間的価値だけを見ると、ATMがOTMやITMよりも高くなります。ITMのオプションも、将来さらに利益を生み出す可能性

●ITM、OTM、ATMとは

ドルコール円プット（ドル買い）の場合

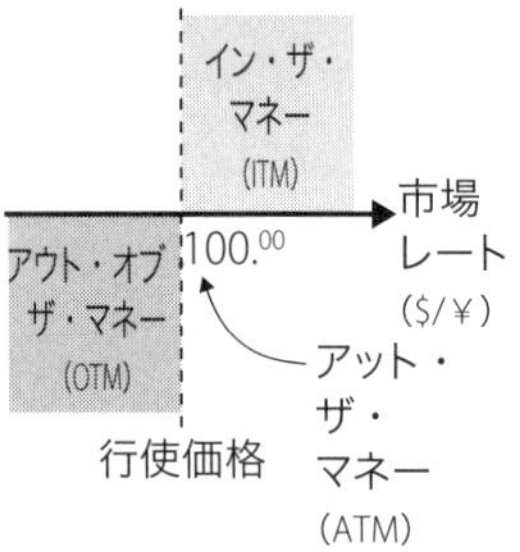

ITM　行使価格 < 市場レート
行使価格は市場レートより有利な状態（本質的価値＋時間的価値）

ATM　行使価格 = 市場レート
行使価格と市場レートは同じ（時間的価値のみ）

OTM　行使価格 > 市場レート
行使価格は市場レートより不利な状態（時間的価値のみ）

ドルプット円コール（ドル売り）の場合

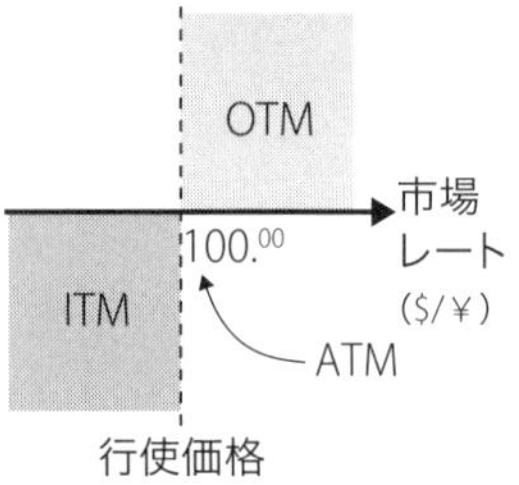

ITM　行使価格 > 市場レート
行使価格は市場レートより有利な状態（本質的価値＋時間的価値）

ATM　行使価格 = 市場レート
行使価格と市場レートは同じ（時間的価値のみ）

OTM　行使価格 < 市場レート
行使価格は市場レートより不利な状態（時間的価値のみ）

KEY WORD

デルタ：為替レートの変化に対するオプション価格の変化率をデルタといい、%で表わす。デルタが40%とは、為替レートが1円動くとオプション価格は40銭変化するということ。オプションをヘッジする場合、このデルタ分の原資産（為替）を売買する。これをデルタヘッジという。

プレミアムの構成要因が変化すればプレミアムは？

プレミアムの構成要因	構成要因の変化	プレミアムの変化	
		ドルコール	ドルプット
市場レート	ドル高	高（↗）	安（↘）
行使価格	ドル高	安（↘）	高（↗）
満期日	長い期間	高（↗）	高（↗）
金利（ドル）	金利高	高（↗）	安（↘）
ボラティリティー	大	高（↗）	高（↗）

は行使価格と市場レートが離れるほど、小さくなるからです。

プレミアムの変化

ドルコール円プット（ドル買い）のオプションを、行使価格100円で購入したとします。このオプションについて、プレミアムの構成要因の変化とプレミアムの関係を見ると、上の図のようになります。

市場レートがドル高円安になれば、プレミアムは高くなります。行使価格を100円よりドル高円安に設定すれば、プレミアムは安くなります。満期日までの期間が長くなれば、それだけプレミアムは高くなりますし、ドルの金利が高くなれば同様にプレミアムは高くなります。またボラティリティーが大きくなれば、プレミアムは高くなることになります。

一方、ドルプット円コール（円買い）の場合のプレミアムの変化は逆になります。

SECTION 8-4

ヘッジ手段とトレーディング手段

リスクヘッジのほか、利鞘を狙ってプレミアムを売買することもある

リスクヘッジとしての利用

通貨オプションを利用する目的を大別すると、**リスクヘッジ**と**トレーディング**目的に分けられます。

リスクヘッジとしての利用については、4章の**4－4**で説明しました。日本の輸出業者がドルで受け取る輸出代金（ドル建て債権）のレートリスクをヘッジする場合や、輸入業者がドルで支払う輸入代金（ドル建て債務）のレートリスクをヘッジする場合に利用します。

これはオプションを使った最も基本的なヘッジ方法です。ほかにも、いくつかのオプションを組み合わせてヘッジする方法もあります。ヘッジとしてオプションを使う場合にヘッジコストの高さ（プレミアムの高さ）を嫌う人もいます。そこでプレミアムを減らしたり払わない方法も、オプションの組み合わせで実現できます。

トレーディング目的の利用

トレーディング目的でオプションを利用する場合、二つの方法があります。ひとつは満期日までオプションのポジションを持つ場合です。

たとえば、ドル／円が上昇すると判断したときは、ドル／円の為替ポジションを買い持ちにします。そして普通は、持ち値より1円下というようなストップロスを置きます。し

●通貨オプションの利用法

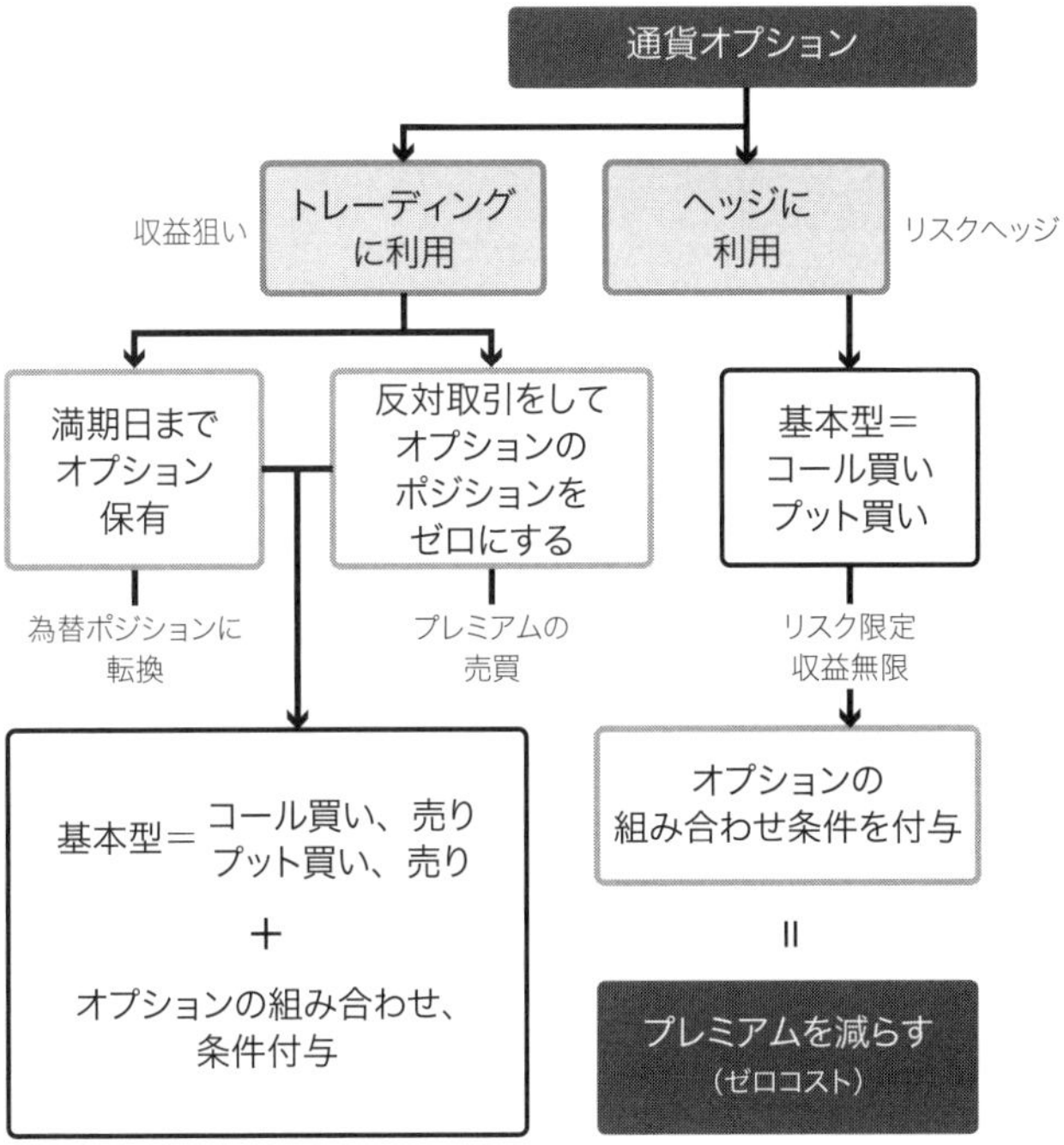

KEY WORD

オプションの基本形：オプションの基本形は、コールの買いと売り、プットの買いと売りの4種類。複雑そうに見える商品でも、分解すればこの基本形に分けられる。逆にいえば、この4つの基本形を組み合わせて、それに行使価格や金額を変えたりすることで、多様な商品を作り出せる。

かし実際の相場展開では、最初に1円以上下がった後でドル高に動くことがあります。そんなときはストップロスを置かなければよかったと思いますが、リスク管理上ストップロスを置かないわけにはいきません。

こうした相場展開が予想されるときは、ドル／円を買う代わりに、ドルコール円プットのオプションを買います。これで満期日までにドル／円がどんなに下がっても、最終的にドル高（行使価格にプレミアムを加えた以上）になれば収益が出ます。つまりオプションがストップロスの役割を果たすわけです。最大損失はプレミアム額に限定されます。

もうひとつは、満期日までオプションを保有しないで、反対取引をする方法です。

この場合は、プレミアムの売買になります。オプションのプレミアムが安いときに買い、高くなったら売る。逆に、プレミアムが高いときに売り、安くなったら買い戻します。

たとえば、市場レートとかなり離れた行使価格のOTMのオプションを買ったとします。プレミアムはかなり安くなります。市場レートが行使価格に近づいてATM（市場レートと行使価格が同じになる）のオプションになったとき、プレミアムは高くなるはずです。そこでオプションを売るわけです。

また、急激な相場変動があると、一般的にプレミアムは高くなります。そのようなときにオプションを売ります。相場が落ち着くと、プレミアムは小さくなるのが普通です。それに時間的価値も失われます。そこでオプションを買い戻します。

オプションの価格であるプレミアムは、相場の方向性と相場の変動の大きさによって変化します。そこでどちらかの見通しがつけば、オプションのトレーディングポジションを持つことができます。

SECTION 8-5

ゼロコスト・オプション

買いと売りのオプション売買を同時に行なうことで、オプション料をゼロにする

●レンジ・フォワードによるヘッジ

オプションをヘッジ目的で使う場合の問題のひとつに、ヘッジコスト（プレミアム）の高さがあります。そこでプレミアムをなるべく安くする方法はないか、と考えられたのが**レンジ・フォワード**です。幅（レンジ）のある先物予約（フォワード）ができるという意味です。

そのなかで、プレミアムをゼロにしたものをとくに**ゼロコスト・オプション**と呼びます。オプションの買いと売りを組み合わせてプレミアムをゼロにしたものです。

ゼロコスト型のレンジ・フォワードを使った輸出企業のヘッジは、次のようになります。ドルプット円コール（ドル売り）を行使価格95円で100万ドル買います。プレミアムは2・00とします（オプション①）。

このプレミアムと同額となるような行使価格のドルコール円プット・オプション（ドル買い）を100万ドル売ります。行使価格は105円とします（オプション②）。オプションを売るわけですから、プレミアムは相殺されてゼロです。

満期日の直物レートが1ドル＝95円以下の場合、ドルプット・オプション①を行使して95円でドルを売ります。95円から105円の範囲の場合は、オプションは行使されません。市場のレートでドルを売ります。105円以上の場合は、相手がドルコール・オプション

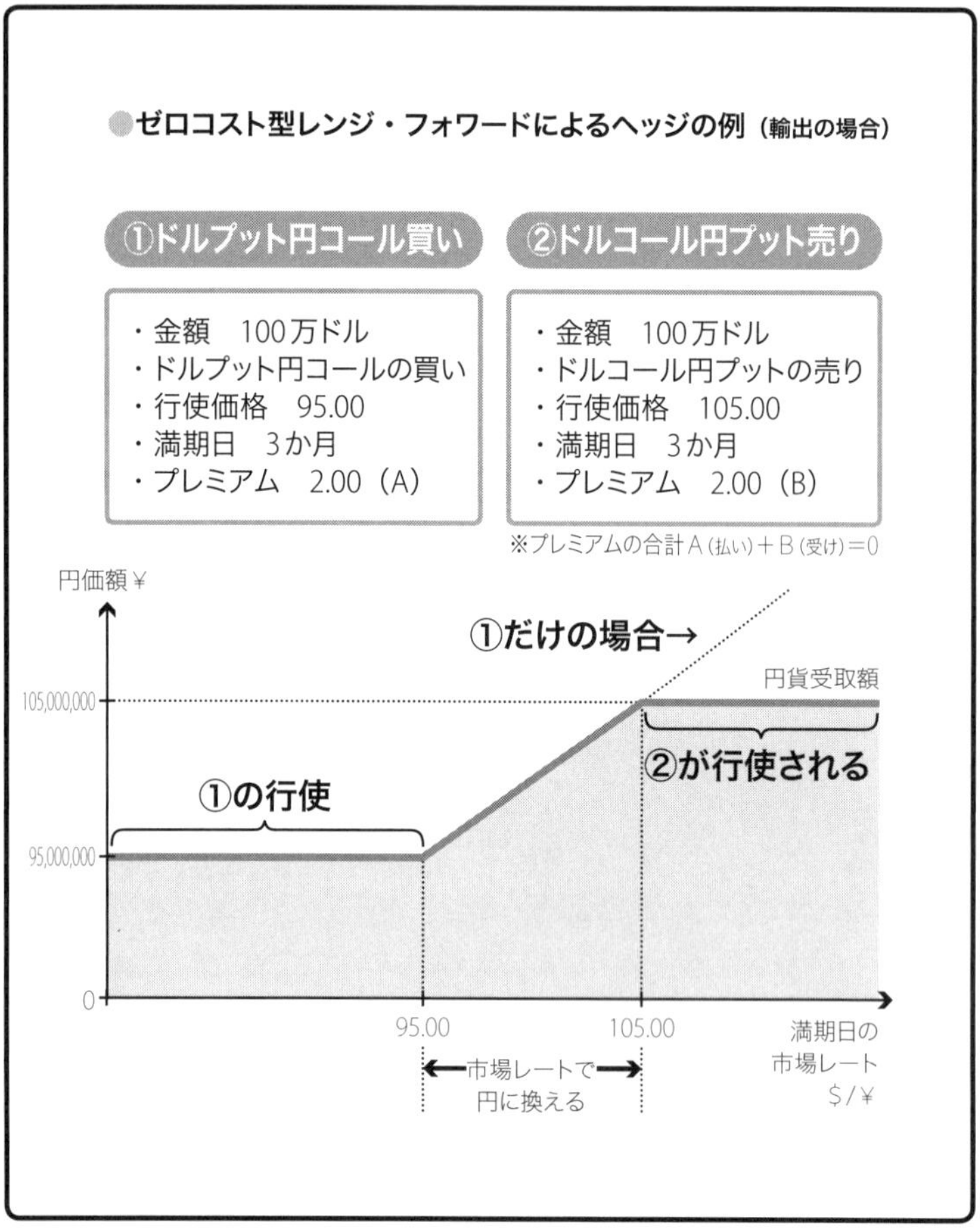

KEY WORD

レンジ・フォワード：為替先物予約は満期日のレートに関係なく、一定のレート（ひとつのレート）で売買するが、レンジ・フォワードは満期日のレートによって売買するレートが異なる。オプションの売りを組み合わせるので、全体のプレミアムは安くなる。

②を行使することになるので、105円で相手にドルを売ることになります。

つまり、こうしたレンジ・フォワードを買うと、プレミアムの支払いはゼロで、どんなに円高になっても最低95円でドルを売ることができます。逆に、105円を超える円安になった場合は、105円でドルを売り渡さなければなりません。したがって、95円から105円の範囲でドル売り先物予約をしたことになります。

輸入の場合は、ドルコール円プット・オプション(ドル買い)を行使価格105円で100万ドル買います。プレミアムは同じく2・00とします。これと同額のプレミアムになる行使価格のドルプット円コール・オプション(ドル売り)を100万ドル売るということになります。その行使価格は95円とします。

このレンジ・フォワードでは、満期日の直物レートが1ドル＝105円以上の場合、ドルコール・オプションを行使して、105円でドルを買います。オプションは行使されません。105円から95円の範囲内の場合は、市場のレートでドルを買います。95円以下に円高になった場合は、ドルプット・オプションが行使されるので、95円でドルを買うことになります。

つまりこのレンジ・フォワードの購入で輸入企業は、どんなに円安になった場合でも105円でドルを買うことができます。たとえどんなに円高になろうとも、95円でドルを買わなければならないことになります。つまり、95円から105円の範囲でドル買い先物予約をしたのと同じです。

このように、ゼロコスト型のレンジ・フォワードの購入では、リスクも収益機会も限定されます。

SECTION 8-6

ノックアウト・オプション、ノックイン・オプション

ともに割安のオプション料で利用できるが、その分、リスクも大きくなる

●バリアオプションとは

為替レートが特定のレベルになると、オプションが消滅したり、発生したりする条件がついたオプションをバリアオプションと総称します。こうした条件（バリア）がついているほうが、オプション行使の機会が狭められる分、通常のオプションよりプレミアムは安くなります。その代表例が、ノックアウト・オプション、ノックイン・オプションと呼ばれるものです。

●ノックアウト・オプション

ノックアウト・オプションとは、為替レートが満期日までにあらかじめ設定した水準になると、オプションが消滅する（ノックアウトする）条件をつけたオプションのことです。オプションが消滅するレートをノックアウト・プライスといいます。

輸出企業がノックアウト・オプションを購入して、ドル建て債権をヘッジする場合は次のようになります。

ドルプット円コール・オプションを行使価格95円で100万ドル買います。オプションの消滅する価格（ノックアウト・プライス）を90円、プレミアムは1・00とします。消滅条件がつかなければ、プレミアムはもっと高くなります。

満期日に直物レートが、1ドル＝95円以上

ノックアウト・オプションによるヘッジの例（輸出の場合）

ノックアウト・オプション買い

- 金額　100万ドル
- ドルプット円コールの買い
- 行使価格　95.00
- ノックアウト・プライス　90.00
- 満期日　3か月
- プレミアム　1.00

→

- 収益→無限
- プレミアム→割安

しかし

- ノックアウト・プライスまでドル安になるとオプションが消滅！

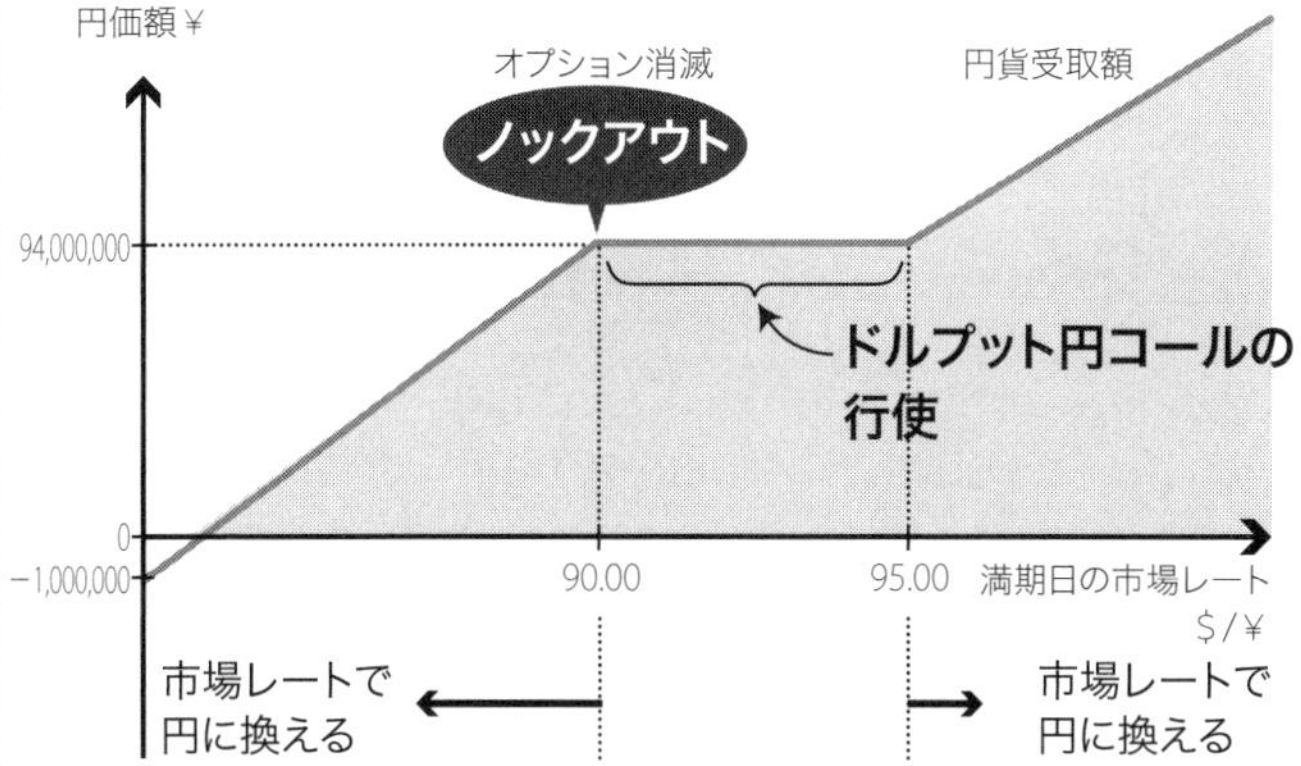

※満期日までにオプションが消滅した場合、その時点で別のヘッジ方法を考える。この図は満期日にノックアウトされた場合。

KEY WORD

金融商品への組み入れ：外貨預金に、為替レートが一度でも特定のレートになると満期時にドルで受け取り、それ以外は円で受け取るという設計のものがある。これにはノックイン・オプションが組み入れられている。これに限らず、オプションはいろいろな形で預金や債券や株に組み入れられている。

のドル高の場合、オプションは行使せず、市場の実勢レートで100万ドルを売ります。95円以下の場合、オプションを行使して、95円で100万ドルを売ります。ところが満期日までに直物レートが1ドル＝90円になると、このオプションは消滅します。したがって、リスクヘッジにはならなくなります。

輸入の場合も同様にOTMのところにノックアウトの条件をつけて、ドルコール円プットを買います。ノックアウト・オプションはヘッジコストが安くていいのですが、ノックアウトをどのレベルにするかで、リスクヘッジにならなくなる可能性も増します。

ノックイン・オプション

ノックイン・オプションは、為替レートが満期日までにがあらかじめ設定した水準（ノックイン・プライス）に達したときに発生するオプションです。その水準に達しないとオプションが発生しないので、リスクヘッジには適さないでしょう。利鞘を狙ったトレーディング目的での利用が一般的です。

たとえば、現時点での直物レートが1ドル100円のとき、行使価格105円のドルコール円プット（ドル買い）を買います。ただし、このオプションの発生するレート（ノックイン・プライス）は102円、プレミアムは1・00とします。発生条件をつけなければ、プレミアムはもっと高くなります。

このオプションは満期日までに、直物レートが102円になったときに発生します。それもできるだけ早く発生すれば、オプションにはそれだけ時間的価値が残っているわけです。

オプション発生後は、そのオプションを売るか、満期日にオプションを行使して、ドルの買い持ちにするかになります。

9章 レートの動きの読み方と情報の利用法

レートが動く基本的なしくみを理解する

専門家でも一筋縄にはいかないレートの予測

「為替レートの予測は、コインの裏表を当てるより難しい」

これは、1987年から2006年1月まで、米国のFRB（連邦準備制度理事会）の議長を務め、米国ばかりでなく世界の金融市場からも厚い信頼を寄せられていた**グリーンスパン**の言葉です。

コインの裏表を当てる確率は50％ですから、為替レートの予測では、グリーンスパンでさえ「半分も当たらない」と言ったのです。為替レートの予測は、それほど難しいということです。

基本を理解して、予測の確率を上げる

では、まったくのお手上げかというと、決してそうではありません。たしかに100％の確率で予測できる方法はありません。そのような方法があれば、市場で無限の富を築けます。

ただ、予測の確率を上げることはできます。そのためには、経済や政治のいろいろな要因と為替レートの関係、市場の特性、為替レー

●為替レートの予測の確率を上げるには

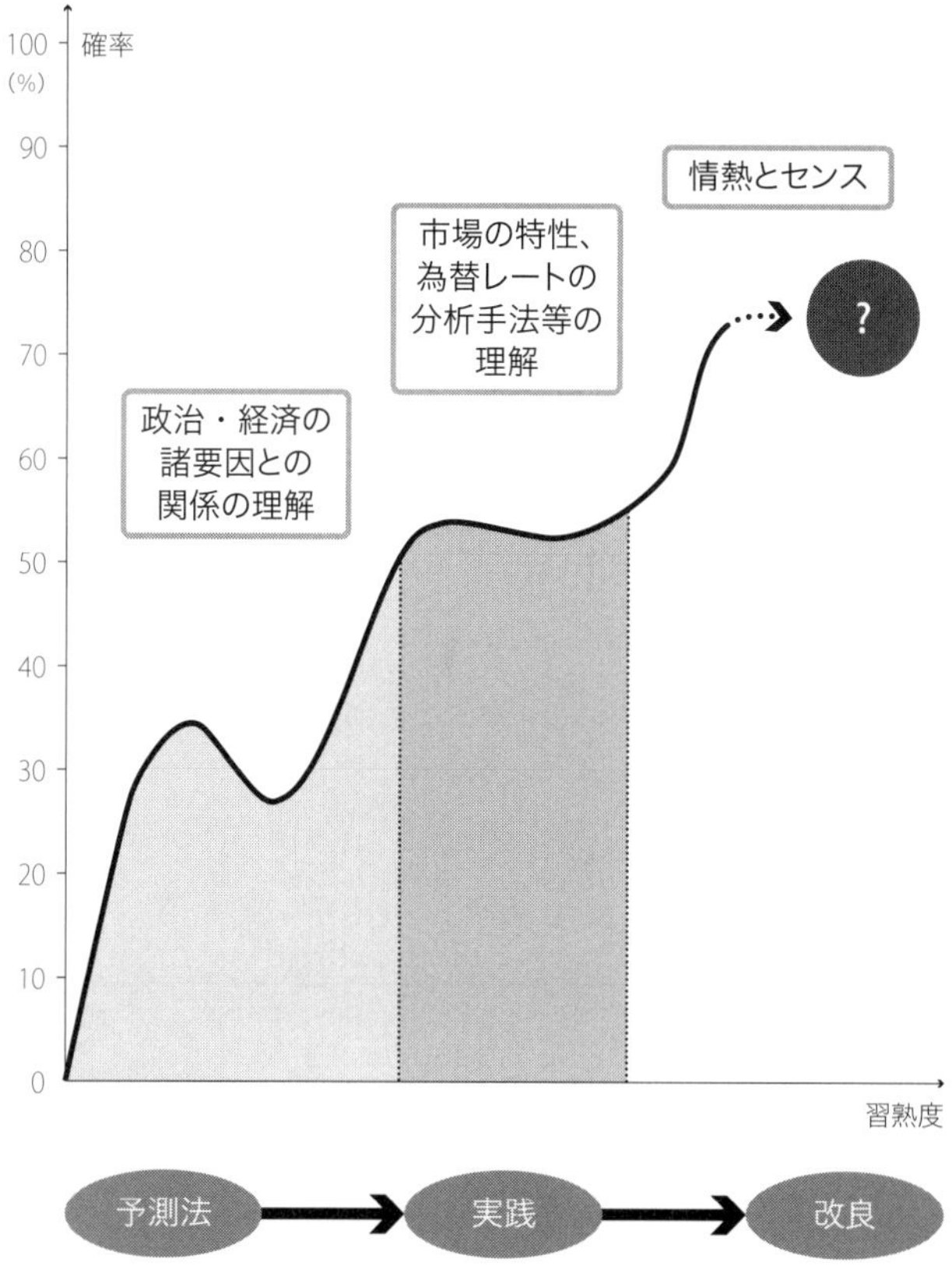

1　9章
9　レートの動きの読み方と
7　情報の利用法

トの分析手法など、為替レートに影響を与えるさまざまな事柄と、それらが実際にレートをどう動かすかについての基本を理解することが必要です。

為替ディーラーが100人いれば、トップ・テンの顔ぶれはあまり変わりません。為替レートの予測がコインの裏と表のようなものだとしたら、トップ・テンの顔ぶれは頻繁に入れ替わってもいいはずです。

興味深いのは、そうしたトップ・テンのディーラーたちが為替レートを読む方法は、一様ではないことです。

この章では為替レートの変動要因となる基本的な事柄と、レートの先行きを予測する具体的な方法を紹介します。どれも実際に市場で使われている有効な方法ですが、絶対的なものではありません。自分なりに、現在の相場に合うように修正を加え、ほかの方法とのバランスも考慮する必要があります。

為替レートの予測は、自分でその方法を学び、実践をして改良を続けることが重要です。それは**ファンダメンタルズ分析**でも、**テクニカル分析**でも同じです。コンピュータを使ったシステム・トレーディングで一定期間良い成績が出たとしても、将来もずっと同じようにうまくいくことはまれです。改良を重ねていかないと、たちまち成績は悪化します。

繰り返しますが、為替レートの予測方法や決定理論に絶対的なものはありません。しかし、基本を理解することで、コインの裏表を当てるよりも高い確率で、為替レートを予測することは可能になります。

ただ、それが6割になるか8割になるかは、当人の情熱とセンス次第といえます。

SECTION 9-1

ファンダメンタルズ分析とテクニカル分析

経済の諸条件から予測する方法と、過去の値動きから予測する方法がある

●為替レートを予測する二つの手法

為替レートの予測方法を大別すると、**ファンダメンタルズ分析**による方法と**テクニカル分析**による方法に分けられます。

●ファンダメンタルズ分析とは

ファンダメンタルズは「経済の基礎的諸条件」と訳されますが、具体的には経済成長率、インフレ率、貿易収支などで表わされる経済的要因のことです。そうした経済的要因の分析を通して、為替レートの方向を探る方法がファンダメンタルズ分析による予測法です。

為替レートは、さまざまな経済的要因の変化によって決まるから、それらを分析すれば、為替レートの予測ができるという考え方です。

円高の理由は日本の景気が回復したからだ、今後も景気回復が続きそうだから、円高が継続する。米国の貿易収支の赤字は今後拡大しそうだ。だからドル安になる。

このように為替レートを見るのが、ファンダメンタルズ分析による予測方法です。

●テクニカル分析とは

これに対して為替レートの過去の値動きそのものから、今後の動きを予測する方法がテクニカル分析です。テクニカル分析による為替レートの予測の際に必要なデータは、為替レートの過去の値動きだけです。

●為替レートを予測する２つの方法

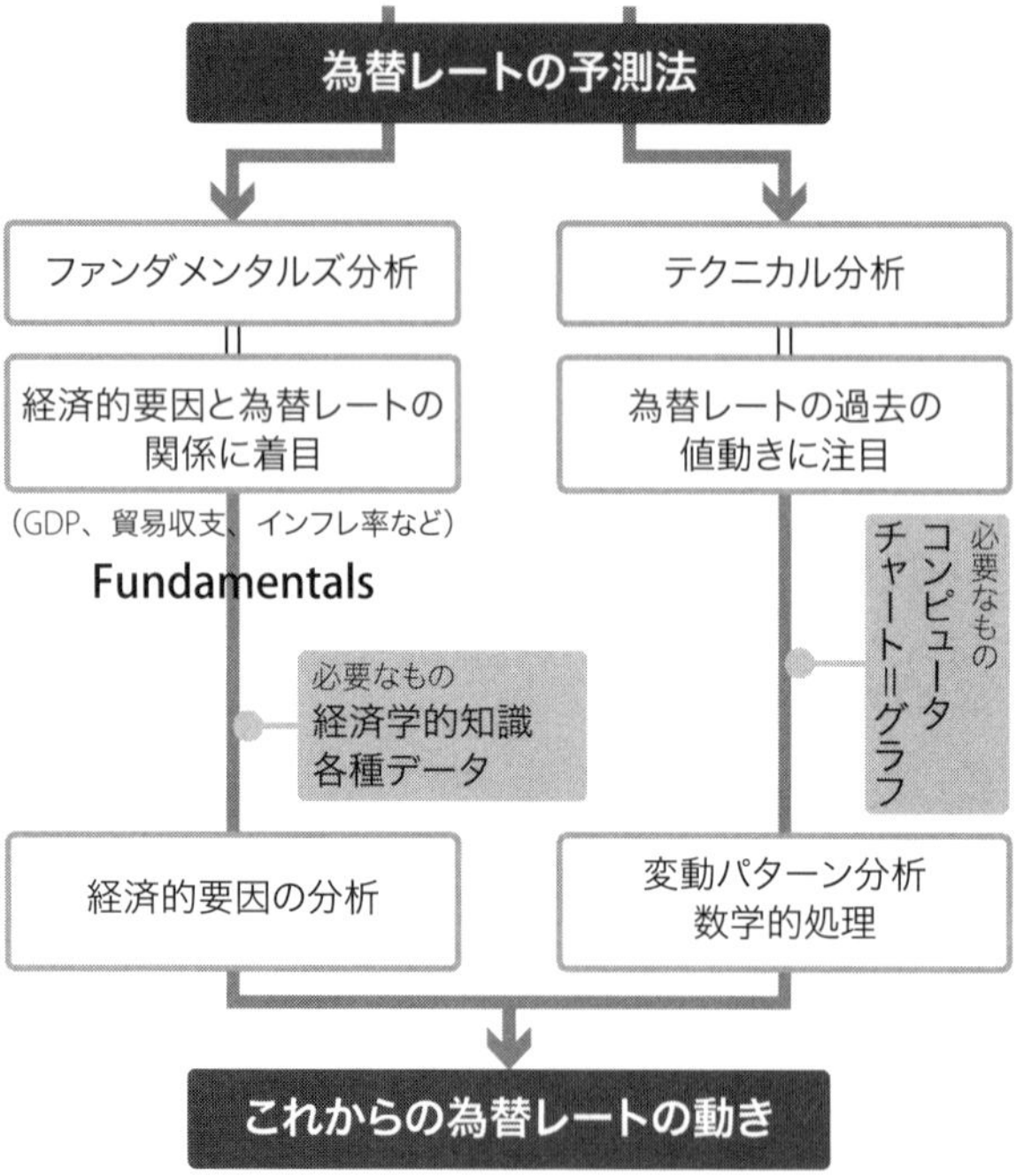

KEY WORD

テクニカル分析：テクニカル分析とファンダメンタルズ分析のどちらを使っているディーラーが多いかといえば、テクニカル分析のほうが多い。テクニカル分析は為替レートの方向性だけでなく、売買のタイミングも示してくれるのがその理由。ただ、結果の良し悪しは別問題。

ファンダメンタルズ分析には、経済の各種のデータが必要になります（代表的な経済統計については**9−10**参照）。それらを分析して総合的に判断するわけです。経済学的知識もある程度は必要です。相当の時間、労力、知識を投入するわけですが、それでも為替レートの予測が当たるとは限りません。

そこで経済的要因をいろいろ考えるのはやめて、為替レートの値動きだけを唯一の情報とするテクニカル分析が広まりました。為替レートの値動きそのものに為替レートを決定する情報が凝縮されているから、為替レートの値動きを分析すれば予測ができるという考え方です。

過去の為替レートの値動きは、グラフや図（チャート）にすると明確にわかります。チャートを作ると、一つひとつの値動きの点が線となって、変化の形がよくわかります。その形から将来の動きを読んだり、値動きの線を加工して予測します。ですから、テクニカル分析による方法を**チャート分析**ともいいます。チャートの具体的なことについては、9—8、9—9を参照してください。

では、どちらの方法がいいかというと、どちらともいえません。

為替ディーラーも、ファンダメンタルズ分析を重視する者、テクニカル分析一辺倒の者など、さまざまです。ポジションを作るときはファンダメンタルズ分析で、利食いや損切りを行なうときはテクニカル分析で、などと両方を併用するディーラーもいます。以前はファンダメンタルズ分析でディーリングをやっていたが、現在はテクニカル分析を採用している、というケースもあります。

SECTION 9-2

国際収支と為替レート

貿易収支や資本収支の黒字（赤字）→通貨高（安）が基本

国際収支とは

外国とのさまざまな経済取引で生じた金銭の授受をまとめたものが**国際収支**です。国際収支は、**経常収支**と**資本収支**に大別されます。

経常収支は、商品の輸出入をまとめた貿易収支、運賃、旅行などのサービス収支、投資収益などの所得収支、海外援助や出稼ぎ労働者の給料の送金などの経常移転収支に分けられます。資本収支は、資本と経営を投入する直接投資、株や債券に投資する証券投資などをまとめた投資収支、その他の資本収支に分けられます。このうち外為市場で注目されるのは、経常収支と貿易・サービス収支、それに資本収支の額とその増減傾向です。

貿易・サービス収支と為替レート

日本で貿易・サービス収支の黒字額が増えることは、外貨（多くはドル）の支払いよりも受け取りが増えるということです。受け取ったドルは、多くの場合、円に換えます。つまり、ドル売り円買いが増えます。ですから、ドル安傾向になると判断できます。経常収支の黒字額も同様に、増加すればドル売り円買いが多くなり、ドル安傾向になると判断できます。

逆に、貿易・サービス収支や経常収支の黒字額が減ると、これまでよりドル売り円買いが少なくなるので、ドル高円安傾向になると判断されます。額が減ったとはいえ、依然と

●国際収支と為替レート（日本の場合）

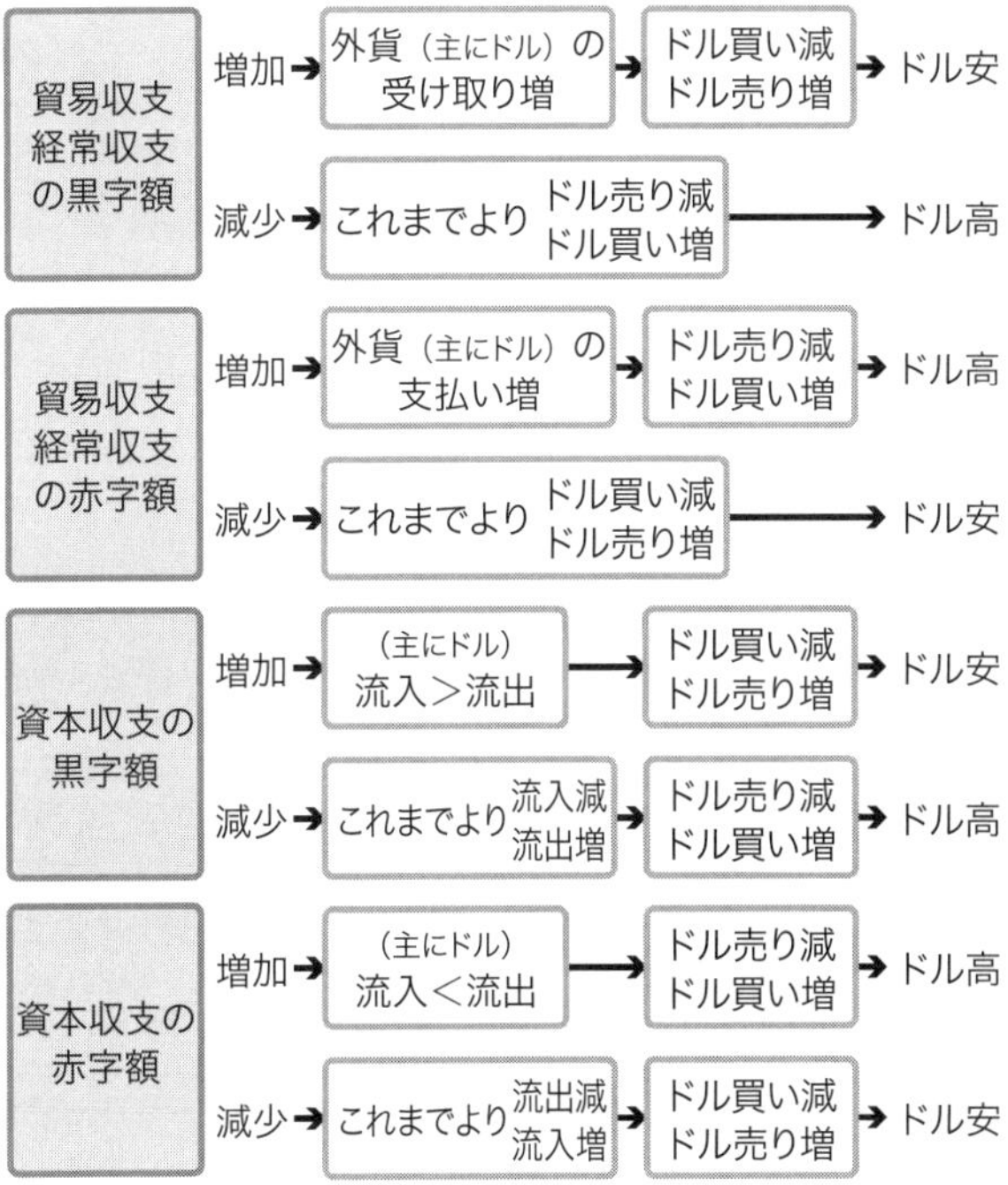

KEY WORD

円建て輸出：輸出入はドル建てが一般的だが、日本の輸出には円建ての割合も多い（約4割）。円建てなら日本の輸出業者には為替レートのリスクはなくなる。とはいえ、外国の輸入業者が円を手当てするために外貨（ドル）売り円買いをするから、為替レートには同様の影響がある。

して黒字でドル売りが多いということに変わりはないのですが、為替レートがこれまでの状態を織り込んでいると市場が判断するので、今後はドル高傾向になるわけです。

一方、貿易・サービス収支や経常収支の赤字が増えることは、外貨（多くはドル）の受け取りよりも支払いが多いことを意味します。支払うためのドルを日本では円を売って買います。つまり貿易収支や経常収支の赤字額が増えることは、それだけドル買い円売りが増え、ドル高傾向になると判断されます。

逆に赤字額が減ると、これまでよりもドル買いが少なくなるので、ドル安傾向になると判断します。

●資本収支と為替レート

資本収支は、資本の流入が流出を上回ると、黒字になります。たとえば、海外の資金が日本の証券に投資される場合、外貨を売って円を買い、その円で証券の購入をすることになります。逆に、日本の資金が米国の証券に投資される場合は、円を売ってドルを買い、その資金で米国の証券を買うことになります。

したがって、資本の流入額のほうが流出額よりも多ければ、ドル売り円買いのほうが多いということになり、ドル安傾向になります。

一方、流出額のほうが流入額より多ければ、ドル買い円売りのほうが多くなり、ドル高傾向になります。

同様に、資本収支の黒字額が増加すればドル安傾向、減少すればドル高傾向になると判断します。一方、資本収支の赤字額の増加は、ドル高に、赤字額の減少はドル安になると判断します。

実際には、経常収支や資本収支の額すべてに為替が関係するわけではありません。しかし一般的には全体の数字が、為替レートの方向を判断する材料になります。

SECTION 9-3

金利差と為替レート

一般に、金利差が広がると高い金利の通貨が買われ、縮むと売られる

●短期の資本移動と為替レート

金利と為替レートの関係が、とくに注目されはじめたのは1980年代前半のことです。

それまでは貿易収支が主な為替レートの変動要因として捉えられていましたが、米国がドル高金利政策で世界の資本を引きつけて、ドル高状態が続きました。この頃から、短期の資本移動が為替レートに大きな影響を与えることが認識され始めました。

短期の資本移動を促す主な要因が**金利**です。為替レートは二つの通貨の関係ですから、二つの通貨の金利差が為替レートに影響を与えます。一般的に、金利差が広がれば高金利の通貨のほうに資本が移動すると考えます。より高い投資利回りが期待できるからです。そこでその通貨は買われます。

ドル／円を例に取ると、ドル金利が上昇し、円金利がそのままならばドルと円の金利差は広がります。そのようなとき、為替市場ではドル買いが多くなり、ドルは上昇すると考えられます。しかし、この関係が崩れるときもあります。ドルと円の金利差が広がっても、ドルが下がることもあります。たとえば米国でインフレが進行するとき、ドル安と高金利が並存します。

一方、ドル金利が下がったり円金利が上昇して、ドルと円の金利差が縮小するときは、ドルは下落すると判断します。

●金利差と為替レート（⇨が一般的な動き、ドルと円の場合）

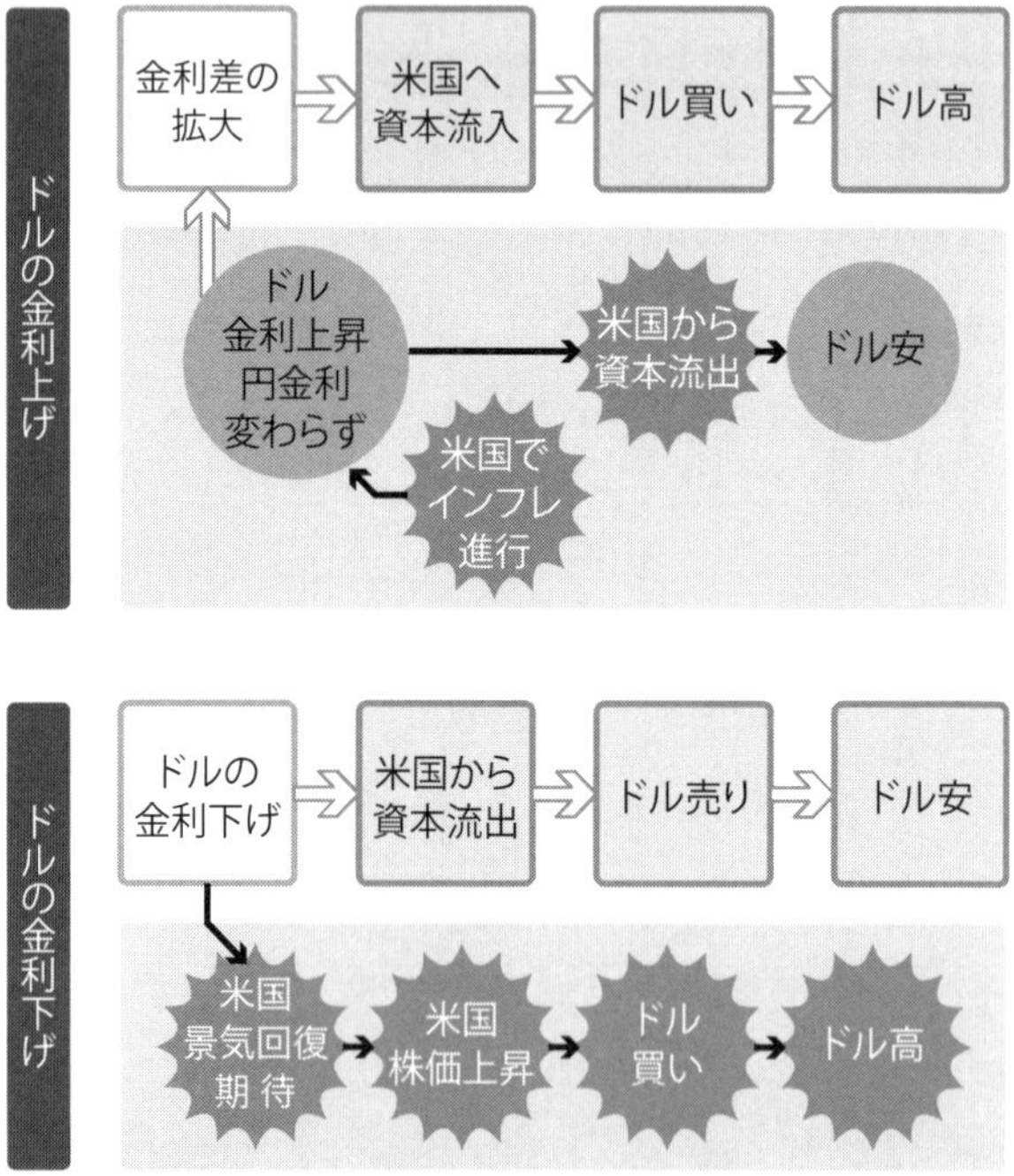

KEY WORD

ポジションのキャリー：金利の高いほうの通貨の買い持ちポジション（直物）を翌日に持ち越す（キャリー）ときに、直物を売ってその翌日物を買うスポットネクストのスワップをする。そのときに金利差分のポイントを取れ、その分、買い持ちポジションの持ち値が下がる。

3%以上の金利差に注目

金利差の変化は、短期資本が移動する動機のひとつですが、とくに金利差が3%以上に開くと資本移動が起こりやすいという見方がありました。

これは実証された数字ではありません。ただ、ディーラーの感覚からすれば、ある程度の金利差があると、多少為替レートが下がっても金利差分である程度はカバーできるので、金利の高い通貨をロング（買い持ち）にしてポジションをキャリー（持ち越し）しやすくはなります。毎日キャリーすれば、持ち値が下がるからです。その動機づけとなる金利差の目安が、3%以上とみなされたわけです。

ただ金利差が縮小しても、それが金利を下げた国での景気回復につながるという見方が強い場合、その通貨が買われることがあります。

実際、米国で金利を下げ日本との金利差は縮小したにもかかわらず、ドルが大幅に買われたことがあります。利下げにより景気回復が期待され、株価も大幅に上昇したからです。

ただ、金融危機で先進国の金利がゼロ金利近辺まで低下すると、そうした国同士の金利差はわずかになりました。そこで金利差よりも為替レートへの影響を強めたのが中央銀行のバランスシートの大きさでした。米国も日本も金融政策の目標を下限まで達した金利水準ではなく、市場へ供給する資金量とする量的緩和政策を採ったからです。

具体的には中央銀行が国債などの金融資産を購入します。そこで中央銀行のバランスシートが拡大します。この拡大の程度が日本と米国などで比較され、為替レートに影響を与えたのです。拡大の程度が大きいほうの通貨が安くなるとみなされました。

SECTION

9-4 雇用統計と為替レート

今後の金融政策（引き締めか緩和か）を読むうえで、雇用統計は重要な指標となる

金融政策（金利）への大きな影響

米国では、雇用状況の改善が金融政策の主要目標のひとつとなっています。

そのため失業率を含む**雇用統計**は、連邦公開市場委員会（FOMC）が金融政策を決定するうえで、重要な判断材料になります。雇用状況が悪化すれば、金融を緩和気味にし、金利を下げることを検討します。

逆に、雇用状況の改善が進み労働市場が過熱する場合は、金融を引き締め、金利を上げることを視野に入れます。

一般的に、ドル金利を下げればドル売り、ドル金利を上げればドル買いという関係があります。したがって雇用状況の悪化はドル下落傾向を示し、雇用状況の改善はドル上昇傾向を示すことになります。

あるいは、次のようにも考えられます。雇用状況の悪化は、経済が悪い。したがってドルが下落する。雇用状況の改善は経済が上向きになる。したがってドルが上昇する。いずれにせよ、雇用統計と為替レートの動きの関係は同じです。

米国の数字はとくに重要視される

ドルは基軸通貨であり、外為市場ではドルとの関係で為替取引される通貨がほとんどです。ドル価値の変化を通して世界の通貨の価値も変化します。

●米国の雇用状況と為替レート

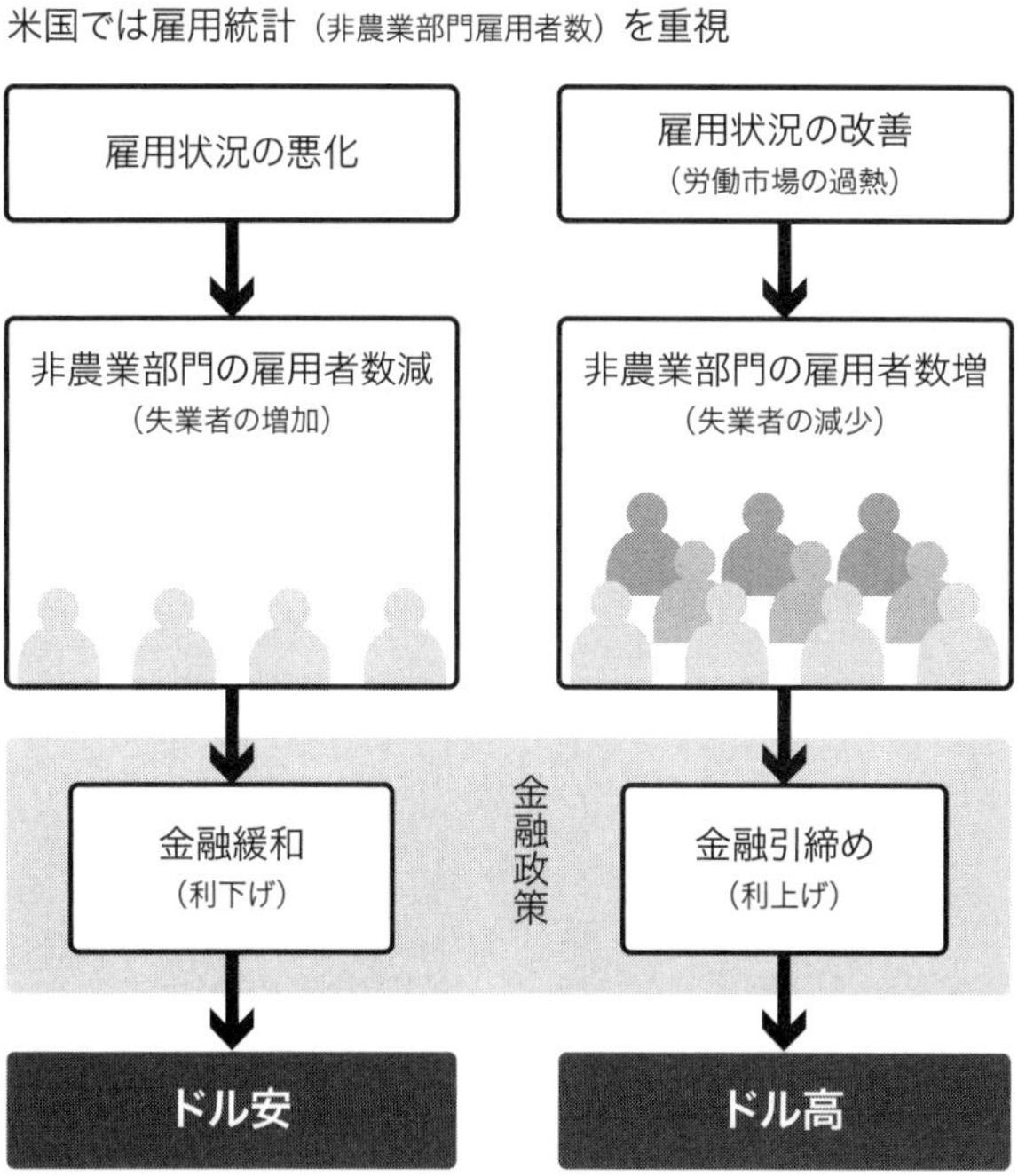

KEY WORD

FOMC：米国の金融政策は連邦準備制度理事会（FRB）の下にあるFOMC（連邦公開市場委員会）で決定される。FOMCには12人のメンバーがいて、年8回開かれる。FRBの7人の理事とニューヨーク連銀の総裁はFOMCの常任委員。残りの4人は11人の地区連銀総裁が持ち回りで務める。

したがって米国の雇用状況は、単に米国の金融市場に影響するだけでなく、世界の外為市場にも影響を及ぼします。そのため、米国の雇用の動向は世界の外為ディーラーが最も注目する経済統計のひとつとなっています。

米国の雇用状況は、主に毎月発表される雇用統計によって判断します。

雇用統計には、**失業率**や**非農業部門の雇用者数**（ＮＦＰ）が含まれます。失業率は年率５・２５％というように示されますが、非農業部門の雇用者数は前月比25万人増加というように示されます。雇用状況の悪化とは、失業率が上昇すること、非農業部門の雇用者数が減少することです。

１９８０年代までは、失業率が注目されていましたが、90年代になると、非農業部門の雇用者数が注目されるようになりました。景気を反映した雇用状況をより的確に表わしているからです。

ただ２０１２年末にＦＲＢは雇用状況の改善を実現するため金融政策を失業率に結びつけることを決めたので、ＮＦＰに加えて失業率は再び注目されます。具体的には、失業率が６・５％程度に下がるまでゼロ金利政策を続けるとの方針です。

その後、雇用状況は改善に向かい、15年には失業率は５％台に低下し、ＦＲＢは利上げに転換しました。17年には４％台に下がり、利上げは17年末までに計５回実施しました。

ただ、失業率の低下の割には賃金上昇が鈍く、目標インフレ率に届かないのが課題です。日本やユーロ圏の雇用統計は、それほど注目されません。日本銀行もＥＣＢ（欧州中央銀行）も、物価の安定が主要な政策目標であり、失業率などの雇用統計を政策決定上、米国ほど重視することがないからです。したがって、為替レートとの関係もそれほど強くはありません。

GDPと為替レート

経済の好不調を示すGDP成長率から、通貨の強さ・弱さを見る

経済の実態が通貨に現われる

GDP（国内総生産）は国の経済の規模を表わす指標です。外為市場では、**GDPの伸び率**（成長率）が注目されます。四半期別のGDPの伸び率や、年間のGDPの伸び率です。

GDPの成長率には、名目成長率と物価変動を調整した実質成長率がありますが、外為市場では実質成長率のほうを見ます。

一般的に、GDPの成長率が高ければ、その国の通貨は上昇すると判断されます。その国での投資機会が増え、海外の資金が流入して通貨が買われるからです。

逆に、GDPの成長率が低い場合は、その国での投資機会が少なく、投資収益も期待できないので、高い成長率の国へ資金が流出します。その国の通貨は売られ、下落傾向になります。

これらはすなわち、通貨はその国の経済の実態を表わすという、一般的な概念に沿った関係です。

別の要因から逆に動く場合も

実際の外為市場でもこうした関係が一般的ですが、ときには逆の結果をもたらすこともあります。

たとえば、米国の経常収支の赤字が焦点になっているなか、米国のGDP成長率が高い数字を示したとします。普通ならば、米国の

●GDPと為替レート

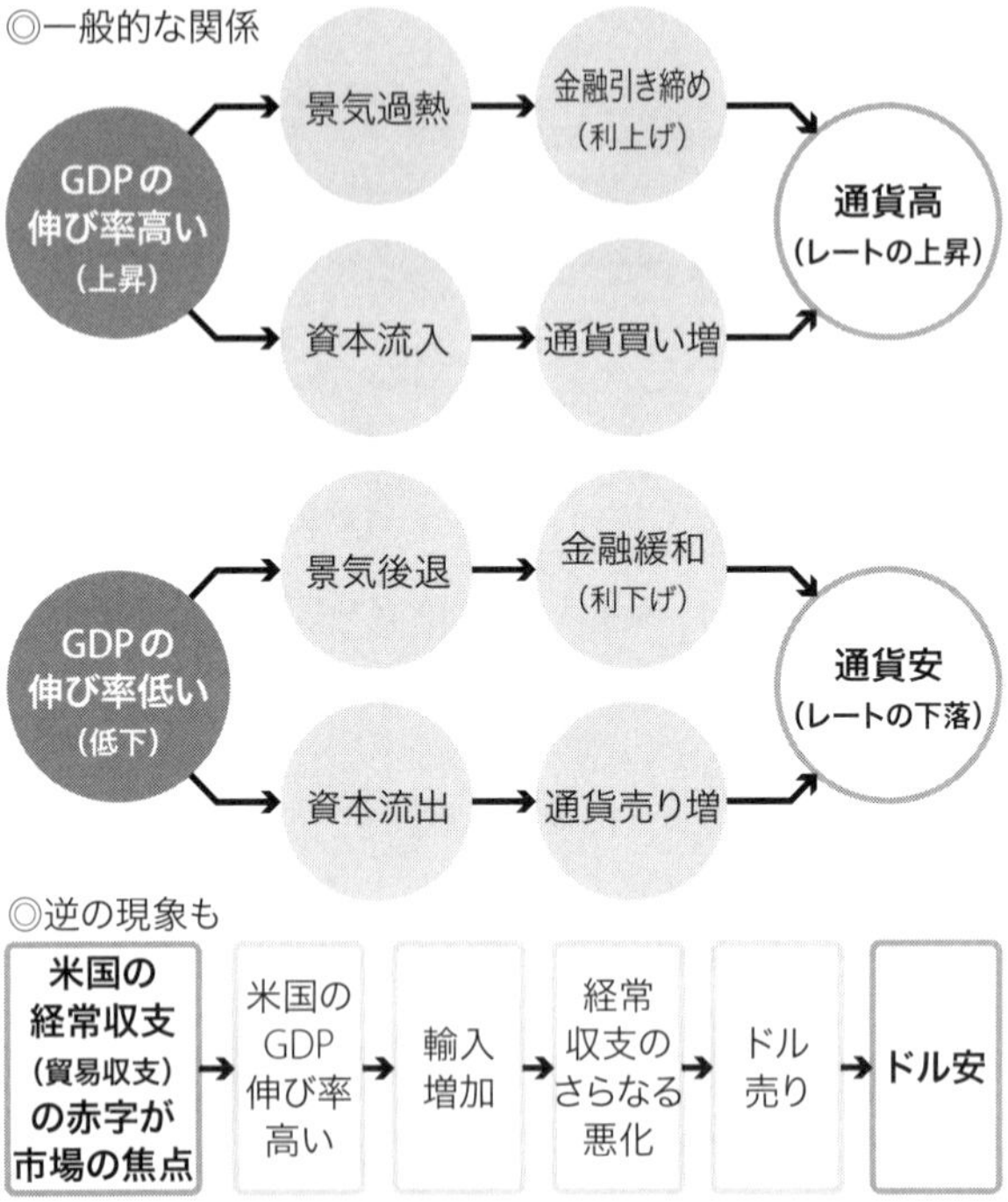

KEY WORD

GDPの内訳：GDPの内訳（支出）は最終消費支出（民間、政府）、総固定資本形成（民間、公的）、在庫投資増加、それに輸出から輸入を引いた額になっている。日本ではこのうち民間の最終消費支出（個人と企業の消費）が最大で、約60%を占めている。

経済が好調ということでドル買いが進み、ドルが上昇します。しかし米国経済が好調なので、輸入が増加し、米国の経常収支（貿易収支）の赤字がさらに増加すると考えられます。その場合は、ドル安になるとの見方のほうが優勢になります。実際の市場でも、こうした考え方が優勢になり、米国のGDP成長率が市場の予想より高く発表されたにもかかわらず、ドルが下落したことがありました。

外為市場では、一定期間ひとつのテーマで動くことが多く、すべての数字がそのテーマの観点から解釈されます。米国の経常収支が赤字であっても、それが市場の焦点でない場合は、こうした結果にはなりません。

GDPは、金利との関係を通して為替レートに影響するとも考えられます。

GDP成長率が高いということは、経済が好調で、金融は引き締められ、金利は上昇傾向になる。したがって、その国の通貨は上昇傾向になると判断されます。

逆にGDP成長率が低いと、金利を下げるなどの金融緩和策をとって景気を刺激しようとします。したがって、通貨は下落傾向になると判断するわけです。

またGDP統計ではその国の通貨よりも他国の通貨の為替レートに影響を与えるものもあります。中国のGDP成長率が高ければ、たとえばオーストラリアドルが買われる傾向になります。鉱物資源を中心に、中国はオーストラリアの最大の輸出先だからです。

一方、人民元はどうかというと、中央銀行の管理色の強い管理変動相場制のため、統計に対する為替レート感応度はあまり高くありません。

SECTION
9-6

株価・M&Aと為替レート

一般に、株価が上がれば、海外からの資金が入るとの見込みから通貨も上がる

海外の資金の流入と流出

一般的に、株価が上昇すれば、その国の通貨も上昇すると考えられます。

ここでの株価というのは個別銘柄のことではありません。米国のS&P500やナスダック、ドイツのDAX、日本の日経225、TOPIXなどの、株式市場全般の動きを反映したインデックス（指標）のことです。

株価が上昇するのは、経済が好調であるか、好調が見込まれるからです。海外からの資金の流入も見込まれます。とくに米国の場合、経常収支の赤字を埋め合わせるために十分な海外からの資金流入が必要です。そこで米国の株価と為替レートとの相関関係は比較的強いときがあります。とくに外為市場の焦点が米国経済のパフォーマンスに当たっているときは、株価との相関関係が強くなります。

日本の場合も株価が下がると、外国人投資家が日本株を売って資金を国外に流出させるという連想が働いて、円安になることがあります。株価が強いときは逆に、海外から資金が入るという連想から、円高になることがあります。

ただ株価は毎日変動しているので、それに合わせて為替レートが動くわけではありません。こうした関係で為替レートが動くのは、株価の変動が大きいとき、ほかに変動要因が見当たらないときに限られます。

●株価と為替レート

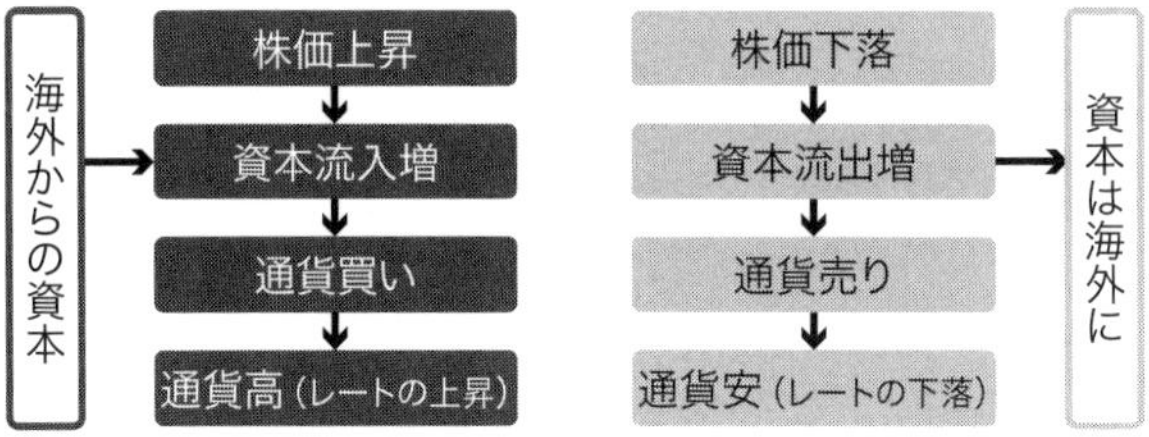

●M&Aの動向と為替レート

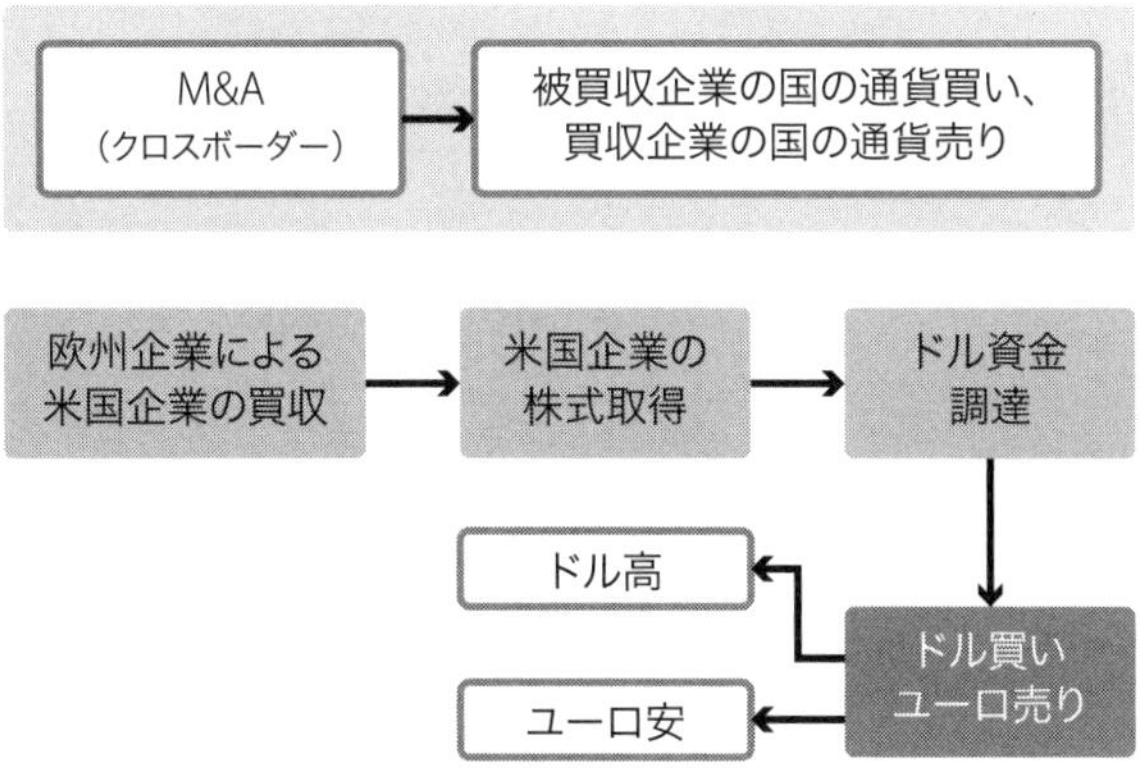

KEY WORD

対内対外証券投資：財務省は、海外の投資家による日本の株式と公社債の売買状況と、日本の投資家による海外の株や公社債の売買状況の数字を公表している。これらのデータは対内および対外証券投資の状況として、週間、月間ベースでまとめられている。

また日本の場合、円高（円安）になるとの判断から輸出産業に不利（有利）になることが多いように、為替レートが株価に影響を与えることのほうが多く見られます。

最近の例では2012年の終わりごろから円高是正の動きが株高の強い要因になりました。その後、大幅な金融緩和→円安→株高の構図がしばらく続きました。

●国を越えた企業買収も変動要因

1990年代後半、欧米で国境を越えたM&A（企業買収、合併）が急増しました。このときは収益性の高い米国企業を、欧州企業が買収するケースがほとんどでした。

企業の買収は、**9-2**で説明した国際収支の項目では、資本収支のなかの直接投資に該当します。つまり欧州から米国への直接投資額が増えたのです。

企業を買収するには、その企業の株を取得します。つまり90年代後半、欧州の企業は、米国企業のドル建ての株を取得するために、欧州通貨を売ってドルを買いました。このことが、ドル高欧州通貨安の要因のひとつとなりました。2000年代に入ると、米国企業が欧州企業を買収する例も増えて、二国間のバランスが取れるようになりました。

このように、国境を越えたM&Aで買収企業と被買収企業が、ある期間、一方の国に偏ると、為替変動要因になります。

日本でも金融危機後の円高是正策として政府が日本企業の海外M&Aを促進する政策を打ち出しました。政府系金融機関からの融資などです。ただ、海外M&Aでも買収側の企業が外貨（被買収企業国の通貨）の借り入れで買収をする場合は為替レートへの影響はありません。為替が発生しないからです。

SECTION 9-7

ポジションの傾きと為替レート

とくに短期では、偏りすぎたポジションの逆に動く力を侮ってはいけない

売り要因でレートが上昇？

為替レートの変動要因のひとつに、**ポジションの傾き**があります。とくに、短期の為替変動でこの要因は無視できません。為替レート（スポット）は刻々と動きますが、その都度ファンダメンタルズの変化があるわけではないし、チャートポイント（チャート上に現われる売買すべきレート）が出るわけでもありません。

ひとつの変動要因で、多くのディーラーがドルを売ったとします。ドルのショートポジション（売り持ち）が市場で形成されます。ドルのレートはある程度下がります。そこで最初に利益を確定するディーラーのグループがドルを買い戻します。ドルは少し戻します。市場にはまだショートポジションが溜まっています。次のグループもドルを買い戻します。ドルはさらに上がります。

こうして時間をずらして次々にドルを買う人が出てくると、最初に多数が売った水準（レート）よりドルが上がることがあります。すると損失を最小限に抑えようとするグループがドルを買い戻します。ドルはさらに上昇します。

このようにして、ドル売り要因が出たにもかかわらず、逆にドルが上昇することがあります。毎日の市場ではこうした局面が何度も繰り返されます。しかし、外から見るとドルの上昇の理由が理解できません。

●ポジションの変化とレートの動きの例

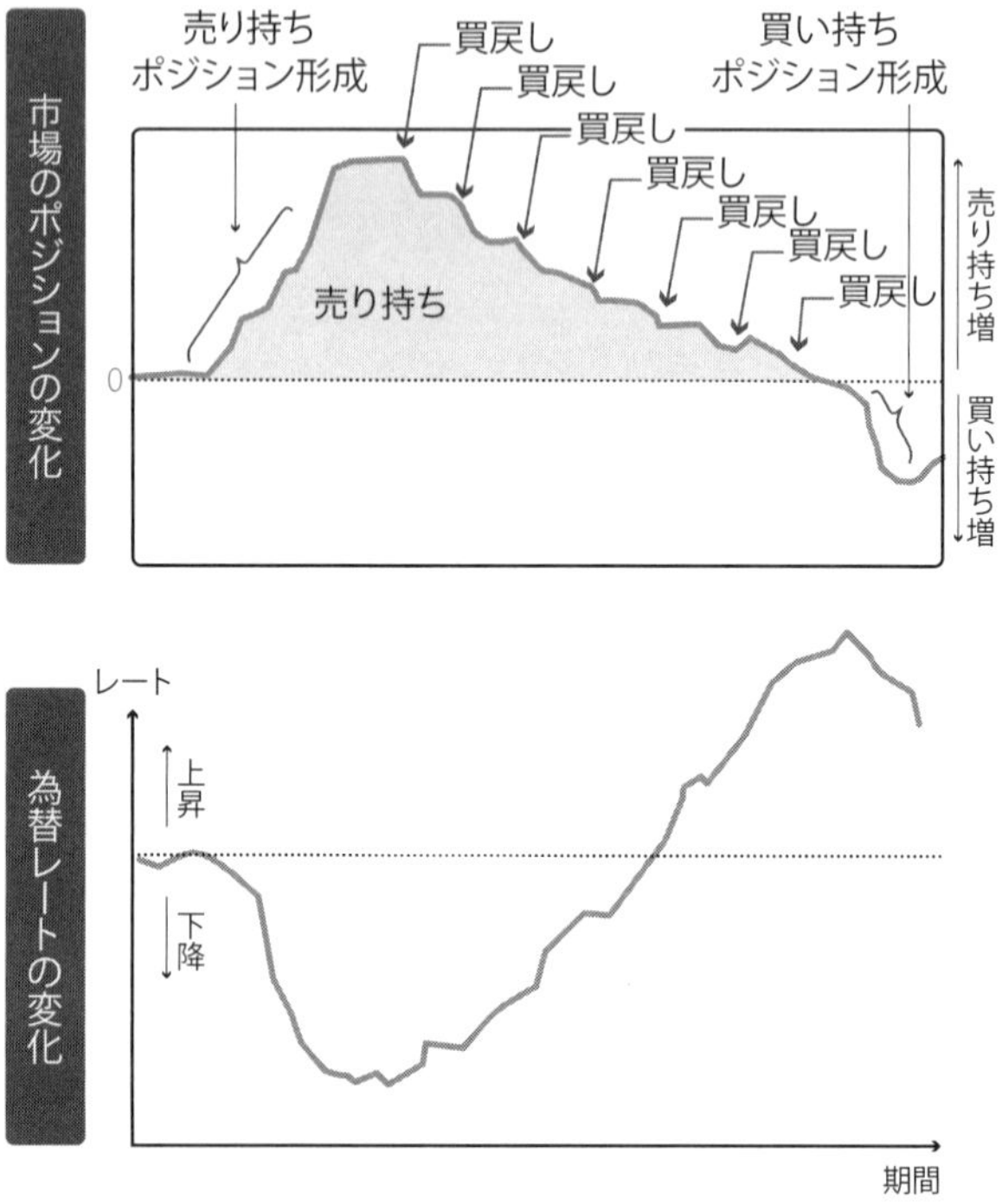

KEY WORD

チャートポイント：多くの人が似たようなチャートを使っていれば、チャートポイントも似たような水準になる。そのような場合、市場がチャートポイント近辺にくると売買が膨らむ。それはすなわち、チャートポイントを超えたところでストップロスオーダーが置かれていると考えられる。

ポジションが売り（ショート）か、買い（ロング）の一方向に傾いたとき、その逆に動く力は侮れません。それは一度ポジションを作ると、そのリスクを減らすことに集中するからです。ドルの売り持ちの場合、ドルを買うことしか考えません。こうしたことは短期の為替変動によく見られますが、ときには中長期の変動要因のひとつになることもあります。

ユーロ下落の理由

ユーロが誕生して以来、経済のファンダメンタルズが悪化したわけでもないのに、ユーロは3年余り下落傾向でした。誕生時のレート（1ユーロ＝1・17ドル）から0・82ドルまで下落しました。その理由のひとつにポジションの傾きが挙げられます。

ユーロが誕生する前に、市場ではマルクを買いすぎていました。統一通貨誕生の日、マルクは一定のレートでユーロに転換されました。ユーロの買い持ちポジションが形成されたわけです。

ユーロは、誕生直後に1・19ドルまで上昇しただけで、徐々に下がりはじめました。それからは、ユーロの買い持ちポジションを減らす人が絶えませんでした。ユーロの金利が上昇したり、好調な経済を示す統計が発表され、ユーロが少しでも上昇すると、ユーロを買い持ちにしていた人が、ユーロを売りました。ユーロが上昇を始めたのは、ユーロの買い持ちポジションが解消されてからでした。

ディーラーにドルはなぜ上がるのかと聞くと、マーケットがショートだからという答えが返ってきます。市場がショートだからドルが上がる、ロングだからドルが下がる。不親切な答えのようですが、ディーラーの本音でもあります。

SECTION
9-8
チャートの見方・読み方①
過去の動きの軌跡をもとに、トレンドラインから為替レートを予測する方法

●トレンドラインから予測する

チャートは、為替レートの過去の動きを記した図やグラフのことです。図やグラフにすると、動きの軌跡がよくわかります。このチャートから為替レートを予測しようというのが、**チャート分析**です。

具体的な方法を見てみましょう。ひとつは、直線を加えることで、為替レートの方向性と、どのレベルで売買したらいいかを知る方法です。

この直線を**トレンドライン**と呼びます。普通は、上下のトレンドラインの間で為替レートは変動すると考えます。したがって、トレンドラインの底に近づいたら買い、天井に近づいたら売ります。このトレンドラインを超えた場合、その方向への動きがしばらく続くと判断し、超えた時点でその方向のポジションを持ちます。

●サポートとレジスタンス

下のトレンドラインをとくに支持線（**サポートライン**）、上のトレンドラインをとくに抵抗線（**レジスタンスライン**）といいます。それぞれの局面で支持線に接する点をサポートポイント（単にサポートともいう）、抵抗線に接する点をレジスタンスポイント（単にレジスタンスともいう）と呼びます。

サポートラインはいくつかの局面の底値

●トレンドラインと売買の目安

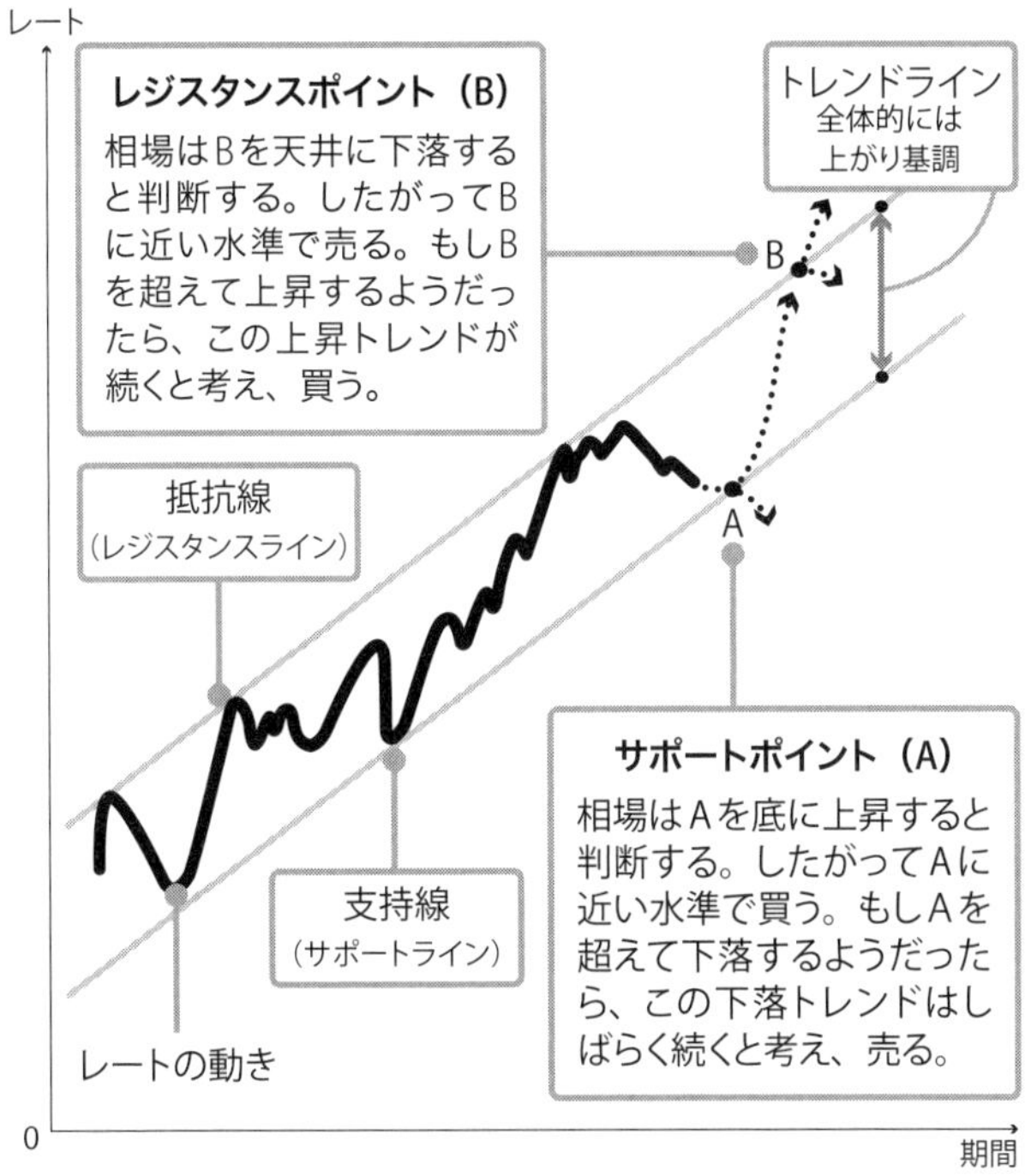

レート
レジスタンスポイント（B）
相場はBを天井に下落すると判断する。したがってBに近い水準で売る。もしBを超えて上昇するようだったら、この上昇トレンドが続くと考え、買う。
トレンドライン
全体的には
上がり基調
B
抵抗線
（レジスタンスライン）
A
サポートポイント（A）
相場はAを底に上昇すると判断する。したがってAに近い水準で買う。もしAを超えて下落するようだったら、この下落トレンドはしばらく続くと考え、売る。
支持線
（サポートライン）
レートの動き
0
期間

KEY WORD

ローソク足：チャートの表わし方にローソク足と呼ばれる方法がある。寄り付き、高値、安値、終値をひとつのローソクの形に似た記号で表わすもので、株価チャートではお馴染みになっている。ローソク足は日本で考案されたもので、外為市場でも頻繁に使われるようになっている。

（安値）を結んだ線です。サポートラインを引いて、サポートポイントを判断します。そこに近づいたら買い、それを超えるような相場展開になれば、売ります。

レジスタンスラインは、いくつかの局面の天井（高値）を結んだ線です。レジスタンスポイントに近づいたら売り、それを超えて上がるなら、買いになります。

前ページの図のチャートでは相場は上昇トレンドですが、下降トレンドでも、一定のレンジ（幅）で動く安定局面でも、同様に上下のトレンドラインを引いて、レジスタンスポイントとサポートポイントを探ります。これらはチャートポイントといわれます。実際にチャートポイント近辺で売買をする人は多いので、トレンドラインを突き抜けた場合、ポジションを切る動きが一斉に出て相場の勢いが加速することがあります。

SECTION
9-9 チャートの見方・読み方②
チャートの描く形や、移動平均線を使ってレートを予測する方法もある

●チャートの描く形から予測する

前項で述べたトレンドラインを使った方法のほかにも、**チャートの形状**から、将来の為替レートを読む方法もあります。

これは、為替レートの動きには一定のパターンがあり、そのパターンは繰り返されるという考え方を前提にしたものです。

こうした形の代表的なものには、ダブルトップ、ダブルボトム、ヘッドアンドショルダーなどがあります（次ページ図参照）。

チャートがこうした形になって為替レートがある点（為替レートの水準）を超えると、その方向への動きが続くと判断します。したがって、その時点で売買すれば、うまくいくというわけです。

●移動平均法

ほかにも、過去の為替レートを数学的に処理をして、売買のタイミングと方向性を予測する方法があります。代表的な方法は、**移動平均法**（ムービング・アベレージ）です。

たとえば、過去5日間の為替レートを加重平均したレートを毎日、チャートに記入します。それらの点を結ぶ線を短期移動平均線とします。同じように、20日間の為替レートを加重平均した線を長期移動平均線とします。

そして、短期線が長期線を下から上へ交差する点で買い（買いシグナル）、上から下へ交差す

●代表的な３つの形と売買の目安

①ダブルトップ
（2つの天井）

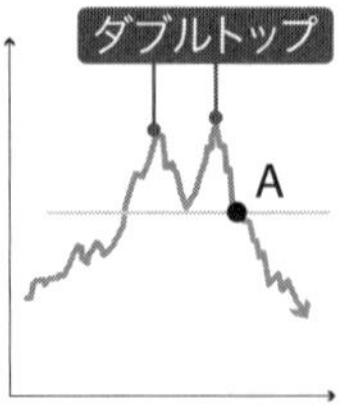

Aを超えた時点で、下落トレンドが続くと判断（売り）

②ダブルボトム
（2つの底）

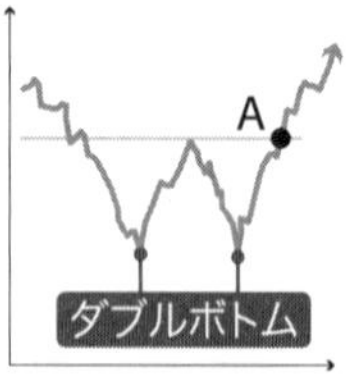

Aを超えた時点で、上昇トレンドが続くと判断（買い）

③ヘッドアンドショルダー
（頭と肩）

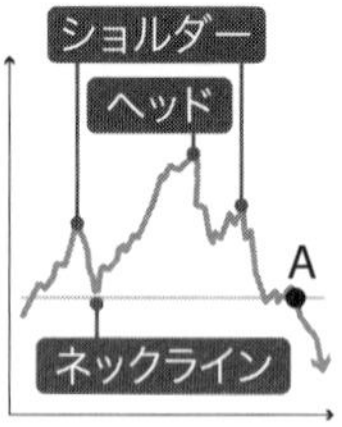

ネックライン（首の線）を引く。Aを超えたところで、下落トレンドが続くと判断（売り）

●移動平均線と売買の目安

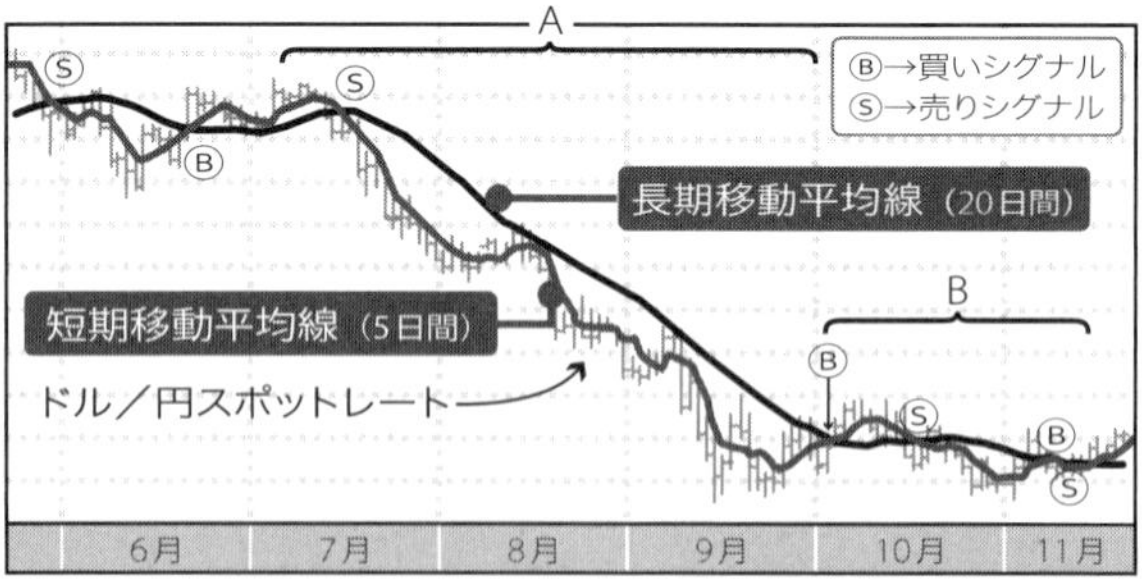

KEY WORD

一目均衡表：日本で昭和初期に考案されたチャート分析手法。基準線、転換線、先行スパン1、先行スパン2、遅行スパンの5つを使って作成する。いろいろな読み方ができるが、たとえば基準線を転換線が下から上へ抜けると買い、上から下へ抜けると売りになる。

る点で売り（売りシグナル）と判断します。

短期と長期の移動平均を何日間にするか、レートはどこの市場の何時のレートをとるかは、人によりさまざまです。自分で実践して結果の良いものを採用するのがいいでしょう。

なお、移動平均法はトレンドの明確な相場（A）には有効ですが、方向性のない上下を繰り返す相場展開（B）の場合は、有効ではありません（図参照）。こうした局面での売買シグナルを**だまし**（whipsaw）といいます。

これらのほかにも、相場の勢い（モメンタム）を測って、これからの勢いを増すときに買い、過熱状態になったら売る、というような方法もあります。

また、コンピュータを使って、相場のいろいろな局面のパターンが発生する確率を導き出して、売買する方法もあります。

ところで、こうしたシグナルによる売買の技術的な問題としては、売買シグナルが出た時点では市場レートはすでに変動しているため、どう対応するかということがあります。対応法としては、あらかじめ売買シグナルが出るポイントを予測して売買するか、売買シグナルのポイントよりも不利なレートで売買することになります。

以上チャートを使った基本的な方法を紹介しましたが、どの方法にもいえることは、この方法を適用すれば将来にわたって十分な収益が保証される打ち出の小槌のようなものはないということです。

今年良くても来年はうまくいかなかったり、2〜3年継続的に収益を生み出す方法であってもその後は不成績だったりします。

そこで収益性を高めるための改良として、たとえばいろいろな方法を組み合わせて売買シグナルを出すようにするなどの工夫を続けてテクニカルトレーディングの精度を上げる必要があります。

SECTION 9-10

各種経済統計の見方

市場への影響度では、米国の経済統計が最も注目される

●市場が注目する主な経済統計

各国の経済統計は、政府の担当部門や中央銀行などが定期的に発表します。月ベースのものが多く、発表の日時もほとんどが定まっています。重要な統計、たとえば米国の雇用統計などになると、発表前後に市場が反応します。

各国の主な経済統計は次ページの表に示す通りです。市場への影響度からすると、**米国の経済統計**が最も大きな影響を与えます。

米国の経済統計のなかでも市場がとくに注目するものには、雇用統計、経常収支（赤字額のGDP比）、貿易収支（国別、とくに対中国、対日本）、GDP（伸び率、四半期別）、小売売上高、鉱工業生産、消費者物価指数、CB消費者信頼感指数、新規失業保険申請件数、住宅着工件数、新築住宅販売件数、ISM製造業景況指数、PCE（個人消費支出）デフレーターなどがあります。

日本の経済統計では、GDP（伸び率）、経常収支、CPI（消費者物価指数）、鉱工業生産、それに日銀短観（全国企業短期経済観測調査）などが注目されます。日銀短観は、海外でもTANKANとして知られています。

ユーロ圏では、GDP（伸び率）、CPI（消費者物価指数）、経常収支、財政収支、独・IFO景況指数など、ユーロ圏のなかで最大の経済規模を持つドイツの経済指標はとくに注

外為市場で注目される主な経済統計

	経済統計	統計期間	発表元	発表時期
米国	雇用統計	月　次	労働省	翌月第1週の金曜日
	GDP	四半期	商務省	1、4、7、10月下旬に速報値。その翌月に改定値、翌々月に確報値
	経常収支・貿易収支・財政収支	月　次	商務省	翌月20日前後
	消費者物価指数（CPI）	月　次	労働省	翌月中旬
	CB消費者信頼感指数	月　次	コンフェランスボード	当月下旬
	住宅着工件数	月　次	商務省	翌月第3週
	新築住宅販売件数	月　次	商務省	翌月下旬
	鉱工業生産	月　次	FRB	翌月15日前後
	小売売上高	月　次	商務省	翌月第2週
	新規失業保険申請件数	月　次	労働省	毎週木曜日
	ISM製造業景況指数	月　次	ISM	翌月初
	個人消費支出（PCE）デフレーター	月　次	商務省	翌月下旬
ユーロ圏	GDP	四半期	Eurostat	3、6、9、12月中旬に速報値
	消費者物価指数（CPI）	月　次	Eurostat	翌月中旬
	経常収支・財政収支	月　次	ECB	翌々月下旬
	IFO景況指数	月　次	独・IFO研究所	当月中旬
日本	GDP	四半期	内閣府	6、9、12、3月の10日前後
	経常収支	月　次	財務省	2か月後の中旬
	消費者物価指数（CPI）	月　次	総務省	26日を含む週の金曜日
	鉱工業生産	月　次	経済産業省	翌月下旬
	日銀短観	四半期	日本銀行	4、7、10、12月の中旬

※FRB＝連邦準備制度理事会、Eurostat＝欧州委員会統計局

KEY WORD

短観（全国企業短期経済観測調査）：日本銀行が、景気の現況と先行きについて企業にアンケート調査を行なうもの。調査は3、6、9、12月の四半期ごとに実施される。調査企業数は1万722社（12年9月）で、大企業、中堅企業、中小企業が含まれる。調査項目のなかでは大企業の業況判断DIなどが注目される。

目されます。ここでは英国の経済指標を挙げませんでしたが、ユーロ圏の指標と同様に市場の関心事であることに変わりません。

また最近では中国の経済指標の市場への影響度が増しています。中国経済への依存度が高い国が増えたことや中国の需要で価格が左右される商品が増えたからです。中国ではGDP（伸び率）、CPI（消費者物価指数）、貿易収支、固定資産投資額、新車販売台数、PMI（購買担当者景況指数）などが注目されています。

こうした数字は一般的に注目される統計ですが、そのときに市場で変動要因として焦点となっているものが、とくに注目されます。

また、経済指標ではありませんが、各国の金融政策は常に市場の注目の的です。それぞれの金融政策委員会の議事録や委員会後の記者会見など、金融政策の動向を知るうえで欠かせないものです。

●予想と発表数字のギャップに注目

こうした経済統計の数字は、金融機関や情報サービス会社などが予想を出します。そして市場の予想のコンセンサスが生まれます。この予想値に対して実際発表された数字がどうだったかが、問題になります。その**ギャップ**が大きいほど、発表後の市場のレート変動も大きくなります。

というのも、市場レートは経済統計が正式発表される前に、予想される数字をもとにすでに反応してしまっているからです。これを「織り込む」といいます。つまり発表直前のレートには、経済統計の予想値がすでに織り込まれているわけで、発表された数字が予想値と変わらなければ、為替レートはあまり動きません。時にはポジション調整で逆に動くこともあります。

SECTION 9-11

為替レートの決定理論——①購買力平価説

通貨の売買を〝購買力〟の売買と捉える考え方。長期的には有効性がある

物価水準の変化を反映

為替レートがどのように決まるか、についてはいくつかの理論があります。そうした「為替レート決定理論」には、古典的なものと近代的なものがあります。

この項と次の項では、それぞれの代表的な理論をひとつずつ取り上げます。

まずは購買力平価説です。この説では、同じ商品の価格が二つの国で一致するように、為替レートが決まると考えます。この均衡したレートが**購買力平価**です。

日本で300円するマクドナルドのビッグマックが、アメリカで3ドルとしましょう。ここで300円と3ドルが等しくなるようなレートが購買力平価です。つまり1ドルは100円になります。これは次に説明する相対的購買力平価に対して、絶対的購買力平価と呼んでいます。

相対的購買力平価の考え方では、二つの国の物価水準の変化を反映して為替レートが決定されます。

たとえば、基準時点のドル／円レートが1ドル＝100円、物価指数は100とします。その後の物価上昇率がアメリカで10％（物価指数110）、日本で5％（物価指数105）であるとします。そうすると、新しい為替レートは「基準時点の為替レート×（日本の物価指数÷アメリカの物価指数）」、すなわち95・45

●絶対的購買力平価の考え方

→ ¥300 ＝ $3.00

→ 1$ ＝ ¥100

●相対的購買力平価の考え方

	物価指数 日本	物価指数 米国		為替レート
基準時点	100	100	＝	1$＝¥100
↓	↓ 5%上昇	↓ 10%上昇		↓
200X年	105	110	＝	1$＝¥95.45

●為替レート ⇒ 物価水準の変化を反映。米国の物価上昇率が高い分だけ、ドルは円に対して減価すると考える。

●200X年の為替レート（$/¥）＝基準時点の為替レート × $\frac{日本の物価指数}{米国の物価指数}$

$= 100 \times \frac{105}{110} = 95.45$

KEY WORD

ビッグマック指数：英国「エコノミスト」誌が定期的に算出している。12年7月のビッグマック指数によると、ドル円の購買力平価（PPP）は73.90、市場では78円程度だったので、PPPを基準にすれば5%ほど円安。人民元のPPPは3.61で、市場レート（6.38）は40%以上の人民元安になる。

円がこの場合のドル円のレートとなる、というものです。

●長期のレートの説明に有効

購買力平価説は、長期の為替レートの説明にはある程度効果があるとされています。10年とか20年の為替レートの動きは、購買力平価に沿った動きになるということです。

しかし短期・中期の為替レートの動きは、購買力平価とは乖離しています。

購買力平価説の問題点としては、基準時点をどこにとるかが明確でないことや、現実とは違う一物一価を前提にしていること、などが挙げられます。

購買力平価説は、金本位制時代（1921年）に、スウェーデンの経済学者カッセルによって唱えられた考え方です。現在でも、各国のビッグマック（マクドナルド）の値段を使い、実際の為替レートと購買力平価との乖離を見るビッグマック指数はよく引用されます。ほかにもスターバックスの**トールラテ指数**などがあります。こうして算出された購買力平価はそれぞれ異なります。それでも購買力平価説が消えないのは、正しさというよりも身近でわかりやすいからでしょう。またＯＥＣＤ（経済協力開発機構）でも多くの品目の価格を使って購買力平価を算出しています。2010年の購買力平価は111・40です。市場では95円から80円の変動幅でした。

ちなみに、ＯＥＣＤの購買力平価は2010年に限らず市場レートよりも円安傾向になっていることが多かったのですが、13年は市場の変動幅105円から86円に対し、購買力平価は102・60でした。市場レートが購買力平価に重なってきたわけです。

SECTION

9-12 為替レートの決定理論――②アセット・アプローチ

金融資産の需給関係をもとに、短期の資本移動に注目した理論

●国内と外国の金融資産の比率

外為市場は、貿易取引に関する為替取引が支配的な時代から、資本取引とくに短期の資本取引に絡んだ為替取引が支配的な時代になりました。こうした市場の変化を反映して生まれた考え方のひとつが、**アセット・アプローチ**です。この理論によると、為替レートは、金融資産（アセット）に対する需要と供給が均衡するように決まります。

投資家は国内外の資産市場を見て、さまざまな資産を選択します。その際、金利や資産価格変動リスク、為替変動リスクなどを考慮しながら収益を予想します。そして国内外の資産を選んで投資します。

このようにして、投資家のポートフォリオ（資産の構成）に国内の金融資産と外国の金融資産が組み入れられます。この保有比率によって、為替レートが決定されると考えます。そのため、アセット・アプローチの考え方は**ポートフォリオ・アプローチ**とも呼ばれます。

たとえば日米の資産市場で見ると、投資家は円資産よりもドル資産から得られる収益の期待が高ければ、ドルの金融資産を増やします。つまり、円を売ってドルを買います。するとドルは上昇します。そして、ドル資産と円資産に対する収益の見込みが等しくなるまで、ドルは上昇します。ドルの金融資産の金利が5％、円の金融資産の金利が1％である

アセット・アプローチの考え方

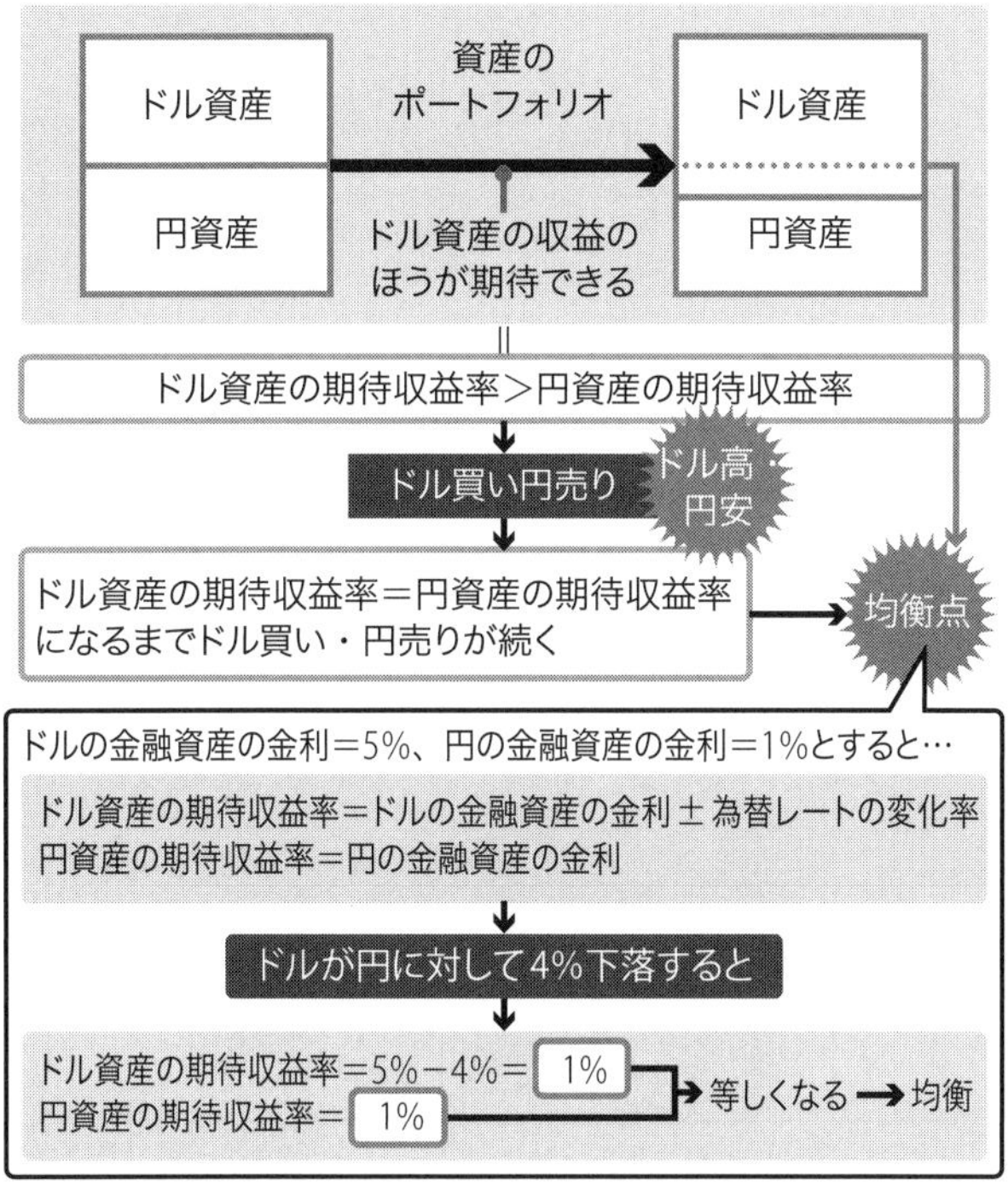

KEY WORD

マンデル＝フレミング（MF）理論：MF理論では、金融緩和は国内金利を引き下げ、所得を増大させて自国通貨安となり、財政支出拡大は金利を引き上げ、自国通貨高をもたらす。外国での金利の上昇は自国通貨安になる。輸出入の促進策が経常収支に与える影響は、為替レートの変化により相殺されるという。

とすれば、今後ドル／円レートが４％下がると予測される水準まで、ドル／円レートは上昇するというわけです。

●どの理論も現状は不十分

アセット・アプローチは、為替レートが、短期の資本移動によって決定されることを説明したものです。

近代的な為替レート決定理論にはほかにも、変動相場制移行後に広まったマネタリー・アプローチ、マンデル＝フレミング理論（ＭＦ理論）などがあります。

こうした各理論は、それぞれ短期や中期、長期の為替レートの変動をある程度説明できる面もありますが、いずれも実際の為替レートの変動を包括的に説明する理論としては不十分です。

ではこうした為替決定理論は役立たずの過去の遺物なのでしょうか。確かに実際の為替取引の現場で為替レートの決定理論に従って為替レートを見ている人はいません。しかし、こうした決定理論は現在のわれわれの考え方に生きています。

たとえば古典的な理論の一つに国際収支説があります。経常収支の変動によって為替レートが決まるという考え方ですが、70年代までは市場もそうした原理で変動しました。その後も米国の経常収支の赤字が市場の焦点となったときは、為替レートの変動要因でした。ポートフォリオアプローチの考え方は為替先物市場の価格形成の原理と裁定取引の考え方そのものです。われわれは決定理論を意識することなく、先人の成果を享受しているわけです。

10章 金融危機と為替相場の歴史

金融危機を経て、新たな新たな制度や価値観が登場

いまも続く金融危機の余波

２００７年夏、サブプライムローンの証券化のリスクが顕在化し、そうした商品を保有する世界中の金融機関が大きな損害を被りました。それはほかの多くの金融商品の市場にも影響を与え、市場の流動性や金融機関の信用に問題が発生するようになりました。

こうした過程でリーマン・ショックが発生し、金融危機は世界的な広がりと実態経済への影響を深く持つに至りました。

今回の金融危機は現在も収束したとはいえず、米、英、日本などの中央銀行は非伝統的な金融政策を強いられ、歴史的な低金利が続いています。

この過程で米国債の格付けが最上級から格下げになりました。最上級格付けの代表であった米国債はリスクフリー（リスクのない）資産とされ、他の債券のリスクを計る基準となっていました。このように従来の金融常識を覆すようなことも起こりました。

さらに金融危機が収束に向かえば金融政策も正常化されますが、非伝統的な金融政策である量的緩和政策の縮小やゼロ金利からの脱却も簡単ではありません。タイミングやスピ

ードを間違えると危機が再燃しかねないからです。

新たな秩序や取引手法の出現

こうした危機においては為替の変動も激しくなります。輸出入業者や投資家などは大きな損害を受けたり、方針の見直しを迫られたりします。通貨当局も金融政策や為替政策を新たに講じることを求められます。

一方でこうした危機は旧秩序から新秩序への移行を促します。新たな制度、価値観、市場参加者、取引方法を生み出す契機にもなります。

この章では為替にフォーカスを当て、危機がもたらした変化について解説します。現在の外為市場はこれまでの制度、価値観の積み重ねの上に構築されたものです。退出や新規参入を繰り返しながら市場参加者の多様化が進むことで効率的なグローバル市場ができて

主な通貨・金融危機

1971年	**ニクソンショック**	ドル金交換停止。73年、固定相場制から変動相場制へ
1978年	**カーターショック**	ドル防衛策。インフレ
1985年	**プラザ合意**	ドル高是正。双子の赤字
1992年	**欧州通貨危機**	ポンドERM離脱。ドイツ高金利政策
1994年	**メキシコ通貨危機**	NAFTA（北米自由貿易協定）発足。ペソ切り下げ変動相場制へ
1997年	**アジア通貨危機**	短期外資借り入れ。固定相場崩壊
1998年	**ロシア金融危機**	インフレ財政赤字。ルーブル切り下げ・対外債務支払凍結
2001年	**アルゼンチン通貨危機**	デフォルト宣言。固定相場制崩壊
2007年	**世界金融危機**	流動性・信用危機。非伝統的金融政策
2010年	**ユーロ危機**	国家債務危機。財務統合の必要性

います。市場環境に合わせた取引方法の変化は市場の発展の原動力でもあります。

つまり通貨・金融危機の歴史を検討することは、現在の外為市場を理解することなのです。そこには現在の危機を理解する手がかりや、将来の危機を見通すヒントも隠されています。

大きな流れを捉えることが大切

市場の歩みをズームアウトしてみれば、固定相場、管理変動相場、変動相場という流れに気づきます。資本取引規制は基本的に自由化の方向です。

一方で、同じような要因で多くの危機が繰り返されることにも気づかされます。貿易収支、経常収支の不均衡の拡大や財政収支の赤字の肥大化、累積債務の拡大などです。

主要国が変動相場制に移行してからの主な通貨・金融危機には、カーターショック、プラザ合意（これらがなぜ危機かは後述）、欧州通貨危機、メキシコ通貨危機、アジア通貨危機、ロシア金融危機、アルゼンチン通貨危機、今回の世界金融危機、ユーロ危機などがあります。

本章で検討するのはこのなかの、①カーターショック、②プラザ合意、③欧州通貨危機、④アジア通貨危機、⑤世界金融危機です。

ユーロ危機は7章（7－4）で少し触れたので省きましたが、現在進行形なので全容が明らかになるときには⑥として加えるべきでしょう。将来⑦として人民元危機あるいは円危機が加わるかもしれませんが、それは金融危機、ユーロ危機収束後の中国や日本の経済、市場改革や財政運営の行方によります。

SECTION

10-1 カーターショック

100円以上のドル安円高が進んだドル危機

米国の貿易赤字とインフレが背景

1977年から78年はドルの下落が顕著でした。

ドル円は290円台から78年の10月には1ドル＝175円台へと下落しました。100円以上ドル安円高が進みました。ドルはマルクやスイスフランに対しても同様な下落を見せました。

その背景には米国の貿易赤字がありました。この時代の主要な為替変動要因は貿易収支です。輸出入動向に関するデータが市場で注目されていました。米国の貿易収支の赤字が拡大するにつれて、日本、ドイツ、スイスの貿易収支の黒字は拡大し、ドルは円、マルク、スイスフランに対し下落の幅を拡大したのです。

この過程で為替レートが大きな国際問題になりました。急激な通貨高が進む黒字国では輸出産業の不満が高まり、米国に貿易赤字の削減を強く求めるようになりました。ドル下落による貿易収支の改善ではなく、石油などのエネルギー消費節減による輸入の抑制を求めたのです。

一方米国は貿易収支の不均衡は、黒字国の閉鎖的な市場と、実態を反映しない為替レートにあるとして、一層のドル安を容認する姿勢をとりました。

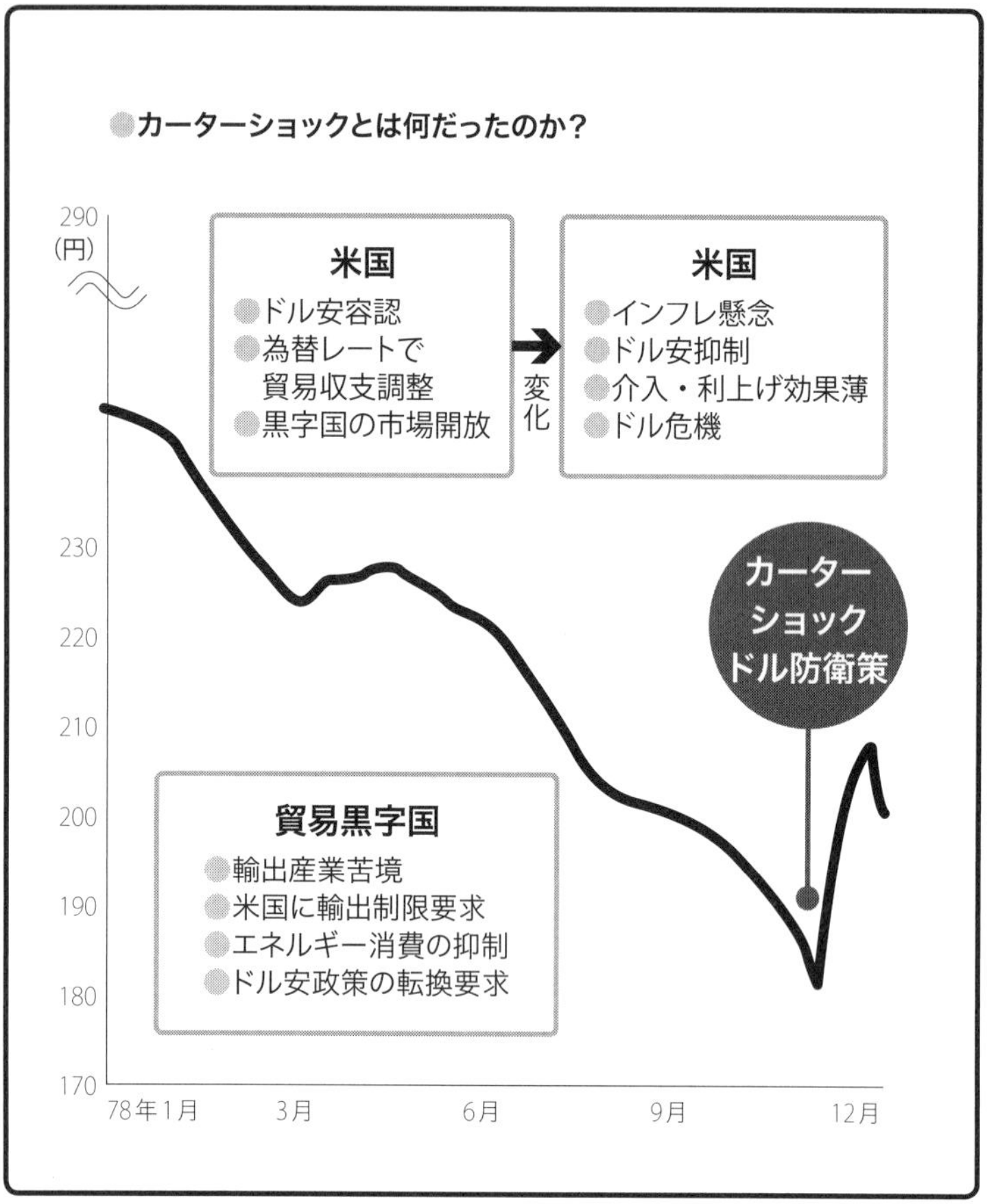

KEY WORD

2円に行く：この時代のドル円の変動は激しく、1日に大台（円の単位）が変わることも珍しくなかった。あるディーラーがトイレに行っているあいだに2円動いたことから、トイレに行くことを「2円に行く」といった。銀行間市場のビッドとオファーのスプレッドが10銭だったので変動も大きくなった。

●ドル安容認からドル安抑制へ

ところがドル下落が急激に進むにつれて米国の方針が変わってきました。ドル円が２００円を切る頃でした。米国内でインフレ懸念が出てきたからです。物価は78年から上昇傾向を鮮明にし、79年には10％を超えました。

市場では米国のインフレを新たなドル売り要因と捉えました。物の値段が上がるのは通貨価値が下がることと判断したためです。

この局面では米国政府の望まないドル安が進行していました。政府は対策として公定歩合の引き上げ、賃金物価の抑制策を相次いで打ち出しました。為替市場では各国がドル買い介入を実行しました。しかしドルの下落は止まらず、ドル危機の様相を帯びてきました。

そうしたなか、78年11月カーター大統領はドル防衛策を発表しました。これが**カーターショック**です。ドル円は１日で10円以上急騰しました。

ドル防衛策の内容は、協調介入の強化、３００億ドルの介入資金の調達、金売却増額、公定歩合１％引き上げ、預金準備率２％引き上げ、でした。介入資金の調達方法は、ドイツ、日本、スイスと互いの資金を交換するスワップ枠の拡大や外貨建て債券の発行などです。

この時代の主要な市場参加者は輸出入業者と銀行でした。彼らはインフレが通貨安に結びつくときの市場の怖さを知ることになると同時に、対策としては金融政策、為替政策、通商政策など複数の政策がパッケージとし打ち出されると効果的なことも理解しました。

カーターショック後、ドルは上昇基調を辿りますが、それでもインフレ率が上昇したように、為替レートと経済のファンダメンタルズの変化にはタイムラグがあることもわかりました。

SECTION

10-2 プラザ合意
ドル高是正のためなのにドル危機⁉

歴史的な合意と協調介入の実施

1985年9月、G5（米、英、仏、独、日）の蔵相、中央銀行総裁はニューヨークのプラザホテルでの会議で、ドル高是正の合意をしました。そしてドル売りの協調介入を実施しました。ドル円は週末のニューヨーク市場での238円台から合意を受けた週明けの市場では225円台まで円高が進みました。協調介入はドル円レートが下がっても断続的に行なわれました。その後もドルは下落し、2か月で200円を割りました。

ドル高是正の**プラザ合意**がなぜドル危機なのか。このドル高是正はその前に「秩序立った」との表現が付されています。それは進むドル高の一方に、ドル暴落のリスクがあったからです。

ドルを暴落させないためのドル安誘導

米国が85年中に純債務国に転落するとの見通しがその背景にありました。ドルの為替レートが高く、長く続くほど、ドル下落の幅は大きく、早くなる可能性が高まります。

強いドルと金利高で世界の資本を引き付けたレーガン大統領の政策は、インフレ抑制に成功し、消費の拡大により景気は回復に向かいました。一方で貿易収支の赤字拡大と軍事費の増大もあり財政収支の赤字も拡大しました。双子の赤字です。

●プラザ合意とは何だったのか？

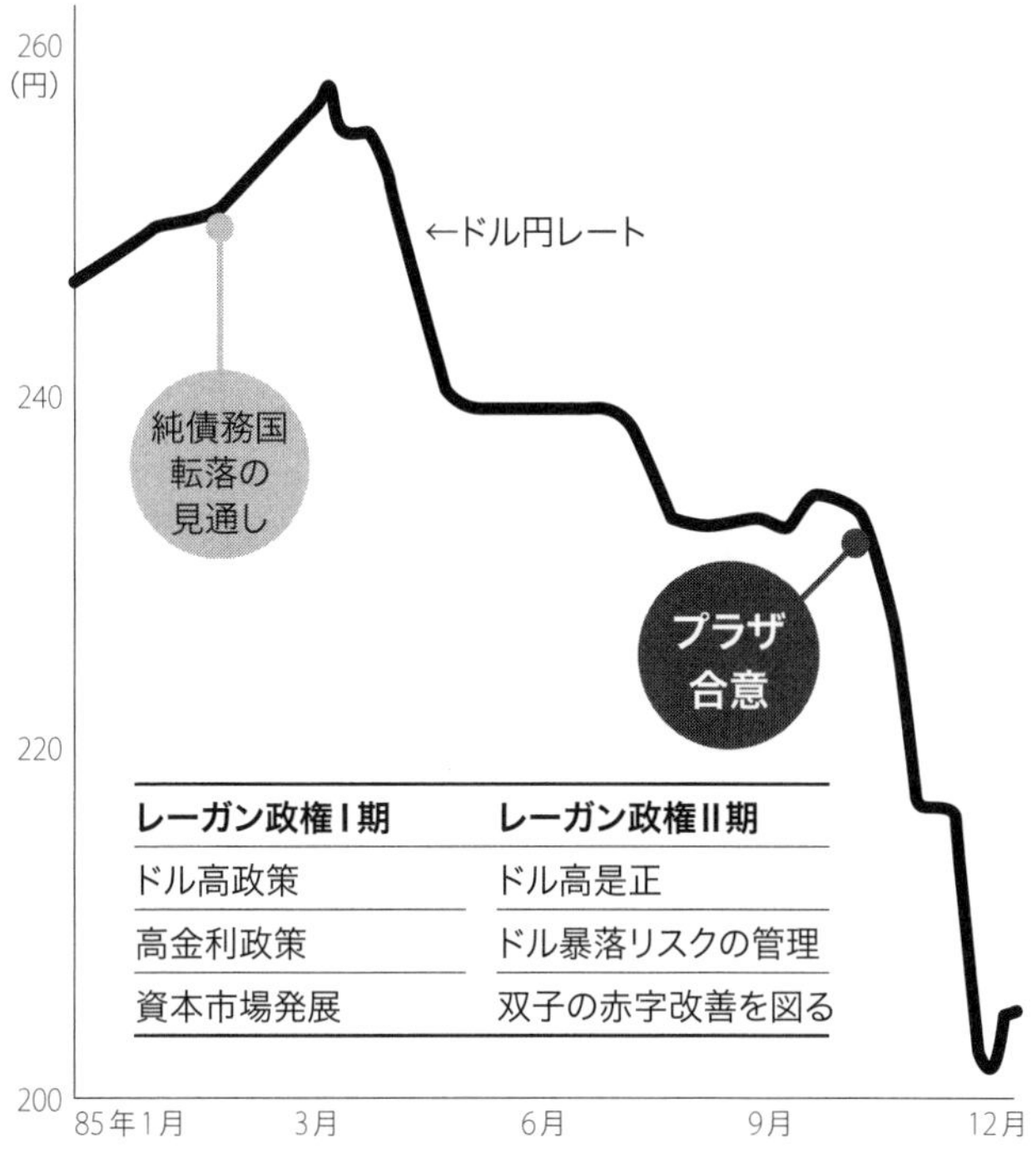

レーガン政権Ⅰ期	レーガン政権Ⅱ期
ドル高政策	ドル高是正
高金利政策	ドル暴落リスクの管理
資本市場発展	双子の赤字改善を図る

KEY WORD

実需原則の撤廃：日本で実需原則が撤廃されたのは84年。それまで銀行以外の金融機関や企業は商業取引の裏付け（実需）のある為替取引のみ許容されていた。実需原則が撤廃されてから自由な為替売買が可能になり、金利に反応する投機為替の取引量が増えることになった。

赤字を海外からの資本の流入でまかなう構造は、資本流入が円滑に進んでいるあいだはドル価値の安定あるいは上昇さえもたらします。しかし赤字の拡大とドル高が進むほど、その構造の持続性への懸念も増します。風船が破裂するようにその構造が崩れ、ドルが大幅に下落するのではないか、との危惧が生まれました。ドル暴落リスクの高まりです。

一方日本、ドイツなどは通貨安からのインフレ率の上昇に懸念を示し、米国内ではドル高による製造業の不振が政治問題化し、内外からドル高是正を求める声が強まりました。

そこでレーガン政権の2期目に政策を転換したのが、プラザ合意での秩序あるドル相場の下落でした。同時に米国は新通商政策を発表し、貿易不均衡の是正を目指しました。

●トレンドに沿った介入で成功

プラザ合意による協調介入は成功しましたが、介入金額は市場参加者が思ったほど多くはありませんでした。市場のトレンドを後押しした介入だったからです。ドル円のレートはプラザ合意の年の2月にドル高のピーク(270円程度)を迎え、下落傾向にありました。ドルが暴落する懸念が徐々に市場に浸透していたのです。プラザ合意は極秘に進められ、発表はサプライズだったことも介入金額が少なくても効果的だった要因です。

その後戻る局面もありましたが、ドルの下落傾向は続きました。87年2月にはドル下落に終止符を打つため、G7(G5+イタリア、カナダ)はドル相場の現状維持で合意しました(ルーブル合意)ドル円は150円台でした。しかしルーブル合意による協調介入は市場のドル下落の勢いを止めることはできませんでした。市場のトレンドに逆らう介入だったからです。

SECTION

10-3 欧州通貨危機

「ソロス対イングランド銀行」で有名に

●通貨統合に向けたしくみ（ERM）の歪み

欧州諸国は1991年の終わりにマーストリヒト条約を締結することで合意しました。EU（欧州連合）を結成し、通貨統合に向けた具体的な条件や工程表を明記したものです。欧州中央銀行の設立や財政赤字などの単一通貨参加基準です。

当時多くの欧州通貨は、互いの通貨が一定の範囲内で変動する仕組みであるERM（為替相場機構）に参加していました。将来の通貨統合へ向けた準備段階の仕組みです。

ところが欧州通貨には経済競争力や金融政策などを反映して強い通貨と弱い通貨のグループがありました。強い通貨グループにはドイツマルク、オランダギルダーなど、弱い通貨グループにはイタリアリラ、ポルトガルエスクード、スペインペセタ、ギリシャドラクマなどが含まれました。とくにドイツマルクは最強通貨で、マルクは弱い通貨グループに対して買われる傾向がありました。

ERMの仕組みでは、変動幅の上下限にレートが達したときは当局の為替市場介入により変動幅を維持します。それでも維持が困難なときは金利の変更を余儀なくされ、それでもむずかしいときは通貨の切り下げ（上げ）をして新たな変動幅に調整します。

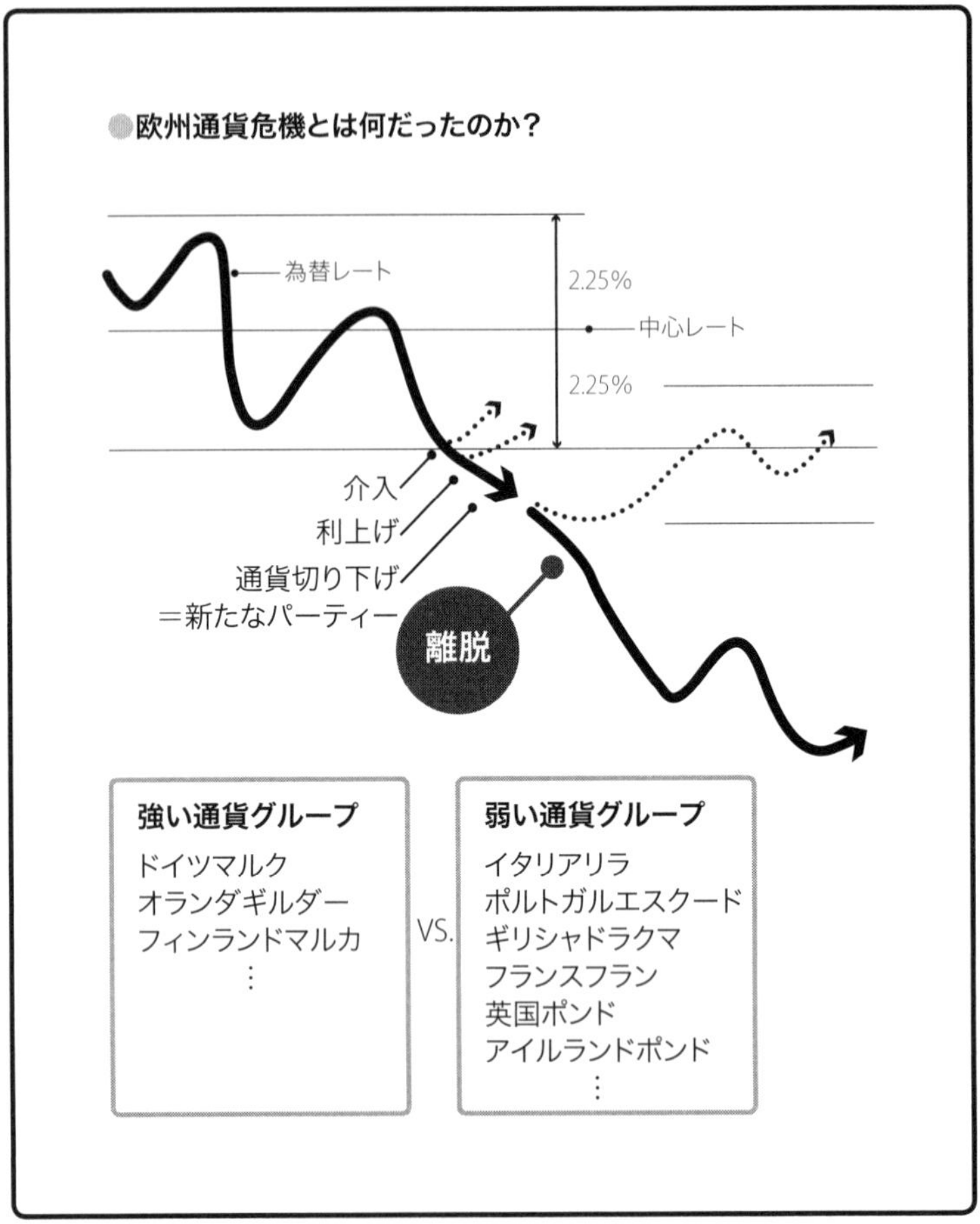

KEY WORD

フレンチフラン：フランスのフランも弱い通貨グループに含まれ、欧州通貨危機のときも売られた。しかし金利の変更や切り下げには追い込まれなかった。約20年後ユーロ危機の時にフランスの国債も売られたが、ギリシャ、スペインなどほかの南のグループほどではなかったのと似ている。

ヘッジファンドに狙われる

92年にポンドが激しく売られたのは、90年にERMに参加したばかりのポンドの為替レートが英国の経済力を適切に反映していないとの判断が市場に根強く残っていたこと、ドイツの高金利政策が続いていたこと、そしてデンマークでマーストリヒト条約の批准が国民投票により否決されたことでした。

それでマルク買いポンド売りが激しく行なわれました。ポンドマルクは変動幅の下限に張り付き、当局はポンド買いの介入で対応しました。しかし介入では抗しきれず、中央銀行（BOE）はポンドの金利を1日に2度も引き上げました。それでもポンド売りは止まず、英国は為替レートの調整をしてERMに留まるよりも、ERMからの離脱を決定しました。

このときはポンドだけではありませんでした。弱い通貨グループの通貨は軒並み激しくマルクに対して売られました。イタリアリラ、アイルランドポンド、スペインペセタ、ポルトガルエスクードなども売られました。

結局各国はERMの変動幅を大幅に拡大して（2・25%から15%）**欧州通貨危機**の収束を図りました。15%の変動幅というと実質的な変動相場制です。ERMという通貨統合へ向けたシステムは維持するが、内容は放棄です。時間をかけて経済的条件の収斂を図ることで為替レートの安定と統合を目指すことにしたのです。ドイツの高金利の是正も事態の収拾に不可欠な条件でした。それで欧州通貨危機は収まり、最終的にはマーストリヒト条約で合意されたスケジュールどおりに単一通貨は誕生しました。

欧州通貨危機で為替取引の中心にいたのは欧米の金融機関と、為替市場でも頭角を現わしはじめたヘッジファンドでした。とくに**ジョージ・ソロス**のファンドは「イングランド銀行を破った男」として有名になりました。

SECTION 10-4

アジア通貨危機

グローバルマネーが新興国で暴れまわる

タイバーツの暴落がきっかけ

90年代は、欧州、メキシコなど中南米、アジア、ロシアなどで、ドル以外の通貨危機が目立つ時代でした。これには市場のグローバル化の進展の影響があります。ヘッジファンドに代表されるマネーがグローバル市場を駆け巡ったのです。

アジアは新興国市場として高い成長率が期待された市場でした。欧米の資本は高い収益を求めてアジア市場に目を向けました。

アジア通貨危機は97年、タイの銀行が経営破たんしたのを契機にバーツが売られ、それが他のアジア諸国にも波及したとされています。ただそれ以前から固定的な為替相場を維持していたタイバーツにはヘッジファンドや欧米の金融機関などが、従来のアジア通貨の取引規模をはるかに超える金額で取引を始め、市場に圧力を加えていました。アジア諸国の固定的な為替相場はいずれ維持できなくなるとの判断です。

危機に陥りやすい構造的背景

基本的に資本不足のアジア諸国では、経済発展を進めるため欧米から短期の外貨資本を導入していた国が多く、何かのきっかけ（銀行経営の破たんなど）で短期資本の一部が引き揚げられると為替レートが下落し、それにより現地通貨換算の負債額が増加する傾向があり

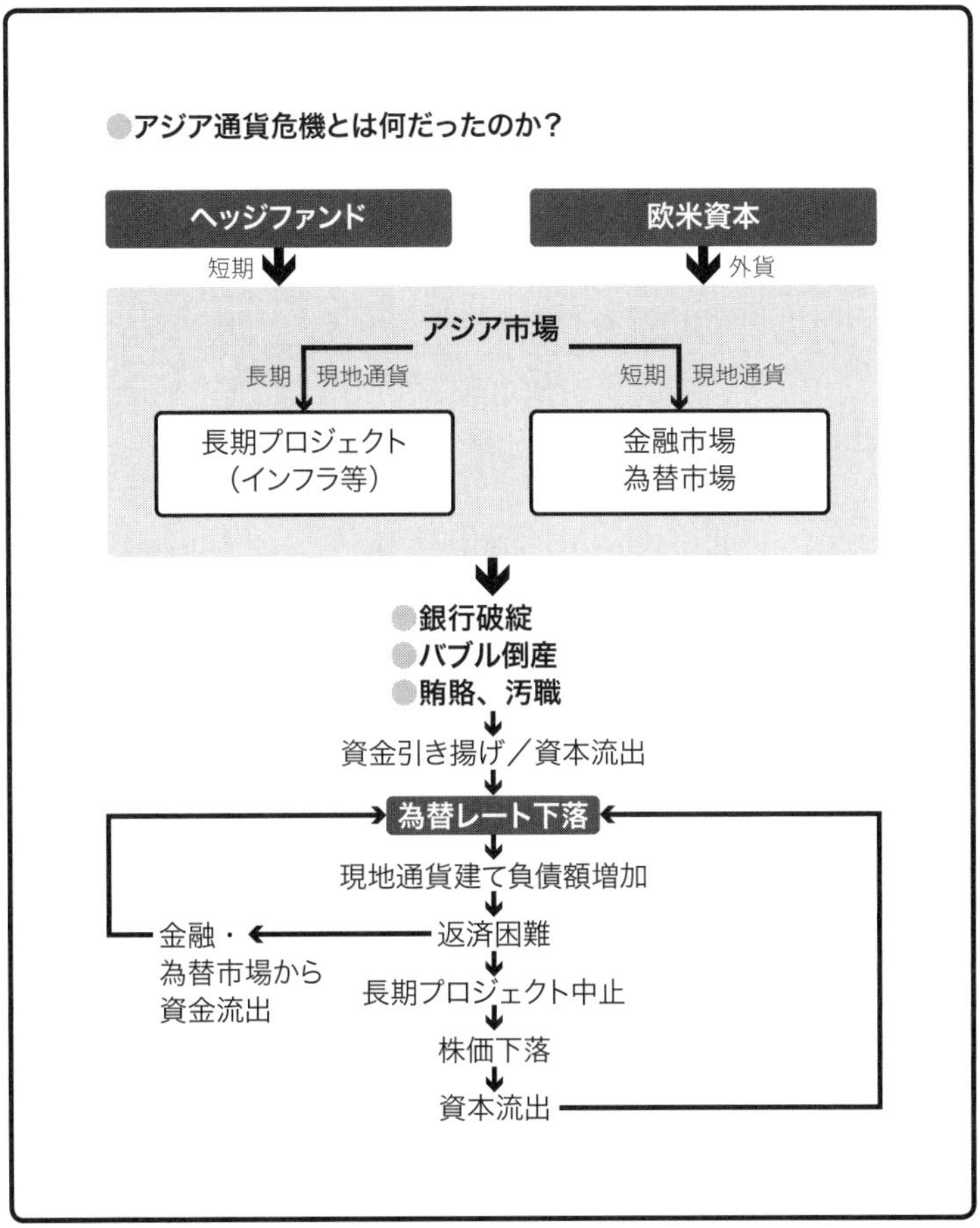

KEY WORD

アジア通貨危機での日本の役割：ルービン米財務長官（当時）は回顧録で、円安の進行によるアジア諸国の輸出競争力低下、不況の長期化、邦銀の資金引き揚げなど日本の政策や慣行がアジア通貨危機を悪化させたと指摘した。

2　10章

4　金融危機と

9　為替相場の歴史

ました。負債額が増加すると借り換えが困難になり、途中で中止に追い込まれる長期のプロジェクトも出てきました。それで株価が下がり、資本流出に拍車がかかり、為替レートが一層下落する悪循環に陥りました。

通貨当局はドル売り現地通貨買いの市場介入や利上げで対抗しましたが、通貨下落は収まるどころか通貨下落のパターンはアジア地域に広がり、通貨危機は深刻になっていきました。

韓国のように通貨を防衛するための介入で外貨準備が底をつき、国家破綻寸前まで追い込まれた国もありました。

一方、人民元は自由な取引ができないこともあり、投機筋により切り下げに追い込まれることはありませんでしたが、アジアの他の諸国の通貨が切り下がるなかで、相対的に割高になった人民元の競争力が失われることになりました。市場では人民元の切り下げ見込みが強まり、アジアは通貨切り下げ競争に入るとの懸念が高まりました。しかし中国は人民元の切り下げをせず、アジア通貨の連鎖的な通貨下落に抑止力が働きました。各国の経済社会改革、緊縮財政の実行と共に危機が収束される一因になりました。

ヘッジファンドに対する批判が表面化

アジア通貨危機ではグローバル化や市場の自由化の是非が問われることになりました。資本自由化、規制緩和をあるべき姿として世界に要求する米国やＩＭＦに対して、マレーシアの首相のマハティールは規制の必要性を主張しました。とくに米国やＩＭＦの価値を具現化した先兵のヘッジファンドに対しては経済・社会を混乱に陥れる元凶として批判しました。この議論は、米国の量的緩和政策による短期資本の流入を抑制するべく新興国の規制の是非をめぐって今日も続いています。

SECTION 10-5

サブプライムローンとリーマン・ショック

為替市場にも3つの変化をもたらした

為替が主役ではなかった危機

2007年のサブプライムローン証券化のリスク顕在化から2008年の**リーマン・ショック**を通して進行した金融危機では為替レートは主役ではありませんでした。株式市場、債券市場、資金市場などは大きな影響を受けました。リーマン・ショック前後から信用危機の様相を呈したことから資金市場や債券市場は機能不全の事態に陥りました。

一方為替市場では流動性リスクも顕在化せず、取引量の落ち込みも見られませんでした。とはいえ外為市場で金融危機の影響がなかったわけではありません。為替レートが安定していたわけではなかったため、金融危機は外為市場に取引方法、為替変動、規制・制度の3つの面で大きな変化をもたらしました。

危機がもたらした3つの変化

為替変動の面では、サブプライムローンの証券化のリスクが顕在化して債券市場の価格が急落すると、**円キャリートレード**の巻き戻しが発生しました。円キャリートレードは円を借りてそれを売って外貨を買い、その資金を米国などの債券や株などに投資をしますが、投資した商品の急落でポジションの巻き戻しが短期間で発生し、急激な円高が進みました。

金融危機の影響は実体経済に及び、先進諸国の中央銀行は非伝統的金融政策を採りまし

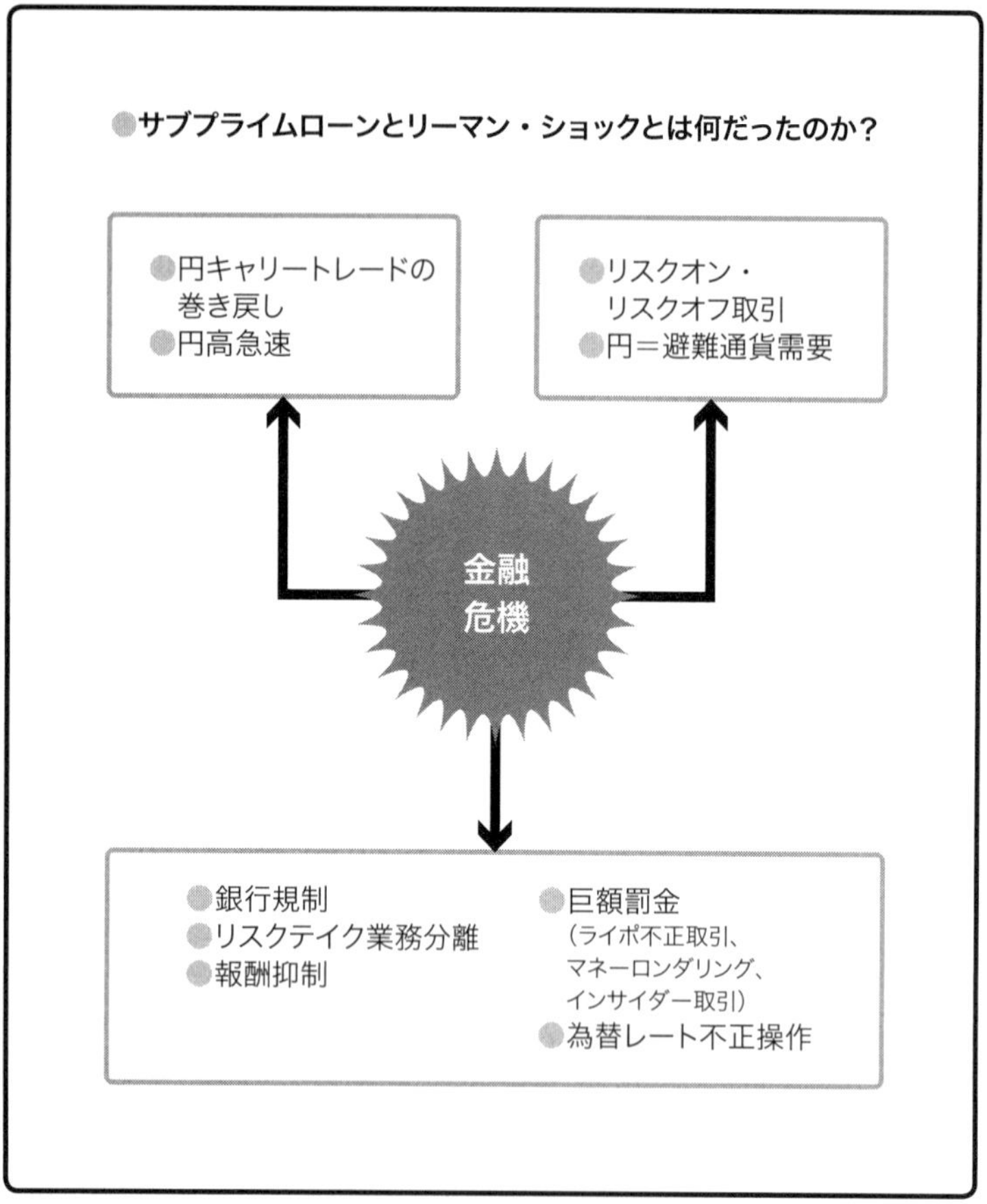

KEY WORD

通貨戦争：米国の量的緩和政策第二弾をFRB議長が示唆した2010年夏以降、ドルは全面安となった。資金は新興市場国に流入し、為替レートは上昇した。輸出競争力やインフレを懸念する諸国は通貨高の抑制措置を採った。ブラジルの財務大臣は「世界は通貨戦争状態にある」と公言した。

た。ゼロ金利や量的緩和政策です。とくに米国の**量的緩和政策**（QE）はドル下落を促進しました。政府が輸出振興の政策を採っていることから新興国ではQEをドル安政策と捉えました。さらに日本が円売り介入をしたことで、各国が通貨安を競う通貨戦争の様相を帯びた局面が現われました。

取引方法の面では、**リスクオン－リスクオフ**（RO－RO）**取引**が生まれました（**5－7**参照）。リスクを取って高い収益を狙うか、リスクを回避して安全な資産へ投資するかの視点で売買を判断する取引方法で、為替だけでなく、株や商品などでも適用されました。

規制、制度面では、金融危機の原因の一つが銀行のリスク管理の失敗にあったことや、銀行救済に莫大な公的資金を要したことから、銀行のリスク業務に対する見直しが各国でなされています。米国ではボルカールールに見られるように、顧客サービス業務と、自己勘定でのリスクテイクやヘッジファンドなどへの投資業務の分離が提案されました。前者の業務を行なう銀行は公的資金投入による救済対象になりますが、後者は破たん処理されます。リスク金額に対する資本金の増加、成功報酬の抑制など、多くの改革（案）は銀行のリスクテイクの抑制につながります。これらの案がそのまま実施されれば外為取引も影響を免れることはできないでしょう。

金融危機は銀行救済で負担を負った政府の財政を悪化させ、債務を増加させました。それを契機に国家債務の問題が浮上しました。さらに景気悪化で財政支出への圧力は一層増しました。ユーロ圏は国家債務危機に見舞われ、ギリシャ、アイルランド、ポルトガルだけでなく、スペインやイタリアにも波及してユーロ危機の様相を呈しました。さらに債務の問題は米国や日本でも最重要課題のひとつになっています。

INDEX — 索引

小口幸伸（おぐち ゆきのぶ）
1950年群馬県生まれ。横浜国立大学経済学部卒業後、シティバンクに入行。変動相場制移行後間もなく為替ディーラーとして第一線で活躍。同行の為替資金部、為替債券チーフディーラーを経て、1985年英ミッドランド銀行にて為替資金本部長を務める。1992年ナショナルウエストミンスター銀行へ移籍、国際金融本部長を経て、2001年独立。現在は国際金融アナリスト、投資コンサルタントとして活躍中。累計10万部のベストセラー『入門の経済　外国為替のしくみ』（日本実業出版社）、『外為市場血風録』（集英社新書）などの著書がある。

見《み》る・読《よ》む・深《ふか》く・わかる
入門《にゅうもん》 外国為替《がいこくかわせ》のしくみ

2013年9月1日　初版発行
2018年4月1日　第3刷発行

著　者　小口幸伸
発行者　吉田啓二

発行所　株式会社日本実業出版社　東京都新宿区市谷本村町3-29　〒162-0845
大阪市北区西天満6-8-1　〒530-0047
編集部　☎03-3268-5651
営業部　☎03-3268-5161　振　替　00170-1-25349
http://www.njg.co.jp/

印刷／理想社　製本／若林製本

この本の内容についてのお問合せは、書面かFAX（03-3268-0832）にてお願い致します。
落丁・乱丁本は、送料小社負担にて、お取り替え致します。

ISBN 978-4-534-05108-0　Printed in JAPAN